U0748913

本书为天津市哲学社会科学规划项目
“中国特色社会主义社会公平问题研究”
（编号：TJKS16-003）的结项成果

社会公平正义观的理论、历史与实践

The Theory, History and Practice of Social Justice

徐琛◎著

天津出版传媒集团
天津人民出版社

图书在版编目（CIP）数据

社会公平正义观的理论、历史与实践 / 徐琛著. -- 天津 : 天津人民出版社, 2023.1
ISBN 978-7-201-18848-5

Ⅰ. ①社… Ⅱ. ①徐… Ⅲ. ①社会主义－正义－研究－中国 Ⅳ. ①D081

中国版本图书馆 CIP 数据核字(2022)第 189858 号

社会公平正义观的理论、历史与实践

SHEHUI GONGPING ZHENGYIGUAN DE LILUN LISHI YU SHIJIAN

出　　版　天津人民出版社
出 版 人　刘　庆
地　　址　天津市和平区西康路 35 号康岳大厦
邮政编码　300051
邮购电话　(022)23332469
电子信箱　reader@tjrmcbs. com

责任编辑　林　雨
装帧设计　汤　磊

印　　刷　天津新华印务有限公司
经　　销　新华书店
开　　本　710 毫米×1000 毫米　1/16
印　　张　20.75
插　　页　2
字　　数　280 千字
版次印次　2023 年 1 月第 1 版　2023 年 1 月第 1 次印刷
定　　价　89.00 元

目 录

第一章　社会公正[①]之综述篇

谁不在争取正义？谁又不受正义问题的影响？政治制度、宗教、科学——特别是伦理学、法理学和政治理论——全都关心正义问题，而且全都渴望有一个按照他们的特殊概念来看是正义的世界。

——［奥］魏因贝格尔

社会公正是人类社会发展中始终受关注的重大问题，更是现代社会研究的核心课题。从20世纪50年代以来，西方学术界展开了对社会公正的如火如荼的研究，出现了一批举世瞩目的成果。如，约翰·罗尔斯的正义三部曲《正义论》《政治自由主义》《万民法》，阿马蒂亚·森的《正义的理念》，罗伯特·诺奇克的《无政府、国家和乌托邦》等。相比于西方理论界，现代中国对社会公正的研究起步较晚，真正有所涉猎始于改革开放。一直到21世纪之前，与国外学术界在公正问题上的热闹讨论形成激烈对比的是，国内对公正问题的研究处于起步阶段，显得单一和冷清，研究多集中在两个方面：一方面是“公平与效率”之争。这一争论显然与中国政策中“效率与公平”孰先

① 本书中公正、公平、正义、公平正义除特别指出外通用。

孰后的演变息息相关;另一方面是对国外公正理论、思想的引进,翻译、介绍是这一时期的特点。21 世纪以来,由于国内形势的需要,加上东西方文化交流的频繁和碰撞,公正研究以烈火燎原之势迅猛发展,政治学、经济学、哲学、社会学、法学、伦理学等多学科介入,研究成果呈井喷式增长。

从研究对象来看,国内学术界对社会公正问题的研究主要包括四个方面。

一、西方社会公正思想的演变及主要派别和代表人物的观点评析

21 世纪以来国内对西方公正思想的研究势头不减,由翻译、简单介绍转向剖析、比较和质疑。研究者或对西方公正思想的整体性发展进行梳理,或对西方的主要流派逐一分析,或对某一流派、某个人物的公正观点进行专门研究,从理论基础、逻辑推理、现实意义等各个方面分析、比较、评判各种公正思想,研究一改过去一味推崇、照搬照用的倾向,渐次转向考察、质疑西方公正思想的普适性、实用性。这是公正研究中可喜的一面,标志着国内的公正理论研究更精进了一步。

(一)西方社会公正思想的发展演变

在西方思想史中,公正一直占据着相当的地位,历代思想家、哲人、政治家纷纷对公正问题进行了探讨,或阐发自己的观点,或相互论战。不同发展阶段因为社会历史条件不同,对公正的阐释呈现出明显的时代性特征。西方公正思想发展脉络清晰,连续性和传承性突出,特点鲜明,学者们对西方公正思想发展演变的追踪除了关注点不同,整体上呈现出一致性,基本上分为三个阶段来进行分析。如,亓光从重心的角度将西方正义思想划分为三个阶段:古典主义者关注城邦与秩序的公正、中世纪的神父局限于揣摩上帝

的公正、现当代的自由主义思想家更注重维护自由与权利的公正；[①]陈兵和丁寰翔从表现特征方面进行分析，认为西方公正思想早期呈现出原始朴素的世俗性，中世纪被宗教神学所浸淫，表现为飘忽的、抽象的观念性，现当代又回归到具体实在的制度价值层面的世俗性；[②]王东海从类别上划分，认为西方正义观经历了一个古希腊德性正义观到中世纪的神学正义观再到现当代理性正义观的演变过程。[③]

有一些学者略过了中世纪，从古代、近现代分析西方公正思想的变化。戴桂斌按照主题来划分，认为古代正义以伦理学、价值观为主题，近代正义以自由平等权利为主题，现代正义以社会政策社会体制为主题。[④] 徐大建以立足点为标准，认为古希腊的公平正义观围绕理性生活展开，近现代欧美的社会契约论公平正义观基于理性直观进行，近现代欧美的功利主义公平正义观基于经验论证。[⑤] 王琳、段中卫对近现代正义的核心问题进行专门分析，认为平等和自由是近现代正义观震荡的两极，近代正义观以自由为核心，现代社会的正义观以公平为核心。[⑥]

综合学术界对西方公正思想发展演变的分析可以看出，虽然各位研究者的侧重点不同，但分析西方公正思想的发展变化所得出的结论与西方社会发展的总趋势是基本一致的，最初是直观的、感性的、朴素的认识，等级森严的中世纪具有明显神学色彩，近现代公正思想以民主、自由、平等、博爱为

① 亓光：《当代西方政治哲学对公正概念史的三种理解模式》，《内蒙古社会科学》（汉文版）2013 年第 3 期。

② 陈兵、丁寰翔：《“正义”概念流变考察：以西方法哲学思想演进为线索——兼论中国社会的“正义”》，《湖南科技学院学报》2010 年第 3 期。

③ 王东海：《西方正义概念的多维透视》，《学术论坛》2008 年第 8 期。

④ 戴桂斌：《西方正义论主题的历史嬗变》，《辽宁大学学报》（哲学社会科学版）2004 年第 6 期。

⑤ 徐大建：《西方公正观的三条进路》，《圆桌会议》2011 年第 11 期。

⑥ 王琳、段中卫：《西方正义观念的起源、发展及影响》，《河北理工大学学报》（社会科学版）2009 年第 4 期。

基底,更为理性和实际,充分体现了公正思想适应历史发展的社会规律性。

(二)主要派别和代表人物的观点

国外公正流派众多,有自由主义、社群主义、分析马克思主义等,代表人物有古代的亚里士多德、柏拉图,近现代的约翰·罗尔斯、迈克尔·桑德尔、罗伯特·诺齐克、哈耶克、布莱恩·巴利等,他们各有擅长。学术界拓宽了对西方公正思想的关注面,对西方一些有影响力和代表性的派别及代表人物观点进行了分析。下面只择几个有代表性的派别和人物进行述评。

1. 自由主义

我们这里所指的是以权利为基础的当代自由主义,是近现代以来在西方占统治地位的思想,它强调正义或权利的首要性,坚持由正义或权利来规范个人在社会生活中对善的追求。

(1)罗尔斯

作为当代自由主义的代表人物,罗尔斯的正义思想的重大影响为国内外学者有目共睹,无不承认其在公平正义上的强势地位。罗尔斯的《正义论》一书被引入我国,可以说是引发国内公正研究进入蓬勃发展时期的催化剂。研究者起初多是研究西方政治哲学、伦理学、经济学的学者,随着对公正关注度的不断上升,研究者队伍不断壮大,各个学科都参与进来。从研究分布状况看,除了对罗尔斯正义思想专门性的研究,研究者在分析其他正义思想中会自觉不自觉地将之与罗尔斯的观点作比较,以至于出现了这么一个局面,国内研究公正问题的文章著作几乎没有不提到罗尔斯或罗尔斯的观点的。对罗尔斯正义思想的研究可以说是占据了国内公正研究的半壁江山。有学者明确指出,当前中国理论界,最强势的正义话语显然不是来自马克思主义,而是来自西方新自由主义,尤其是来自罗尔斯。[①] 一些学者对罗

---

① 参见李佃来:《考论马克思正义思想的当代意义》,《吉林大学社会科学学报》2014 年第 4 期。

尔斯正义思想的理论背景、理论目标、理论基础、理论特点进行了分析。从时代背景看，罗尔斯正义思想诞生的时代，经济危机、通货膨胀、种族歧视、民权运动、女权运动、贫困问题接踵而至，资本主义社会本身无法克服的固有矛盾和冲突接连发生和充分显现，促使一些有识之士对各种不公正问题进行反思；从理论目标上来看，罗尔斯把走出资本主义困境的希望寄托于正义观念的澄清上，希望通过自上而下的制度变革使得资本主义制度尽可能地变得更合理和完善（姚大志2009，许祥云、徐慧2013）；从理论基础上看，罗尔斯正义论的理论基石仍是西方传统的自由主义，主要是契约论和康德式的自由主义（孙友祥、戴茂堂2009，刘化军、郭佩惠2005，余晓菊2003，王晓升2014）；从理论特点上看，罗尔斯的正义思想集中于"社会基本结构"和制度安排的合理性，注重具体层面的论证和具体化、技术化、操作化的设计。

罗尔斯的正义论在当前引起很多人共鸣，自有其不可磨灭的价值意义。国内学者在研究中越来越看重罗尔斯正义思想对于社会主义制度和中国的启示。社会主义与资本主义共存并相互竞争，各有值得对方借鉴的地方。罗尔斯的过人之处就在于，敏锐地发觉对立的社会主义制度中所拥有的可以用来补充或完善资本主义制度的有益因子。李德顺指出，罗尔斯的正义论吸纳了社会主义中的平等因素，使平等（公平）成为新的主调，其"自由社会主义政体"的设想颠覆了社会主义是资本主义的死敌的传统观念，使社会主义可以成为拯救和发展资本主义的选项和前景。① 在当下中国，公民的权利意识觉醒，公平的地位逐渐上升。罗尔斯的正义论一方面彰显权利、自由等基本价值，契合当下中国正义之索求，另一方面注重平等，与中国"公平优先"的政策导向和现实需求不谋而合（童世骏2011），因此更符合人们的经验

① 参见李德顺：《公平是一种实质正义——兼论罗尔斯正义理论的启示》，《哲学分析》2015年第5期。

直觉(李佃来 2014)。

罗尔斯的正义思想从产生之日起,就在世界上引起了较大的争议,论战层出不穷,其理论体系本身存在一些无法克服的缺陷。国内学术界在解说、运用罗尔斯的正义思想的同时也分析其存在的不足之处,主要包括:其一,理论前设和逻辑起点缺乏现实性。“原初状态”和“无知之幕”无法体现社会中人的复杂性、多样性和独特性;契约论本身存在深刻的逻辑矛盾,反思平衡不是一种证立方法,最小最大规则的合理性难以保证,选择程序的有效性值得怀疑(陈喜贵 2011)。其二,不具有普适性。它没有完全涵盖传统社会正义理论的主要问题,也不是对西方之外的其他现代文明正义观念的全面阐述;其三,过于看重平等,具有乌托邦的色彩。如,刘林鹰认为罗尔斯正义观具有极端平均主义性质,戴建华将罗尔斯的正义论视作一种“现实主义乌托邦”的构思。其四,只研究分配而不问生产,忽略了分配的真正基础,没有找到非正义的本源(陈喜贵 2011)。这些缺陷使得罗尔斯的正义理论陷入了幻想和唯心主义的泥潭,必然会导致理论与现实的脱节(亓光,杨海蛟 2010),可信度和可操作性很低(陈驰 2003)。左伟指出,罗尔斯的正义观适用于资本主义社会,但对于社会主义社会来说他的原则是不完整的,他没有也不愿揭示与差别原则相对的无差别原则的内涵,而无差别原则恰恰是社会主义社会所要努力实现的。[①]

(2)布莱恩·巴利

巴利被视为当今英美政治哲学、伦理学界继罗尔斯之后对社会正义理论研究最有建树的学者之一,巴利社会正义论的核心范畴是作为公道的正义。有学者分析认为,巴利的正义理论主要依托于相互冲突的自身之善的

① 参见左伟:《罗尔斯和诺奇克分配正义之争对社会主义共同富裕制度设计的启示》,《理论月刊》2016 年第 11 期。

观念，提出以共同认可的理性协议来化解彼此矛盾。巴利拒绝承认某一社会单一权威性的善的存在，否认将行为主体的利益与所关切之物置于首位，强调以理性、中立、公平的方式提议解决不同甚或相互冲突的道德体系的存在，并为人们不偏不倚的行事设定正义规则，创建正义环境。作为公道的正义理论的局限在于，过度倚重公道的动机，忽视个人利益，对公平的决策程序在政治实现上的作用表现出盲目的乐观性。① 有学者指出巴利用理性协议条款代替罗尔斯"原初状态"作为出发点，但理性协议条款也不是从现实的个人出发，仍是一种假想的前提，因而两者都是一种过于理想化的社会正义理论，与罗尔斯的作为公平的正义理论并无实质性差异，仍是自由主义正义理论的变种。②

自由和平等畸轻畸重是自由主义阵营中正义问题的分野，罗尔斯的正义理论是一种偏向平等主义的自由主义，诺齐克则属于"老右派"（宋君卿2008），因为过分强调个人的自由被称为"极端自由主义"，被认为在几乎正义所有问题上都是与罗尔斯对立的。余晓菊将诺齐克的正义理论特征概括为两点：权利高于一切、市场决定一切，认为诺齐克正义理论具有强烈的个人主义和无政府主义的倾向，其主要目的是重振洛克的"天赋人权"和"个人自由"。③ 汪行福明确指出，诺齐克"持有正义"理论服务于对国家权力的限制和市场权威的重建，核心是反对国家出于平等动机进行再分配，"最后的目的是解除现代福利国家的道德武装"④。德沃金被认为站在罗尔斯和诺齐克中间，既是一位旗帜鲜明的平等主义者，又始终强调权利的重要性。德沃金将政治与道德价值融入自己的解释理论中，目的是要建立一种平等与自

① 参见薛勇民、薛良喜：《山西大学学报》（哲学社会科学版）2017 年第 9 期。

② 参见刘化军：《布莱恩·巴利的社会正义理论述评》，《学术探索》2016 年第 11 期。

③ 参见余晓菊：《西方正义理念的历史回眸》，《伦理学研究》2003 年第 2 期。

④ 参见汪行福：《分配正义与社会保障》，上海财经大学出版社 2003 年版，第 119 页。

由的政治社会。另一代表人物拉兹则强调"集体善"的重要性,反对个人主义,鼓励政府在"善"观念和道德领域采取积极的行为,他的正义观看起来更接近社群主义。拉兹正义思想的两个前提"对自由的承诺"和"对集体善的承诺"之间形成张力,使其正义思想与主流自由主义既有很大的分歧,又停留在自由主义的范围之内。

戴桂斌从整体层面上对自由主义的正义观进行了本质分析,认为自由主义阵营内部虽然吵闹不休,但在面对外部的马克思主义时,他们都共同持守自由主义理念,从不同方向为资本主义社会制度和体制的合理性提供理论支持和辩护:罗尔斯为西方社会民主制度的正义性和福利经济的合理性提供了理论支持和辩护,诺齐克则为西方社会的自由竞争和自由主义经济政策提供理论支持和辩护。[①]

2. 社群主义

社群主义以共同体为基础,强调社会优于个人,对以罗尔斯为代表的自由主义理论提出了挑战。社群主义阵营里,各位思想家出发点各异,从事批判的角度不同,理论取向存在着差异。哈佛大学政治哲学教授桑德尔擅长通过热点新闻和极端假设的讨论,用风趣的语言引出公正问题的思考,使得他的公正思想看起来更接近世俗生活,容易引起听众的共鸣。牛静岩指出,桑德尔提出了由道德参与的共同善的政治诉求,但是对于是否有可能达成"共同善"、个人价值与道德不被压抑、如何面对自由主义和个人主义的权利观等问题上没有给出令人信服的回答。[②] 姚大志对沃尔策的正义理论进行了评析,认为它带着两副面孔,正面是激进主义和理想主义,反面是相对主

① 参见戴桂斌:《西方正义论主题的历史嬗变》,《辽宁大学学报》(哲学社会科学版)2004 年第 6 期。

② 参见牛静岩:《自由主义的困境与善的回归——读〈公正该如何做是好〉》,《人民论坛》2013 年 5 月中。

义和保守主义。大多数场合，沃尔策以正面示人，反面则深藏不露。刘化军、郭佩惠对社群主义和马克思主义进行了比较分析，认为两者在强调正义的历史性、个人与社会不可分离等方面具有一定的相似性，但是社群主义者局限于“环境、文化、情感纽带”等因素，没有认识到“历史”的真正本质在于物质生活条件，最终导致其正义理论是虚幻的、不现实的。

3. 分析马克思主义

这是国内比较关注的一个西方马克思主义派别，其代表人物为艾伦·伍德、G. A. 科恩、齐雅德·胡萨米、约翰·罗默。分析马克思主义在探讨社会正义问题时聚焦于马克思与正义的关系问题，形成了“马克思反对正义”和“马克思赞成正义”两大基本论调，伍德是马克思反对正义的“非道德论者”，科恩、罗默、胡萨米是赞成正义的“道德论者”。王桂艳总结了分析马克思主义的共同点，指出分析马克思主义者无论是持哪种态度，都认为平等是社会主义优越于资本主义之处，其目标是为了寻求一套可行性的能替代资本主义的社会正义方案，它的缺陷在于缺乏唯物史观的视野和辩证的思维方式。[①]

4. 阿马蒂亚·森的公正观

1998年诺贝尔经济学奖获得者阿马蒂亚·森着眼于贫困、饥荒等全球性紧迫的现实问题，从可行能力和实质自由等进路，致力于通过消除明显的不可容忍的非正义来推进世界上的正义，它的公正理论很快得到国内学者的关注。王进将森的正义理论概括为：森强调“行动”而非“构建”，理论面向对非正义现象的消除，理论工具体为社会选择理论，衡量正义的尺度是基于

① 参见王桂艳：《分析马克思主义正义问题上的理论价值和思维困境》，《湖南师范大学社会科学学报》2015年第5期。

可行能力的能力观,实现路径是通过协商对话与投票选举的民主方式。[①] 周文文博士认为,森的发展理论有三大特点:以伦理原则指导发展,以理性争取发展,以自由看待发展。“森在可行能力的视角中,对‘自由’进行了一次另行阐释。由此,在更加基础的层面上——更接近社会正义所要求的信息基础上——重新审视了人类孜孜以求的自由问题。”[②]

国内对森的可行能力研究进路展开研究的学者主要有朱振、王艳萍、韩丹。朱振认为:“能力理论也是一种独特的社会正义理论,只是其关注的对象不再是效用或基本物品的再分配问题,而是个人增进其目标的能力。”[③]王艳萍指出:“能力方法超越了传统的不平等理论只考虑物质因素的狭隘性,以功能和能力为核心,成功地把对物质和结果方面的考察与对自由和权利方面的考察结合在一起,从而使对不平等的评价从实际状态转向机会,从商品转向功能,从禀赋转向能力。大量的经验事实已经证明,在衡量平等、解析贫困以及探究饥荒问题上,这种方法的运用经常更加行之有效。”[④]韩丹将森与罗尔斯进行了比较,认为罗尔斯正义是从宏观的制度层面上探讨了如何构建一个正义的制度体系,而森怀着对低收入人群和弱势群体的深深关切,在微观层面上从可行能力方面对发展伦理进行改造。能力在罗尔斯那里只是所提出的差别原则要处理的一个方面,却是森的理论实质所在。[⑤] 森的优势在于侧重于实际,针对性强。

森出生于印度,能深刻体会发展中国家正义问题的关键之处,他的“实

---

① 参见王进:《实践性正义观与立法实践——阿马蒂亚·森对约翰·罗尔斯理论的重构与启迪》,《理论与改革》2015 年第 6 期。

② 周文文:《伦理 理性 自由——阿马蒂亚·森的发展理论》,学林出版社 2006 年版,第127 页。

③ 朱振:《可能能力与权利——关于法治评估之权利指数的前提性思考》,《河南大学学报》(社会科学版)2019 年 2 期。

④ 王艳萍:《克服经济学的哲学贫困——阿马蒂亚·森的经济思想研究》,中国经济出版社 2006 年版,第 78 ~ 79 页。

⑤ 参见韩丹:《发展的伦理审视》,中国广播电视出版社 2009 年版。

践性的正义观"具有现实性和针对性,更适用于发展中国家。因此,国内很多学者对森的理论的现实意义和价值进行了肯定。森的学说和思想"因为充满理性和实用价值而受到举世高度重视"①。森主张将经济学与伦理学相结合,服务于人类正义,为有效地施行阴谋诡计,减轻贫困、饥饿和饥荒问题提供了实际的解决方法,被认为是一个富有道德精神的经济学家。汪行福肯定了森的理论在社会福利政策中的重大意义,"从经济政策取向上说,阿马蒂亚·森代表着比自由主义更积极的政治倾向,即社会保障和劳动保障等权利并不是满足政治家争取选民的策略,它是市场权利结构内在不足所必然要求的"②。刘晓靖认为森的正义理论对于各国政府公共政策的制定,尤其是对各发展中国家政府的公正政策的制度具有重要的启示意义。③ 王艳萍、徐大建等认为,森的理念与中国的科学发展观具有相通之处,"我国的科学发展观中的'五个统筹'蕴含着阿马蒂亚·森的平等理念"④。

不得不承认,当代西方学者的正义理论在分析问题的精确性、逻辑推理的严密性、寻根问底的精神上是当前国内正义研究无法望其项背的。本着学习和批判的态度,国内学者运用两分的方法对西方各种公正观点进行分析,既看到西方各种公正思想中的有益因素,又能指出其中的缺陷,显示出国内学者在公正问题上比较清醒和慎重的态度。在对西方公正思想的评判中,大多数学者沿袭的是传统套路,即强调唯物主义立场,批评西方各种正义思想中唯心主义基础和维护资本主义制度的本意,这对于国内公正研究不被迷惑导偏和坚持正确导向有着重要的意义。同时我们要看到,公正问

---

① [印度]阿马蒂亚·森:《惯于争鸣的印度》,刘建译,上海三联书店2007年版,译后记,第326~327页。

② 汪行福:《分配正义与社会保障》,上海财经大学出版社2003年版,第137页。

③ 参见刘晓靖:《实质自由与社会发展:阿马蒂亚·森正义思想研究》,中国社会科学出版社2019年版,第182页。

④ 王艳萍:《克服经济学的哲学贫困——阿马蒂亚·森的经济思想研究》,中国经济出版社2006年版,第80页。

题在当前的实际中并没有一个能为大家所普遍接受的观点和方案，各种公正理论都存在这样那样的缺陷。然而公正研究不能止于揭短和批判，还要着眼于理论体系的整体性建构。国外各种公正思想在论战中至少从各自的出发点提出一些具有自己特点和倾向的、有借鉴意义的观点，且各有千秋，形成了百花齐放的盛况。国内学者对西方公正思想的研究如果仅仅停留在理解、分析和批驳，而没有进一步在此基础上运用自己的理论基石构建起有强大说服力和影响力的中国特色社会主义公平正义话语体系和理论体系，短期内在整体上恐无法与西方正义理论抗衡。

二、马克思社会公正思想的研究范式、公正原则及特征

马克思主义作为我们立党立国的根本指导思想，其地位不可撼动，影响深入而持久。然而，由于国内公正研究的整体滞后性，对马克思公正思想研究的强力推进却是在西方各种公正思想进入我国之后。20 世纪以来，改革渐入深水区，利益格局深度调整，新旧问题叠加，新老矛盾交织，公正问题凸现，中国特色社会主义实践急需主流意识形态的理论支撑和价值引导。理论与实践的迫切需要，对西方各种公正思想权倾一时的防御反击，使得国内许多学者自觉地拿起了马克思主义的思想武器，再加上理论宣传战线上对马克思主义研究的重视和支持力度进一步加大，国内马克思公正思想研究进入一个稳定和连续上升的时期。

国内学术界在关于马克思公正思想的根本性和原则性问题上基本达成了共识，但对于马克思公正思想文本的理解、根本原则、特征等具体问题还存在多维度的解读，学者之间常有商榷、辩驳，使得马克思公正思想的研究摆脱过往多是相互应和的旧景象，呈现出争鸣的新局面。

（一）马克思学说中是否存在正义理论

20 世纪 70 年代以来，西方马克思主义者围绕“马克思是否有正义思想”问题展开了激烈、长期的讨论，形成了一股研究马克思正义理论的热潮。以塔克和伍德为代表的一部分西方马克思主义者认为，在马克思原著中找不到任何确切地阐述正义思想的真正努力，以马克思“同生产方式相适应、相一致就是正义”的论述认定马克思拒斥正义，否定马克思对资本主义采取过正义的批判，这就是著名的“塔克—伍德命题”。科恩、胡萨米等则认为马克思不但有自己的正义理论，而且正义问题在马克思理论中是一个核心范畴。这场争论引至中国，引起了学术界对这个问题的高度关注。一方面，作为马克思主义的坚持者、捍卫者，对于“马克思是否具有正义思想”这一本源性的问题必须有一个明确的态度，负起责任；另一方面，对于西方马克思主义中无论持肯定还是否定态度的观点都应予以认真的分析、思考，西方马克思主义者在马克思正义观的分析、争论中形成了许多值得探讨和学习的新思想和新方法，但也存在歪曲和肢解马克思正义观的倾向，在学习和研究中必须秉持科学、审慎的态度。

对于“马克思是否具有正义思想”这个问题，国内学者整体上持肯定的态度。如侯才教授指出，马克思的整个社会主义理论“可以被视为独特的、然而却堪称真正的‘正义论’”①。马克思恩格斯在其著作中并没有很多地使用“公正”或“正义”一词，也没有专门的社会公平正义篇章，但在其对资本主义的各种分析和批判中处处体现着其对资本主义各种不公正制度和现象的控诉，其对未来社会的设想无不洋溢着对公正的追求，马克思主义事实上已经成为数百万人表达他们对于一个更公正社会的希望。马克思审慎地、尽

① 侯才：《马克思的政治哲学遗产》，载单继刚等主编：《政治与伦理——应用政治哲学的视角》，人民出版社 2006 年版，第 83 页。

可能地避免使用“道德感”较强且被滥用的正义话语，担心如果过多运用“正义”这个具有强烈意识形态意味的词语，会忽略和抹杀正义的阶级性和历史性，从而导致在与资产阶级的论战中陷入无谓的争吵，甚至会被引向改良主义。国内也有极少数学者认为，马克思对正义持拒斥、批判的态度。如，林进平认为，按照历史唯物主义的观点，社会的真正基础和动力是社会生产而不是正义，如果认为正义是人类社会的真正基础和动力，将导致人民群众的历史主体地位被削弱，并导致对无产阶级革命必要性的怀疑。[①] 这种否定从根本上与马克思避免使用正义一词的本意是相符合的，其根源在于对马克思的文本理解的角度不同，跟进者寥寥无几。

（二）马克思公正思想的分析范式

马克思主义之所以成为伟大的、具有广泛和长久影响力的科学学说，就在于马克思找到了人类社会发展的决定性因素——生产方式，使人类对正义价值的追求落实在对历史发展客观规律的把握之上，使正义追求具有客观的事实基础，并找到实现正义的最终目标——人的自由与解放的现实性途径。一些学者明确指出，用生产方式来分析正义的范式是马克思公正思想与其他公正思想的本质区别。如，袁祖杜明确指出，马克思公正思想的“新范式”在于追问的是公正最直接、最深刻的“现实”根源：现实个体的利益追求和选择，以及与此相适应的社会生产状况之满足和实现这种利益诉求之间的冲突和博弈。[②] 赵云伟认为，马克思把劳动看作人的类本质，从劳动入手解析正义，把劳动作为正义的衡量标准和批判资本主义非正义的理论武器，马克思正义思想的逻辑起点——劳动，正义实现之路——从异化劳动

---

① 参见林进平：《马克思的“正义解读”》，社会科学文献出版社2009年版，第118～136页。

② 参见袁祖杜：《“正义”对“制度”的介入与规制——马克思正义观的实践难题》，《北京大学学报》（哲学社会科学版）2014年第3期。

到自由劳动。[①]

（三）马克思的正义原则

正义原则是正义的核心问题，也是各种正义理论据以区分的标志性问题。学术界对马克思主义的正义原则分析可以归纳为三个具有代表性的观点。

第一，人民正义原则。正义的核心问题是“谁之正义”“为谁正义”，即正义的出发点和归宿。持此种观点的学者认为，维护“政治上和社会上备受压迫的贫苦群众”利益的正义立场是马克思一生进行理论和实践活动的出发点，为无产阶级和劳动者谋利益是是马克思正义思想的第一表征。马克思始终从人民的立场出发，把人民的利益作为分析、判断社会正义实现的尺度，即人民利益原则。[②]

第二，正义原则序列说。持此种观点的学者认为，马克思的正义原则并不是单一原则，而是由多个正义原则构成的立体式的、具有等级之分的体系。陈飞、汗君从生产分配的角度将马克思的正义原则体系分为交换领域的形式正义、生产领域的实质非正义、按劳分配的正义、按需分配的正义四个级别。[③] 王新生根据共产主义的三个阶段划分马克思的正义原则序列：与资本主义相适应的正义原则是权利原则，与共产主义社会第一阶段相适应的正义原则是贡献原则，与共产主义社会高级阶段相适应的正义原则是需要原则。马克思以贡献原则反对权利原则，又以需要原则批评贡献原则。[④]

第三，最高正义原则说。持此种观点的学者认为，自由主义等当代西方

---

① 参见赵云伟：《劳动视域下马克思正义思想解析》，《山西师大学报》（社会科学版）2014 年第 7 期。

② 参见王欣欣：《自由平等 · 人民利益 · 批判性———马克思正义思想的三个特质》，《前沿》2013 年第 24 期。

③ 参见陈飞、汪君：《正义观念的历史形象———马克思三大历史阶段理论中的正义观念》，《社会学研究》2015 年第 6 期。

④ 参见王新生：《马克思是怎样讨论正义问题的》，《中国人民大学学报》2010 年第 5 期。

政治哲学的正义概念是一个低阶概念，马克思的正义概念则是一个含义更广的高阶概念。马克思从“人类社会或社会化的人类”出发，以“自由人”之间有机的社会合作为基础，提出按需分配原则更符合人的本质，是最高最终的正义主张和原则。[①] 对于共产主义是否还需要正义原则，蒋志红、张廷国认为，共产主义社会是一个超正义社会，正义秩序和正义原则在共产主义社会没有存在的必要。

（四）马克思正义思想的特征特质

第一，实践正义观。持这种观点的学者认为，马克思正义观的本质特点在于它的“实践性”。如，吴建华、许祥云认为，马克思立足于人的现实生活条件，从人改造世界的实践意义上去理解正义问题，通过对现存制度的改革来解决正义问题，使得正义由思辨向实践转化。马克思的实践正义观具体表现为通过提高生产力解决物质匮乏问题、通过革命解决人与人之间的关系和社会规范问题、共产主义的制度保证三个向度。[②] 舒前毅明确指出，理清正义与社会生产实践、社会生产实践中的“人”之间的关系是打开马克思“正义之门”的钥匙。[③]

第二，实质正义观。持这种观点的学者认为，在马克思看来，资产阶级所主张的正义至多是形式正义或者说是程序性正义，而到达不了实质正义、结果正义，资产阶级正义原则是形式的、表面的和虚伪的。只有在生产力高度发展的基础上，废除私有制，消除异化劳动，才能获得人的全面发展的社会条件，只有在共产主义社会中才能达到实质性正义。

第三，批判正义观。国外马克思主义者如塔克尔、伍德错误地认为，资

---

① 参见汪行福：《超越正义的正义论：反思“马克思与正义”关系之争》，《江海学刊》2011 年第 3 期。

② 参见吴建华、许祥云：《从思辨正义到实践正义：马克思主义正义观的飞跃》，《江海学刊》2010 年第 1 期。

③ 参见舒前毅：《马克思正义观的实践内蕴与时代价值》，《湖北行政学院学报》2011 年第4 期。

本主义生产方式符合正义原则，马克思未批判资本主义的非正义。这种观点遭到国内学者的强烈反对，普遍认为批判性是马克思正义观的全新视角和重要特征，在马克思的文本中，凡是涉及叙述阶级社会正义的地方，几乎都包含马克思的批判。马克思恩格斯从资本的原始积累、生产过程、分配过程，以及财富积累过程等方面对资本主义采取了多重的正义批判，而且终其一生都在批判资本主义生产方式的狭隘性和局限性，揭露了资本主义生产方式的非正义性根源。有学者指出，马克思正义批判最具有革命性的地方正在于他在哲学方向上与基于主体性哲学基础的正义论的彻底决裂。[①] 有学者强调马克思正义观批判性的现实性意义，认为它使得很多人看到资本主义制度的不平等和不公正现象，教他们至少要努力去减少这些现象。

21 世纪以来，国内对马克思公正思想的研究大有进展，注重文本的深度解读，研究不再仅仅局限于罗列观点，而是从多视角对马克思的公正思想进行较为深刻的分析，对各种马克思公正思想的质疑和攻讦进行了辩护。但从整体而言，国内学界对马克思社会公正思想研究与其地位、作用和现实需要并不匹配，表现在现实向度不够，数量上虽不算少，但缺乏有强烈学术和社会影响的论著。西方各公正理论立足于具体问题进行探讨，契合了民众的现实疑惑和诉求，因此容易引发民众的共振，这是其能被广泛传播的重要原因。当前社会主义国家中公正问题的存在是马克思主义面临的严峻问题，亟须马克思主义者拿出既有理论深度，又有实践意义和有国际影响力的说法和理论。国内现有的研究过多地集中在用传统理论和一些固定套路来回应西方的挑战和质疑，在解答时代问题、联系实际方面鲜有有力量的作品，这样的状况导致马克思主义被置于高高的神坛之上，难以深入民众之中。这一点国内外的学者都看到了，英国新左派、分析马克思主义的主要代

① 参见薄爱敬：《马克思恩格斯批判正义思想的理论特质》，《社会科学家》2011 年第 4 期。

表诺曼·杰拉斯明确指出，就正义这一论题来说，马克思主义者的研究，并没有像新自由主义者那样取得卓著的成就。国内一些学者更提出了忧虑：国内讨论马克思主义公正观的文字也有一些，但深入程度和影响都明显偏弱，在理论上难以与很强势的新自由主义公正观相匹敌，在解释和应对现实问题方面也没有提出积极的重要的建设性意见。①

三、中国传统思想中的公正观点及中西方公正思想的异同

中国传统文化中包含着丰富的公正思想，但形态极散，多以格言、对话、警句等形式若隐若现地存在于各种典籍和各个派别的思想中。21 世纪之前，这些零散的思想鲜有人收集和归纳。21 世纪以来，面对西方公正思想的大行其道，国内一些学者开始认识到，要想真正掌握广大人民群众对“公平正义”的真实诉求，建构具有中国特色的公正思想体系，照搬照抄西方模式是不可行的，必须加强公正的本土化研究。一些学者尖锐地批评了国内长时期忽略本土传统公正思想的状况，指出国内学界一谈到公正，大多都热衷于传达西方的公正话语，转述西方的公正观念，甚至动辄以西方的公正立场来分析中国问题，却很少有人愿意去深入发掘和研究我们先人的“公正”思想，这就造成一种错觉，似乎中国的文化传统中从来就不曾有过自己的公正论，讲“公平正义”就应该从西方人那里去寻找理论依据和学术滋养。② 黄玉顺先生毫不客气地批评，这是一种“集体失语”。③

中国传统公正思想其形虽散，却具有延续性，在几千年的历史中存在着

---

① 参见马俊峰：《马克思主义公正观的基本向度及方法论原则》，《中国社会科学》2010 年第 6 期。

② 参见朱贻庭：《必须重视中国传统公正观研究》，《毛泽东邓小平理论研究》2011 年第 8 期。

③ 参见黄玉顺：《中国正义论纲要》，《四川大学学报》（哲学社会科学版）2009 年第 5 期。

广泛的影响。然中国古代经典作品字义隐晦、意义多重、哲思深奥,使得传统公正思想研究首先必须解决文本的正确选择和恰当的释义问题,因此存着相当的难度。研究者多有古代文学或哲学的功底,他们从各自擅长的领域或关注的派别入手,对中国传统公正观点进行挖掘、归纳、分析、比较。

(一)中国传统思想中的公正观点

中国古代尤其是先秦时期,产生了并不逊于西方古代公正思想发展水平的、具有鲜明民族特色的公正思想,它是建构我国现代公正思想的重要来源。

1. 传统社会公正思想的整体性认识

学术界形成共识的观点有:中国传统思想强调家国、社会利益的优先性,注重社会"和谐"与"有序",是一种整体本位的公正观;传统公正思想体现在"公""正""中""公义""公道""公心""公法"等政治概念和社会要求中,在经济上追求"平""均",反对"富者益富,贫者益贫",祈望人人"各得其所""各得其分",将公正的实现寄托在执政者、君主、官员个人德行上,达致社会的有序和谐。"天下为公"的理念、"行公法"的制度、"均贫富"的呼声等传统文化的核心内容,是现代公正思想原创性的"本土资源"。①

2. 儒、道、墨家的公正观点

先秦时期百家争鸣,是中国传统文化思想熠熠生辉、最灿烂的时期,儒、道、墨家等都阐发了自己的公正观点,学术界对传统思想中的公正元素研究基本上集中于这一时期。

儒家思想在中国很长时间内占据主体地位,影响最为深远。唐士其使用西方的法哲学概念来分析儒家公正观点,认为儒家"道"和"礼"体现的是

① 参见王晓青:《传统文化中的公正思想及其现代价值转换》,《河北大学学报》(哲学社会科学版)2013 年第 3 期。

一种“程序正义”，而“仁”体现的就是一种“实质正义”，是儒家伦理规范的出发点和归宿。[①] 何永军认为，儒家公正思想以公正作为个人德性要求，奠基于仁学上，把公正作为评价道德品质高低的重要标准，在行为上强调先义后利、重义轻利。[②] 有学者指出，儒家的公正思想建立在尊尊亲亲的礼制大厦上，以维护差等和谐为目的，使每个社会成员得到其所应得，其整体构造是金字塔式的。儒家的等级公正思想符合中国封建社会的统治要求，在汉代以后随着政治上日益集权、文化思想大一统制度的建立，逐渐成为中国传统公正思想的基本框架。

与儒家等级公正思想相比，道家具有张扬个性、主张平等的特点。陈戈寒、梅珍生认为，道家的公正思想主要表现为，理想的执政者以天道对待人，无亲无疏，无近无远，对一切人一视同仁，“以百姓心为心”的一系列政治自由主张，无为而治乃是实现社会正义的必由之路；[③]李霞将道家平等思想归结为两点：一是人人平等，二是天人平等。道家的经济平等思想带有明显的平均主义色彩，他们所设想的无君主、无统治的政治平等缺乏现实基础，找不到实现平等思想的现实途径，因此具有一定的空想性。道家公正思想的亮点在于，在中国以等级秩序为核心的封建社会形态下，提出了以保障个体的自由为前提、要求把公正推到一切生命一切个体的普遍主义公正思想，将中国人民对平等的追求追溯到先秦时期，打破了中国传统中缺乏平等因素的惯性思维。

墨家强调“兼爱”“非攻”，是一个值得重视的派别。聂长建等指出，墨子把兼爱作为正义的出发点，反映了其强烈的仁爱之心和人道主义关怀，把

---

① 参见唐士其：《儒家学说与正义观念———兼论与西方思想的比较》，《国际政治研究》2003年第4期。

② 参见何永军：《先秦儒家公正思想发微》，《成都师范高等专科学校学报》2003年第1期。

③ 参见陈戈寒、梅珍生：《论道家正义观的内在因素》，《江汉论坛》2006年第11期。

“利”作为其正义观的落脚点，反映了其作为小生产者的现实态度和实践精神。[①] 墨家试图把仁爱、功利、公正三者统一起来，在当时的历史条件下很难施行，并不为统治者和一般百姓接受，因此在历史上影响较小。

3. “平”“均”概念辨析

中国传统文化中有着“平”“均”的思想，“均田均粮”“不患寡而患不均”。李振宏认为，这种平均观念是中国古代社会各阶层共同的心理素质，是中国思想文化结构中表述人的社会理想问题的核心范畴。[②] 一些学者对中国古代“均”“平”理念进行了澄清，普遍认为“平”“均”不是现代意义上“绝对平均”的意思，而是“公平”“合理”“公道”的意思，是有序的、有差别的、有规则的“均”，即在有地位、财富差别的社会面前，如何做到“分配合理”“负担公平”，避免贫富悬殊，造成社会不和谐。对“平”“均”观念的辨析纠正了人们长期以来对平均思想的误解，对于确立现代社会的公正理念有着重要的意义。

（二）中国传统公正思想与西方公正思想的异同

21 世纪以来，东西文化的频繁交流使得国内学者开始注重东西方公正思想的差异和碰撞，值得注意的是，这种比较研究很诡异地侧重于中国古代的公正思想和西方公正思想的比较。这场异时性的公正思想对比在某种程度上反映了我国现代意义上的公正思想的缺失。

1. 东西方公正思想的共通性

公正作为一个普世的价值追求，东西方在探索和求解中有诸多的殊途同归之处。黄玉顺先生认为，正义原则直接指向制度规范的建构是古今中外正义观念的一个普世结构；[③]童世骏指出，中国的古训“和而不同”和罗尔

---

① 参见聂长建、冯金朋：《论墨子的领域正义观》，《职大学报》2005 年第 3 期。

② 参见李振宏：《中国古代均平文化论纲》，《学术月刊》2006 年第 2 期。

③ 参见黄玉顺：《孟子正义论新解》，《人文杂志》2009 年第 5 期。

斯的“重叠共识”不谋而合。[①] 有学者将儒家正义观点与西方正义观点作类比,认为西方的制度正义理论以保障和实现人的自然权利为旨归,与儒家的仁政正义思想在思路上大同小异,儒家所宣扬的“各得其分”的等级公正思想,即在同一阶级同一阶层内的平等,在不同阶级不同阶层的不平等,类似于柏拉图的观点。有学者指出,道家以平等为基础的自由主义公正思想不仅与今天全球普遍关注的国际公正、性别公正、代际公正、族群公正、环境公正等热点话题惊人的相似,而且与当代以约翰·罗尔斯为代表的西方自由主义的公正观有契合之处。总的来说,学术界东西方公正思想的共通性更多的是讨论理念的类似之处,是零碎的而不是系统的。

2. 东西方公正思想的差异性

传统公正思想和西方公正思想的差异性大于共通性。学术界从出发点、理论基础、实现途径、成本核算等各个方面对两者的差异性进行了系统的比较,可以概括为以下几点:西方公正思想以“性本恶”为人性之假设,以契约论为理论基础,以不信任政府为制度设计的核心,强调以制度来防止“坏”政治;中国传统公正思想则以“性本善”为人性之假设,以“天下为公”为思想基础,从相信政府是“父母”的理想主义出发,强调以高标准的道德来促进“好”政治;[②]西方注重从“实然”看“应然”,“以正为义”,主要从人的权利与社会秩序出发对正义进行现实性的具体分析,重在从法和制度的层面对社会加以批判与建构,中国注重从“应然”看“实然”,“以义为正”,用人性的价值判断代替了人性的客观描述和解释,正义始终局限在人伦道德和个人修养的“应然”层面。[③] 从成本上看,西方公正价值实现的制度成本要高于

① 参见童世骏:《当代西方正义理论对中国的三大启示》,《圆桌会议》2011 年第 11 期。

② 参见陈科华:《中重于正——中国传统正义思想的理论构建》,《湘潭大学学报》(哲学社会科学版)2016 年第 4 期。

③ 参见李德顺:《公平是一种实质正义——论罗尔斯正义理论的启示》,《哲学分析》2015 年第 5 期。

后者，东方公正价值实现的机会成本要高于前者。

传统公正思想的研究者不自觉将之与西方公正思想作类比，既希望“古为今用”，又希望引进西方的民主平等自由等因素，意图寻求传统公正思想在现代社会的运用和转型之道。唐士其提出了“中学为体、西学为用”、糅合中西方正义思想中合理因素而为一种新的正义观的建构性的设想：“利用儒家思想中正义论的思维框架，辅之以西方思想中普遍的平等主义因素，完全有可能创造出一种既能够体现法治的原则，又能够充分扩展人的主体精神的新的正义理论。”①这种将中国特色与西方优点相结合的设想目前只能说是停留在理念层面，缺乏具体设计和实践层面上展开的跟进研究。

国内对中国古代公正思想的研究处在乍暖还寒阶段，缺乏系统性，尚未建立起一个完整的研究框架。研究者大多是哲学界人士，研究方向也多局限于哲学层面上抽象的概念，这可以说是对古代各种思想的公正视角解读，从根本上说还不能认为是对社会公正思想的专门研究；很多研究者仍然遵循的是“以西释中”的套路，这种范式容易使中国公正思想研究缺乏自身问题意识。对社会公平正义的追求必须要在全球化、国际视野下进行，学习和借鉴国际前沿的优秀成果，但最终落脚点是形成一整套的立足于本土特点的能阐述“真实的中国”和解决中国实际问题的中国特色社会主义的公正理论体系，当前传统社会公正思想的研究还未起到系统性地为这一体系的形成提供本土性资源的作用。而且，国内对中国古代公正思想的研究面窄，多集中于孔子、孟子、老子、庄子等儒家、道家的公正思想，对千百年来劳苦大众的朴素的、普遍的、广泛存在的公正要求作专门研究的较少，离全面把握中国传统公正思想的整体风貌存在着较大的距离。从本质而言，无论是先秦儒、道、法，还是宋明理学等公正思想中，都含有合理和亲民的成分，都是

① 唐士其：《儒家学说与正义观念—兼论与西方思想的比较》，《国际政治研究》2003 年第4 期。

为统治阶级服务的,或者说被阐释、改造成维护统治阶级的思想,存在于底层老百姓中的公正呼声如“等贵贱、均贫富”虽偶尔被提及,但整体处于被忽视的状态,淹没在众多典籍中。可以说,传统社会公正思想的研究虽然步履蹒跚,但有了研究的雏形。

四、中国共产党公正思想的发展理路和现实社会公正问题探究

对现实公正问题的研究是实践的迫切需要,也是当前最应该注重和着力的地方。各种社会公正问题凸显并成为人民群众最关注的社会问题,是社会公正研究在21世纪成为焦点的现实因素。公正是中国共产党革命、建设、改革的一面旗帜、一个目标,更是社会主义制度的基本属性,是当前中国政策走向的一个基本依据。中国共产党领导中国人民建立了社会主义制度,如何在实践中兑现公正承诺?为什么在社会主义制度下还会出现令人民群众反映强烈的社会不公问题?当前人民群众反应最强烈的社会公正问题是哪些?如何去解决这些问题?理论和实践都急需答案。学术界应顺应时世,掀起对现实公正问题研究的高潮,研究大体上分为两种:一种是对中国共产党社会公正思想和几代领导人的公正思想的研究,研究着重于党在不同阶段的政策导向,普遍具有应时应景性的特点;另一种是针对现实存在的公正问题进行具体研究。

(一)中国共产党社会公正思想的发展理路

在中国共产党的公正思想发展的阶段性划分上,学术界多持三段论:第一阶段是建党到1949年新中国成立,第二阶段为1949年到1978年改革开放前,第三阶段为改革开放以来至今。中国革命和社会主义建设在不同阶段的任务、目标和社会经济发展状况不同,正义内涵表现出不同侧重点,形成有鲜明时代特征的正义话语。屈琦、梁智博指出,中国成立之前,正义话

语与救亡图存、实现民族国家独立与复兴的任务紧密联系在一起，处在革命与解放的语境中；新中国成立到实行改革开放，正义话语以集体主义和阶级斗争为核心，带有浓厚的“义务本位”色彩；改革开放以来逐渐形成了以经济建设为中心、以促进人的自由全面发展为目标的开放性的正义话语。[①]

范广军以党的十六大为界限，从公正的功能定位角度进行了分析，认为从党成立到2002年十六大召开前，公正被看作激发革命、促进经济社会发展的前提，以功能定位为“手段”；党的十六大以来，公正以实现社会主义和谐社会、促进人的全面发展为依归，进入侧重“目的”功能阶段。[②] 袁祖杜着眼于对国家、社会和公民的权利进行探讨，认为新中国成立以来中国共产党的公正思想主要经历了两种模式：1949—1978年，以“国家公共利益本位”的国家与社会一体化实践模式；1978年以来逐渐转变为“社会与公民权利本位”，国家与社会分化基础上的分权实践模式。[③] 郜志刚对新中国成立以来的公正政策导向进行了分析，认为公正变化可分为“一大二公”到“效率优先、兼顾公平”，再到“以人为本、统筹兼顾”三个阶段；方式上由政治运动向制度保障转变，思路上由革命向改革和发展转变，主旨上由专注于同质均等向追求共同富裕转变。[④]

归纳学者们的研究可以看出，中国共产党对社会公正的认识是与对社会主义的认识相依相附的，随着对社会主义认识的不断深化，对社会公正的认识也日趋科学化、现实化。虽然不同时期对公正的解读不同，具体实践方式也出现过偏差和曲折，但学术界普遍肯定了共产党对公正是社会主义的

---

① 参见屈琦、梁智博：《马克思主义正义观在中国的三重转向》，《湖北社会科学》2008年第4期。

② 参见范广军：《中国共产党社会公正的功能定位》，《当代世界与社会主义》2009年第2期。

③ 参见袁祖杜：《“正义”对“制度”的介入与规制——马克思正义观的实践难题》，《北京大学学报》(哲学社会科学版)2014年第3期。

④ 参见郜志刚：《论改革开放以来中国共产党追求公正的逻辑转换》，《求实》2013年第6期。

基本要求的认知没有改变,对兑现公正承诺的信心和决心没有变,对走向更公正社会的根本方向没有改变。

(二)以领导人为题名的社会公正思想

社会公正在不同领导人时期呈现出不同的特点,既反映时代特征,又从领导人主政的角度体现了党在不同时期公正政策关注点的转移和变迁。一部分学者以党的领导人为题对社会公正思想进行研究,这类研究具有明显的时效性。

作为中国共产党的第一代领导核心,毛泽东的公正思想对中国革命、社会主义建设影响最深、时间最长,且实际效果得到了充分的表现,其有益的、失误的因素已有历史的定论。因此,对毛泽东公正思想的研究相对来说结论比较一致。成功的方面,多集中在"人民当家作主"的根本政治制度、新中国国际上的独立地位、妇女解放、教育普及等方面;失误方面主要是对"大跃进""一大二公"的生产关系、供给制、平均主义等超越阶段的想法和做法的批评。如,有学者指出,毛泽东在对社会公正的后期探索实践中显现出更多的理想化色彩,他对公平的理解脱离了现实的生产力基础,使得中国在长时期内实行低收入水平上的公平分配,这不符合社会主义社会公正的根本要求。

邓小平作为中国共产党第二代领导核心和改革开放的总设计师,在中国陷入生产力水平低下、人民生活水平长期得不到提高的困境中带领中国共产党和中国人民冲破了长久以来对社会主义及社会公正的教条式认知,以解放生产力、发展生产力为第一要务,开启了中国特色社会主义建设阶段。"社会主义本质论""效率优先、兼顾公平""社会主义市场经济体制"是邓小平时代社会公正的最好的注解。学术界对邓小平时代公正思想研究大多围绕两个主要方向进行阐释,认为前期注重"效率优先",后期转向"先富如何带动后富,最终实现共同富裕",具体围绕"按劳分配和按要素分配相结合”“机会平等”“合理差距”“防止两极分化”等方面进行分析。

随着经济体制改革全面推进和社会主义市场经济的最终确立，以经济建设为中心、发展是第一要务的理念已牢牢占据领导干部和人民群众的思想，新旧公平正义问题叠加、凸显并逐渐成为党和人民群众高度关注的问题。江泽民、胡锦涛主政时期，社会公正地位和思想在党和国家政策中发生转变，改革开放之初倡导的“效率优先、兼顾公平”渐次向“效率与公平并重”“更加注重公平”逐步转变，“三个代表”重要思想、“以人为本”“建立以权利公平、机会公平、规则公平、分配公平为主要内容的社会公平保障体系”“公平正义是社会主义核心价值观念”“社会公平正义是社会和谐的基本条件”“维护和实现社会公平和正义是我国社会主义制度的本质要求”等党和国家方针政策中的新提法及贯彻落实新政策的一系列具体举措是学术界研究的主要方向。有学者指出，这一时期社会公正政策的转变意味着改革和发展的指导思想将从“先富”转向更为实际的“共富”。

党的十八大以来，以习近平同志为核心的党中央高度重视社会公正问题，采取了一系列有针对性、切实有效的措施来维护和实现社会公正，如抓住人民群众反应最强烈的腐败问题，在保障人的基本权利的扶贫措施下苦功，建设司法公正这一制度保障，在国际上反对霸权主义、推进人类命运共同体的建设等，得到了人民群众的拥护和国际上的赞誉。一些学者紧跟形势，对习近平的公正思想进行探讨，主要集中对党的下列提法和具体政策实施情况进行分析:“以人民为中心的发展”的初心、“公平正义是改革发展的出发点和落脚点”的定位、“任何组织和个人都不得有超越宪法法律的特权”权利平等，“使发展成果更多更公平惠及全体人民”“使全体人民学有所教、劳有所得、病有所医、老有所养、住有所居”的目标，“保障贫困人群和低收入者的利益、逐步扩大中等收入阶层、保护高收入者的合法利益”，“改革收入分配制度，促进共同富裕，推进社会领域制度创新，推进基本公共服务均等化”“全面从严治党”“反腐败”“推进司法公正”“扶贫开发”等战略方针和具体政策。

中国共产党历代领导集体对社会公正问题进行了不懈、接续的探索，既有以马克思主义为指导思想、以人民为出发点和归宿这些共通点和传承因子，又随着历史条件的变化不断深化，发展着对社会公正的认识和实践。江洪明对这一过程进行了总结：内涵界定日益明晰，地位呈螺旋式上升，实现路径日趋科学，人本性日益浓郁，举措日渐合理，制度日臻完善，[①]这一说法比较切实地概括了整个过程。

（三）当前人民群众最关注的社会公正问题

改革开放以来，中国在经济发展上取得了辉煌的成就，生产力迅速发展，综合国力显著增强，人民生产水平整体上达到小康。同时也出现了一些不和谐的音符——一些新的社会的不公现象日益显现出来。哪些是人民群众最关注，反应最强烈的社会不公问题？一些机构和学者对这个问题进行了调研，贫富差距过大、腐败问题在近十年的调查中一直居于前二位，成为众矢之的。如，何怀宏毫不客气地指出，当前最激发人们正义感的两件事情，一是如何遏制权力腐败而使政治比较清廉，二是如何缩小贫富差距而使社会比较平等。

1. 贫富差距悬殊

收入分配是社会利益分配的直接体现，与人民群众的生产生活密切相关，是最直观、最容易诱发社会情绪的问题。在社会主义社会里，由于人们在能力、生产要素的拥有量及劳动贡献诸方面存在差别，造成社会成员在社会财富分配方面存在一定的差距，这是一种正常现象。但是这种差距不宜

① 参见江洪明：《中共历代中央领导集体社会公平正义思想演进规律探析》，《理论界》2009 年第3 期。

过大,要有一定的度。如果出现了两极分化,就意味着我们的社会政策出现了问题,背离了社会主义共同富裕的本质要求。一些院校学者和机构人员组成调查组对我国的收入差距进行了实证调查,虽然调查的标准、数据略有差异,但普遍得出了中国的基尼系数已超过了国际警戒线 0.4 的标准的结论,这说明我国现在收入差距悬殊、贫富分化严重是不争的事实,但对于是否存在两极分化,还存在不同的意见。学者对贫富差距进行了更深入的研究,认为中国贫富差距出现了更严重的趋势,由原来穷人太穷转变为富人太富,贫富差距出现了代际固化特征。[①] 这种趋向有悖于社会主义"共同富裕"的本质特征,需要引起高度重视并采取相关的措施予以遏制。

2. 腐败问题

腐败"利用公共权力谋取私利",是我国改革开放以来利益格局变动过程中老百姓最为敏感的一个话题。公共权力机构或官员代表党和政府,利用公共权力谋取私利是最令人痛恨的社会不公现象,会严重挫伤民众对国家、执政党、政府和社会的信心。对腐败问题的研究以党的十八大为界限分为两个阶段:党的十八大之前,学术界侧重于对腐败的严重状况、不良后果进行分析。研究者指出,党的十八大之前我国的腐败问题非常严重,呈现公开化、行业化、广泛化倾向。有学者曾对腐败造成的经济损失进行过估算,认为已占到全国 GDP 近六分之一。更为可怕的是,一些机构的调查结果显示,公民自觉不自觉地卷入腐败中,近一半多的人遇到问题会优先想到通过送礼、找熟人来解决。一方面人们痛恨腐败,另一方面社会环境又迫使他们不得不同流合污。党的十八大以来,在全面从严治党的整体环境下,党员领导干部的作风得到很大改变,政治生态发生根本性的变化,腐败问题得到一

① 参见陈彦斌、陈小亮:《中国贫富差距新特点:穷人太穷转为富人太富》,《财经》2016 年第 9 期。

定程度的威慑和遏制,人民群众的看法也发生了变化,认为党和政府在反腐败问题上取得了显著的成效。学术界的研究也转向全面从严治党、反腐倡廉、司法公正等积极措施及人民群众的满意度调查等方面。

一些学者从其他视角对现实公正问题进行了分析。如,吴忠民从社会结构的层面指出公正存在的问题:社会大的环境层面上自由相对有余而平等相对不足,基础阶层或是民众层面上社会主要群体呈弱势化趋向,较高位置的阶层层面上精英群体之间出现了利益结盟的苗头,国家层面上颠倒了公共投入优先的顺序。[①] 袁祖杜从更深层次对社会主义制度下存在的不公问题进行剖析,认为中国共产党所秉持的和社会主义制度本身所应该具有纯粹的、优质公正理念与社会主义制度具体实践、具体体制机制之间的断裂是社会公正问题最大的隐忧。

造成社会不公问题的原因多种多样,既有制度体制机制的,又有传统因素的惯性影响,还有主观上认知的偏差,问题和原因相互影响,互为因果。研究观点主要包括:客观因素上,社会主义初级阶段的基本国情决定着一些公正问题不可避免的存在;主观因素上,在一个较长的时期中国在发展理念及基本制度和政策方面出现了偏差;体制机制上,没有处理好政府与市场的关系,政府在某些职能上的"越位"和"缺位"造成机会公平、规则公平、结果公平没有得到很好的实行和保障;直观认知上,权力被认为是导致当前社会不公平的主要因素。

对中国现实性社会公正问题的研究本应该是我国社会公正研究的重点和焦点,但这类研究多而不精,散而不群,理论深度不够,多是应时应景之作,集中在从概念到概念,从政策到政策,更多是在宏大叙事层面上来谈论公正问题,却鲜于在微观层面上具体的制度机制上着力,尤其在理论与实际

① 吴忠民:《中国现阶段的社会公正问题》,《河北学刊》2008 年第 3 期。

相映衬、相衔接方面着力不够，缺乏能真正对具体实践起到指导作用、具有现实操作性的成果，导致对于当前无论是党面临的一些具体问题还是广大人民群众的疑虑都没有给予一个较为中肯对路的解释和回答。公正的关键性在于将理论合理地运用于政治需要中，因此实际与理论的分离仍是我国公正思想研究急需克服的短板。

五、国内社会公正研究总体述评

总体而言，21 世纪以来，国内对公正的研究由浅显转向深入，由崇洋转向本土，由单纯应声转向博取百家之长而弃其短的犀利，表明这一研究无论在广度还是深度上都上了一个新的台阶。然而当前中国对公正理论的研究显然还没有达到与西方比肩的地步。坦白地说，是落后了一大截。相对于国外公正研究中群雄并起，或激烈交锋，或相互辉映，国内研究仍过多地停留在解说、阐释状态，没有形成富有中国特色的、独立成型的理论体系，与中国特色社会主义理论创新和实践发展的要求还有较大距离，这是国内公正研究的局限性和遗憾之处。这种局面与国内传统及政治环境的因素直接相关。第一，自中国选择社会主义道路以来，在国内普遍形成了对社会主义的公正或正义性具有无可辩驳、不证自明的固定认知模式，这种将社会主义制度的理想、蓝图和现实社会主义模式合而为一，从而认为现实的社会主义模式自然具有公正性的思维惯性在相当长一段时间、相当广的范围内、相当多一部分人心中存在，不容质疑；第二，由于极左时代对学界知识分子的打压及不公正待遇，使得学界对一些敏感的问题噤若寒蝉、万马齐喑，这一坚冰状态在改革开放后开始缓解。然而一批博学睿智、学贯中西、通今博古的知识分子已至耄耋之年，其精力和关注点难以囊括至此问题，新生代中又缺乏既具深厚学术素养、又不急躁冒进的领军人物。第三，时间跨度上不够。公正问题作为一个从古到今的“斯蒂克芬之谜”，其概念、内涵、矛盾、问题涉及经济、政治、文化、社会、生态等各个方面，涉猎哲学、法学、伦理学、政治学、经济学、社会学等各个学科，包含着最复杂最难有定论的自由、民主、人权、发展、平等等诸多概念。西方学者中罗尔斯沉浸于公正之说三十年之久，广征意见，几易手稿，才有洋洋洒洒的一系列公正论著，其余现代西方大家桑德尔、诺奇克、麦金尔太等无一不是其学科界的翘楚人物，其关于正义的论著也都是在长时期观察、思考、争辩中诞生的。而中国改革开放至今仅四十余年，国内注重公正研究也不过二十年之久，在短时期内难以形成一个系统成型的理论体系、难以出大家也是情理之内。第四，作为一个发展中的社会主义大国，当代中国社会具有各种不同于常规社会状态的特点，创造性地走了一条没有先例可循的道路，中国社会发展的速度、改革的力度、转型的剧烈程度都是世界上其他国家难以比拟的，其存在的公正问题也远比西方社会来得更复杂，更令人注目，这使得在中国无论是学者对公正理论的进一步研究，还是领导者为解决公正问题，所付出的努力都是巨大的。

总体而言，当前国内对社会公正研究程度落后于我国对社会公正理论、问题解答的需求。鉴于此，我们对公正问题的研究，绝不应止步于单向度的、抽象的理论（如仅仅局限于概念、价值、内涵等）研究，更需要走出书斋，在理论和实践相结合的探索中去寻求一条突破当前我国社会公正困境的有效路径。

第二章 社会公正之本体篇

乌托邦远在地平线上，我靠近两步，它就后退两步；我前进十步，它就向更远处退十步。无论我如何迈进，永远够不着它。那么乌托邦为什么存在呢？它存在的作用就在于——让我们前进。

——[乌拉圭]爱德华多·加莱亚诺

社会公正无疑是世界上最难解的问题之一。这个问题说大就大，说小就小。大到世界的格局、国家的产生、社会制度的设计和运行，经济、政治、文化、社会、生态诸方面，公正无不浸润其中；小则衣食住行、柴米油盐、打架斗殴等与人们息息相关的琐碎生活小事，公正无不掺杂其中。这样一个无人不涉及其中、所有人都有所感受的“戈尔迪亚诺难结”，有哲人大家从抽象的原则对之研究再三，有现实主义者置之于具体情境讨论不已，各种论述不绝如缕。然而这个兼具抽象和具体双重属性的问题迄今为止仍然没有一个令所有人都信服的答案，依然吸引和逼迫着一代又一代的思想家、政治家对之进行不懈的探索和实践。

概括而言，社会公正包括三个最基本的问题：谁之公正、何为公正、如何公正，对这三个问题的回答构成了社会公正理论的总体框架。

一、社会公正的首要问题:谁之公正

谁之公正,是社会公正的首要的、根本的、原则性的问题。其意指,谁是社会公正的出发点和归宿?谁是社会公正的价值主体和评判主体?这是判断一个社会是否公正的本源性问题。

从人类社会发展的总体趋势而言,只有人本身才是社会发展的终极目的和终极意义。相对人类自身,无论是生产力、生产关系、社会制度等都不过是手段,社会公正也不例外。构建一个公正的社会,实现社会公正,从最终的意义上而言,都是为了保证和实现人的发展。因此,从人类社会发展的终极意义上而言,人类即所有的社会成员都应是社会公正的主体。然而在人类有文明史以来几千年间,大多数时间里"谁之公正"的答案并不是社会的每个成员,也不是社会的全体成员,而只是社会中的一部分人,而且是极少的一部分人。

要论公正,首先必须界定产权,先分清什么是你的、什么是我的。因此,社会公正的要求只能产生于那个产生了私有财产和紧跟着私有财产而来的人类日益被划分为对立阶级的阶级社会。整个阶级社会的历史都是为统治阶级服务的历史,是一种剥削制度代替另一种剥削制度的历史。"过去的一切阶级在争得统治之后,总是使整个社会服从于它们发财致富的条件,企图以此来巩固它们已经获得的生活地位"①,这必然要以损害或牺牲被统治阶级的利益为前提,造成少部分人的发展以大部分人的牺牲为代价的社会事实。马克思就明确指出:"专制制度的唯一原则就是轻视人类,使人不成其

---

① 《马克思恩格斯选集》(第一卷),人民出版社 1995 年版,第 283 页。

为人。”[①]旧世界中“那些不感到自己是人的人,就像繁殖出来的奴隶或马匹一样,完全成了他们主人的附属品”[②]。在阶级社会中,由于社会成员处于明显的不平等地位,“谁之公正”的答案只能是极少数占据统治地位的阶级,相应的对于社会公正问题的回答与阐释因为在明显不平等的框架下进行,虽然有智慧的光芒,却不免带着强烈的阶级局限性。如,在被誉为民主政治发源地的古希腊,著名政治家梭伦提出了公正的“给一个人以其应得”的经典定义,哲学家柏拉图提出了“每个人必须在国家里执行一种最适合他天性的职务”的精妙思想。然而这两位大家的公正所指涉的人群都只限于公民范围,而占古希腊居民大多数的奴隶和客籍民(即居留在希腊城邦中的外邦人)是不具有雅典公民权的,希腊妇女也不在其中。柏拉图公开为奴隶制辩护:“奴隶制是有利的、是正当的,奴隶天然应该低于主人。”[③]亚里士多德也明确指出:“有的人天生就该成为统治者,有的人天生就该是被统治者。奴隶完全没有理性,女人和儿童有着不多或不成熟的理性。”[④]对于这种在赤裸裸的不平等框架下的公正讨论,近代哲学家罗素深有感慨:“我们受了民主理论的影响,已经习惯于把正义与平等结合在一起了;然而在柏拉图那里却没有这种涵义。”[⑤]社会地位的不平等使得阶级社会的社会公正只能是局部的、有限的,只能是一小部分人的公正,占有人口大多数的底层百姓是在社会公正之外的。柏拉图在《理想国》一书中借色拉叙马霍斯之口明确指出阶级社会中公正的属性:“难道不是谁强谁统治吗?每一种统治者都制定对自己有利的法律,平民政府制定民主法律,独裁政策制定独裁法律,依此类推。他们制定了法律明告大家:凡是对政府有利的,对百姓就是正义的;谁不遵

① 《马克思恩格斯全集》(第1卷),人民出版社1956年版,第411页。
② 《马克思恩格斯全集》(第1卷),人民出版社1956年版,第409页。
③ [英]罗素:《西方哲学史》(上卷),人民出版社1963年版,第241页。
④ [古希腊]亚里士多德:《政治学》,吴寿彭译,商务印书馆1983年版,第39页。
⑤ [英]罗素:《西方哲学史》(上卷),人民出版社1963年版,第241页。

守,他就有违法之罪,又有不正义之名。因此,我的意思是,在任何国家里,所谓正义就是当时政府的利益。政府当然有权,所以唯一合理的结论应该说:不管在什么地方,公正就是强者的利益”①。在等级森严的阶级社会中,被压迫阶级可以呼吁社会公正,却无处讲理。

只有在进入资本主义社会后,社会公正的讨论才开始在广泛而具体的层面上展开。严格意义上的社会公正观念是近代“社会契约”的产物,正像马克思称赞资本主义社会发展生产力的巨大贡献一样,社会公正也只有到资本主义社会、平等权利确立以来才真正具有现实意义。“没有哪个人比马克思本人更加钦佩资产阶级的辉煌成就。这些成就——坚决反对政治专制、财富的大量积累(并由此带来实现普遍繁荣的前提)、尊重个体、公民自由、民主权利、真正的国际神话等等。”②从这个角度来说,资产阶级对社会公正的首要问题做出了巨大的贡献,它为人类的权利平等奠定了物质基础,而且从法权意义上给予社会中的每一个成员以平等的地位和权利,使得社会公正在人类历史中第一次至少在名义上是属于全体社会成员的。在现代政治中,几乎所有国家都倾向于宣称其最高主权属于人民,而任何谋求权力的政治家均宣称他们是代表人民行使主权的。

遗憾的是,资本主义社会在赋予社会公正以巨大价值的同时,又如影随形地带来一个不容否认和忽视的问题——主体虚化,也可以说是形式主体与实质主体不相吻合的问题。在等级社会里,社会公正是某一部分人的权利,这种表现是赤裸裸的。如,中国古代有“刑不上大夫,礼不下庶人”之说。资产阶级高举着民主、自由、平等的大旗,所有的公民在名义上具有社会公正的主体地位。但这种“法权正义”只是法律上的、形式上的,却不是实质

---

① [古希腊]柏拉图:《理想国》,郭斌和、张竹明译,商务印书馆1986年版,第19页。

② [英]特里·伊格尔顿:《马克思为什么是对的》,李杨等译,新星出版社2011年版,第167页。

的。物的世界的大幅度增值与人的世界的迅速贬值这一悖论更为清晰了，生产的迅速增长带来贫富两极分化，财富越来越积累在小部分人手中，大部分无产者却更加穷困。在资本主义社会，自由只是资产阶级竞争的自由，劳动人民只有出卖劳动力沦为雇佣奴隶的自由；平等是资产阶级的私有财产在法律面前的平等，劳动人民空有赤身两手毫无平等可言。理论和现实都显示，资本主义的公正是“在富人和穷人不平等的前提下的平等，……就是简直把不平等叫作平等”[①]。事实上，宣称“人人生而平等”的资本主义在很长的一段时间里，连形式的平等都没做到。如，资本主义国家早期对选举权都有财产要求的限制，美国直到 1920 年才批准了全国范围内的妇女选举权，英国妇女 1928 年才拥有平等的选举权；在各个殖民地，殖民者彻底撕下平等公正的伪装，以文明等级论为理由，利用自己先进的文明肆意将非洲和美洲等殖民地的人民变为奴隶，以至于获得了“复活了奴隶制”的丑恶名声。资本主义理论的奠基人之一约翰·洛克就赤裸裸地提出野蛮人（殖民人原住民）和罪犯一样不受社会契约保护，“那些野蛮人也可以像野兽一样，像狮子和老虎一样被杀死”[②]。资产阶级否定了等级特权，却确立了资本的特权；肯定了人人在法律面前的形式平等，却认可并保护了实质上的不平等。它用外形上权利平等的外衣巧妙地掩盖了剥削和被剥削的残酷现实，把大部分实际权利留给了资产阶级，把大部分实际义务推给了无产阶级。这样一个名义公正实质上却不公正的社会，对“谁之公正”问题虽有明确的回答却流于形式难以实质化。

马克思主义认为，人民群众是历史的创造者，只有劳动群众才创造这一切，拥有这一切并为这一切而斗争。人民群众在历史中的主体地位决定了

---

① 《马克思恩格斯全集》（第 2 卷），人民出版社 1957 年版，第 648 页。

② ［英］丹尼尔·汉南，《自由的基因》，徐爽译，广西师范大学出版社 2015 年版，第 300 页。

他们在公平正义中的主体地位，一个公正的社会应该是广大人民群众创造价值并充分享有自己创造的价值的社会，即劳动主体与价值主体应该是重合的，这个论断给予“谁之公正”以明确的回答：社会公正的主体是人民群众，社会公正的评判权归属于人民群众。马克思恩格斯不仅提供了“谁之公正”的正确答案，还提供了实现和保证这个答案的途径和方式。“只有无产阶级专政才能使人类摆脱资本的压迫，彻底认清资产阶级的民主这种富人的民主是谎言、欺骗和伪善，才能实行穷人的民主，也就是使工人和贫苦农民事实上享受到民主的好处。……这是用穷人的民主代替富人的民主。这是用大多数人即劳动者的集会和出版自由代替少数人即剥削者的集会和出版自由。这是民主在世界历史上空前地扩大，是假民主变为真民主。”①只有在无产阶级建立的共产主义社会中，“一切人，或至少是一个国家的一切公民，或是一个社会的一切成员，都应当有平等的政治地位和社会地位……平等应当不仅是表面的，不仅在国家的领域中实行，它还应当是实际的，还应当在社会的、经济的领域中实行”②。

二、社会公正的核心问题：何为公正

何为公正是社会公正的核心问题，也是最难阐释的问题。在这个问题上从古到今始终存在分歧和争议，公说公有理、婆说婆有理，呈现出百家争鸣的热闹景象。每一种公正思想都不可避免地遭到不同意见者的批驳和攻讦，这样的情况从古到今不断重复、不断演练，至今都没有能够具有完全压倒性的观点和思想，使得社会公正呈现着一种说不清道不明的意味。E. 博

① 《列宁选集》(第三卷)，人民出版社 1995 年版，第 685 ~ 686 页。
② 《马克思恩格斯选集》(第二卷)，人民出版社 1995 年版，第 444 ~ 448 页。

登海默形象地描绘了公正的这种迷惑性:“正义有一张普罗透斯似的脸,变幻无常,可以随时呈现不同形状并具有极不相同的面貌。”①

(一)公平正义——难以说清

在公正问题上,长期以来一直难以达成共识的状况导致了一种公正是不可能说清的论断,“正义只是一种约定俗成的观念,并且总是混沌的、模糊的,屡屡经不起合乎逻辑的追问:任何建立一整套清晰的理论体系的企图都将是徒劳的,至多可以被看作一种动机良好的呼吁罢了”②。魏因贝格尔等人也认为,“没有人能够客观地和确定地知道什么是公正,公正也得不到证明”③。

社会公正是一个价值评判过程,是一个作为主体的具有主观性的人将被判断事物与已有的公正标准进行比对并得出是与否的结论的思维过程,这个思维过程的中心是公正标准,即何者为公正、何者为不公正的看法。公正标准与判断者所处的时代、阶级背景、具体环境、个体特征及利益关联度都有密切的联系,不可避免地带有强烈的主观性和情感色彩,从而赋予社会公正变动不居的特征。“既然人类分成许多民族、阶级、宗教、职业等等,彼此往往发生分歧,所以也就有着许多很不同的正义观念,多到使人甚至不能简单地讲正义的地步”④。马克思明确指出:“关于永恒公平的观念不仅因时因地而变,甚至也因人而异。”⑤时代、国家、民族、群体、处境、利益、经历及情感等等任何一个因素的变动都会导致公正标准的改变,某些情况下同一个人对同一时间、同一地点、同一事件因心境的不同所作的公正判断都会有明显的差别。人是社会的人,是身处客观条件下且有情感波动的人,因此罗尔

---

① [美]E. 博登海默:《法理学——法哲学及其方法》,华夏出版社 1987 年版,第 238 页。

② 熊逸:《正义从哪里来》,民主与建设出版社 2019 年版,第 2 页。

③ [英]尼尔·麦考密克、奥塔·魏因贝格尔:《制度法论》,中国政法大学出版社 1994 年版,第 250 页。

④ [奥]凯尔森:《法与国家的一般理论》,沈宗灵译,中国大百科全书出版社 1996 年版,第 8 页。

⑤ 《马克思恩格斯文集》(第三卷),人民出版社 2009 年版,第 323 页。

斯正义理论假设中的无偏颇的中立性判断终究只能是一个理论预设,难以成为现实。

社会公正的难以说清,可以从历时态和共时态两个方面来分析。

社会公正在历时态上的变动主要表现在,社会公平正义具有历史性,即不同的历史阶段与社会形态其公正标准是不同的。“希腊人和罗马人的公平认为奴隶制度是公平的;1789 年资产者的公平要求废除封建制度,因为据说它不公平。在普鲁士的容克看来,甚至可怜的专区法也是对永恒公平的破坏。”①某一社会阶段的公正标准最终是由该社会形态的物质条件所决定的,因为人们“归根到底总是从他们阶级地位所依据的实际关系中——从他们进行生产和交换的经济关系中,获得自己的伦理观念”②。“这个内容,只要与生产方式相适应,相一致,就是正义的;只要与生产方式相矛盾,就是非正义的。在资本主义生产方式的基础上,奴隶是非正义的;在商品质量上弄虚作假也是非正义的。”③这是唯物史观经济基础决定上层建筑基本规律的表现。公平正义本身是社会和历史发展的产物,随着生产力发展、生产方式的变迁和历史条件的变更而改变自己的样貌,并不断地在历史发展中获得新鲜的、具体的内容,生产方式的变迁是公正观念嬗变的根源。

公正标准在共时态上的差异主要表现在:

其一,公正标准的区域差异性。区域的差异可以体现在不同国度、不同地域、不同种族、不同宗教信仰和传统文化观点影响下的社会公正观念的差异性。如,基督教国家和伊斯兰教国家由于信仰的不同,在社会公正标准方面存在价值观的冲突,东亚以儒家文化为传承的诸多国家与西方国家的许多公正标准也存在着较大差异。公正的区域性差异也可以表现为不同的领

---

① 《马克思恩格斯文集》(第三卷),人民出版社 2009 年版,第 323 页。
② 《马克思恩格斯文集》(第九卷),人民出版社 2009 年版,第 99 页。
③ 《马克思恩格斯文集》(第七卷),人民出版社 2009 年版,第 379 页。

域所遵循的标准和准则是不同的。经济发展领域往往遵循按贡献分配原则,而社会发展领域的依据是人人平等原则。

其二,公正的情境变通性。公正判断者认可的公正标准会随着社会环境和所处群体特征等具体情境而变化。如,公正原则的认可和运用会依据与相关人关系的亲疏更改公正标准的差序尺度。心理学里所谓的“圈内人偏袒”明显效应就是一个典型的例子。同样的事件,如果亲属或熟人是当事人,就会放宽公正的尺度,认为不遵守规范、原则有情可原。如果当事人是陌生人,则对其进行严格的公正评判。① 戴维·米勒在《社会正义原则》中研究了人际关系模式对社会公正原则选择的影响:团结性社群内部的正义原则是按需分配,工具性联合的群体选择依据应得分配,公民身份联合体的首要分配原则是平等。暂时性的群体更倾向于支持贡献原则,而那些期待未来与他们的同伴相互影响的人则更倾向于平等原则。②

其三,心理作用对社会公正判断的影响。其中突出的表现是公正的相对获得感或相对剥夺感,即比较客体的选择会影响公正判定。马克思曾对人的这种心态做出了非常形象的比喻:“一座小房子不管怎样小,在周围的房屋都是这样小的时候,它是能满足社会对住房的一切要求的。但是,一旦在这座小房子近旁耸立起一座宫殿,这座小房子就缩成茅舍模样了。这时,狭小的房子证明它的居住者不能讲究或只能有很低的要求;并且,不管小房子的规模怎样随着文明的进步而扩大起来,只要近旁的宫殿以同样的或更大的程度扩大起来,那座较小的房子的居住者就会在那四壁之内越发觉得不舒适,越发不满意,越发感到受压抑。”③公正的比较主要包括两个维度,纵

---

① 参见张燕、王孔睿:《当代中国青年公正意识的内涵、文化特征及形塑路径——基于近5年热点公共事件公正讨论的内容分析》,《中国青年研究》2013年第4期。

② 参见[英]戴维·米勒:《社会公正原则》,应奇译,江苏人民出版社2001年版。

③ 《马克思恩格斯选集》(第一卷),人民出版社1995年版,第349页。

向比较主要是在时间维度上,表现在与过去的自我相比;横向比较包括同条件比自己强、比自己差以及差不多的对象进行比较。值得注意的一点是,无论是横向还是纵向比较,都存在一种倾向,即愿意和好的比,而躲避与较差的比。只及一点,不及其余;比较一点,不综合比较全部。如,国内生态环境问题显著时,很多老人就会怀念改革开放时期的青山绿水,而不提经济生活水平的巨大变化。而且,公正具有刚性,即只能增加,不能减少,增加未必引起欢呼,但减少一定导致抵触。

(二)公平正义——必须说清

公正的难以说清确实在很多时候使得它呈现出了罗生门的性质,让人左右为难。然而作为社会的基本规范,公正又必须说清道明。因为公正绝不仅仅是书斋中哲人间思考讨论的问题,而是一个关系到共同体内所有人利益的根本性问题,是一个社会建构所必须考虑的首要准则。任何一个社会的稳定或暂时稳定都必须有一个以公正为基准的社会规范,这个社会规范调节着社会范围内所有的利益关系,必须是确定和稳定的。因此,国家的建构、共同体的形成、社会秩序的稳定要求社会公正具有客观规定性,即某一确定社会阶段对确定行为或事件一定会有一个明确的判断标准,不管这个标准是好是坏,是被欢迎还是被诅咒。当一个人或一些人对社会作出"公"或"不公"的评价时,他心中已然存在着对社会公正的前提要求,即他认为这个社会的运行准则是什么样的或社会应该呈现的状态是什么样的。"当我们被要求对各种实际问题发表意见时,如果我们在经验层面观察一个人们把什么视作是公平的,就会发现这种观念的模式是稳定的。"①事实证明,同一时代的思想家对正义理解的相同之处,比不同时代的思想家对正义的理解的相同之处要多得多,在某种程度上证明了在具体条件限定下,社会

① [英]戴维·米勒:《社会公正原则》,应奇译,江苏人民出版社2001年版,第26页。

公正的内容具有客观性、公共性和稳定性。

社会公正的客观规定性多数表现为在一定的条件下公正观点的最大公约数，即主流意识形态中的公正观点，个体的公正诉求只有在符合社会的整体公正标准时，才能得到保证和实现。任何一个社会中，占统治地位的阶级会努力将自己的阶级利益表达为全社会的普遍的、天然的利益，而被统治阶级用自己对理想社会的盼望表达着对不利于自己的社会公正观的反对和反抗。两相博弈中，统治阶级运用自己掌握的政权的力量、经济方面的绝对控制和对底层民众的精神控制等手段，使得统治阶级的公正观点成为占主导地位的观点，并用法律规定等形式将之定型为不可触犯的准则，被统治者的公正要求和反抗则被视为不公正。白寿彝老先生就指出，在封建时代，官史没有不咒骂农民起义，没有不把对农民的镇压写成神圣的"正义"行动的。①

（三）公正的经典定义

公正最经典的定义是"给一个人所应得"，哲学家们用不同的语言来表达它。苏格拉底将正义解读为，"给每个人以恰如其分的报答"②；古罗马共和国的思想家西塞罗把正义描述为，"使每个人获得其应得的东西的人类精神取向"③；古罗马法学家乌尔比安提出"正义乃是使每个人获得其应得的东西的永恒不变的意志"④；神学家托马斯·阿奎那将正义定义为"一种习惯，依据这种习惯，一个人以一种永恒不变的意志使每个人获得其应得的东西"⑤；当代伦理学思想家麦金太尔认为"正义是给每个人——包括给予者本

① 参见白寿彝：《史学遗产六讲》，北京出版社2016年版，第2页。

② ［古希腊］柏拉图：《理想国》，郭斌和、张竹明译. 商务印书馆1986年版，第7页。

③④ ［美］E. 博登海默：《法理学：法律哲学与法律方法》，邓正来译. 中国政法大学出版社2004年版，第277页。

⑤ ［美］E. 博登海默：《法理学：法律哲学与法律方法》，邓正来译. 中国政法大学出版社2004年版，第265页。

人应得的本分”[1]。

“应得”这个定义之所以被普遍认可，在于它仍是一个模糊的概念，以什么标准来衡量应得，由谁确定应得，对于这些具体的问题，“应得”没有表达出任何可验证的判断，任何派别、任何人都可站在自己的立场和角度对这个概念进行解读或阐释，公正问题的争论焦点也在于此。亚里士多德就指出：“没有人不同意，应该按照各自的价值分配才是公正。不过对所谓价值每个人的说法却各不相同。平民派说，自由才是价值；寡头派说，财富才是价值；而贵族派则说，出身高贵就是德性。”[2]迈克尔·桑德尔也指出：“一个公正的社会以正当的方式分配这些物品，它给予每个人以应得的东西。然而当我们追问什么样的人应得什么样的东西以及为何如此时，便产生了一系列棘手的问题。”[3]柏拉图“各归其位、合司其职”的公正观点与“应得”具有相似性。柏拉图在《理想国》中指出，正义就是每个人在城邦里执行一种最适合他天性的职务。正义就是只做自己的事而不兼做别人的事。[4] 这种观点本身不会受到质疑，但深入探讨后，问题就不可避免地出现了：谁更适合统治，谁更适合被统治？柏拉图自己所讲述的“金银铜铁”分类法显然是荒诞的，不能令人信服。

“应得”的标准即使在社会构成相对简单的古代社会，在财富的归属上就存在过两种相互冲突的观点：一种认为应以劳动为尺度，财富应属于它的创造者；另一种则以需要为尺度，认为财富应该属于需要者。随着社会的发展，人类社会构成日趋复杂，能成为“应得”标准的因素越来越多，德性、权

① [美]麦金太尔：《谁之正义？何种合理性？》，万俊人等译，当代中国出版社 1996 年版，第 56 页。

② [古希腊]亚里士多德：《亚里士多德全集》（第八卷），苗力田译，中国人民大学出版社 1994 年版，第100 页。

③ [美]迈克尔·桑德尔：《公正——该如何做是好？》，朱慧玲译，中信出版社 2011 年版，第 19 页。

④ 参见[古希腊]柏拉图：《理想国》，商务印书馆 1986 年版，第 154 页。

利、资本、技术等要素纷纷被加入“应得”的标准中来，应得概念成为一个能包含一切标准的正义概念，继续担当着公正的经典定义的角色。

（四）现代社会的公正原则

公正原则是一个社会达到预期的公正目标所必须遵循的一整套的公正标准形式。它能够给人们提供一种判断是非曲直的对照，是国家、社会制度、政策制定及实施的一种内在规定性。社会公正原则是公正价值标准和主流公正观念的高度抽象化和概念化。

现代国家关于社会公正的讨论无外乎围绕两个基本点展开——平等与自由，通俗来说是相同与差别。人类社会哪些方面必须是平等的，如何保证这些平等的实现？哪些方面是必然有差别的？这些差别的合理界限在哪里？如何保证差别限定在合理范围内？围绕着平等与差别这两个基本点，人们就其本源、偏重发散出各种各样的说法和规范。

1. 平等原则

平等原则是公正的首要的、基本的原则。它是最具有道德自觉的公正原则，因为一谈论到公正，人们最先想到的就是平等，以至于在很多时候人们已习惯于用平等直接代替公正。苏格拉底就认为：“真正的正义就是平等地分享。”①平等在社会公正中的基底地位，使得每个公正理论都不得不从平等出发，每个公正观点中都必然包含着平等的含义。

平等原则的道德依据源于两个方面：其一，种属尊严。恩格斯明确指出：“一切人，作为人来说，都有某些共同点，在这些共同点所及的范围内，他们是平等的。这样的观点自然是非常古老的。”②种属从最大处说是生物学中的人，即不分种族、肤色、年龄、性格的生物个体，只要人之为人，就必须是

① 《柏拉图全集》（第一卷），王晓朝译，人民出版社2002年版，第375页。

② 《马克思恩格斯选集》（第三卷），人民出版社1995年版，第444页。

平等的，就有保证其生存、发展的平等权利。从小处说，种属指同一种族、具有共同文化信仰的人，而非我族类即被排除在人之外。如王夫之在评点西汉时期傅介子诱杀楼兰王这段历史时，就认为楼兰是夷狄，“夷狄是非人”，不配得到只有人类才能得到的尊重，所以“歼之不为不仁，夺之不为不义，诱之不为不信”[①]。现代社会中，以人人平等为表现的大的种属平等思想已成为广泛的共识，但后一种属的狭隘思想在一定范围内仍然存在着，一些国家的种族歧视现象仍然很严重。其二，社会构成。社会是由无数个作为个体存在的人组成的共同体，人和人之间相互联系相互依赖，共同生产、分工协作，共同组成以族群、部落、民族、国家等表现形式的共同体。在共同体构成成分的意义上，每个人都是不可缺少的、平等的。人的社会属性的一个基本点就是承认别人具有一种和我们平等的人格。

平等原则在现实领域最基本的表现就是权利平等。自近代始，最深入人心的公正观念是人与人之间的权利平等。“一切人或至少是一个国家的一切公民，或一个社会的一切成员，都应当有平等的政治地位和社会地位。”[②]权利平等是现代社会最基本的要求，资产阶级的宣言书《独立宣言》和《人权宣言》所宣示的“人生而平等”所指的就是这种自然权利，哈耶克的“法律面前人人平等”、尼尔林的“作为权利的平等”也都指这种权利平等。权利平等必然包含福利平等原则。福利平等原则保证所有成员避免被剥夺行使基本权利的权利，尤其是保证所有人都具有享受健康、教育等社会公认必须满足的基本消费水平的权利，过上社会公认的有尊严的生活。公正的社会制度要确保每个人都能够获得“自尊的社会基础”，赋予所有人从公共组织获得最基本生活保障的权利。因为不管在任何制度下，社会中总会有

① （清）王夫之：《读通鉴论》，卷四《汉昭帝》。

② 《马克思恩格斯文集》（第九卷），人民出版社 2009 年版，第 109 页。

弱势群体的存在，比如年老体弱者、身有残疾者等；一个经济体系无论保持如何好的运行态势，总有一些人会遇到意想不到的事情，而处于受损害的边缘或落入贫苦的境地。福利平等原则作为权利平等的补充和底线保障，要求社会不应该对任何陷入困境的人无动于衷，不论这一困境是由个人造成还是由社会造成。毛泽东就明确指出："一个人在'老''少'两段不能做工的时候应该都有一种取得保存他生命的食物的权利，这就是生存权。"①社会的基本保障注重的是享有权利的平等性，它并不是指每个人均等地去领取保障物质，而是当任何一个人处于困境或成为弱势人员，都有权利受到这种保障。阿马蒂亚·森指出："在私人所有制的市场经济，社会保障是对于市场交换和生产过程的补充，这两种类型的机会结合起来决定了一个人的交换权利。"②

平等作为社会公正最基本的原则，人人赞同，将平等原则用于社会所有领域却鲜有人应声，因为"人际相异性使得在某一领域坚持平等主义就必然拒斥另一领域的平等主义"③。当平等从形而上的道德理想世俗化为现实的平等事实，以各种形式，形式平等、实质平等、起点平等、结果平等、程序平等、规则平等等具体的表象出现和运行时，平等原则很快就偏离了它的出发点和本想到达的终点。起点平等并不一定能达到结果平等，形式平等也不等同于实质平等，无论设计得如何严密的机会平等、程序平等、规则平等都不能带来结果平等。故平等可以是理想，可以是出发点，但绝不是终点，也很难成为终点。平等"是我们所有理想中最不知足的一个理想。其他种种努力都有可能达到一个饱和点，但是追求平等的历程几乎没有终点，这尤其

① 《毛泽东文集》(第一卷)，人民出版社 1993 年版，第 8 ~ 9 页。

② ［印］阿马蒂亚·森：《贫困与饥荒》，王宇、王文玉译，商务印书馆 2001 年版，第 13 页。

③ ［印］阿马蒂亚·森：《论经济不平等/不平等之再考察》，王利文、于占杰译，社会科学文献出版社 2006 年版，第 219 页。

是因为，在某个方面实现的平等会在其他方面产生明显的不平等。因此，如果说存在着一个使人踏上无尽历程的理想，那就是平等"①。

在平等原则下，人们更赞同的是权利的平等、机会的平等、规则的平等、程序的平等，但普遍不赞同结果的平等。如，罗尔斯关注的是基本善持有的平等，追求的是实现自由的手段上的平等；森关注的是能力的平等，追求的则是实际自由本身的平等。哈耶克将平等区分为"法律面前人人平等"和"物质财富的平等"，尼尔林将平等分为"作为权利的平等"和"作为目标的平等"。无论是"法律面前的平等"还是"作为权利的平等"都很容易达到，而"物质财富的平等"和"作为目标的平等"却难以企及。"论述平等问题的作者都在发布陈情书抨击不平等的罪恶时，都是雄辩滔滔、循循善诱的。但是他们在处理如何实现平等的理想这一问题时，其论据却日渐空洞和缺乏说服力。"②因为在具体的经济社会生活中，同样享有平等权利的个体与群体所面临的境遇与条件都是不同的，这必然会影响其实际享有权利的情况。在资本主义社会中，人所应该享有的自然权利主要包括生命权和财产权等，财产权是资本主义社会支柱性的存在。人们实际上所能够享有权利的情况在很大程度上取决于人们的财产占有情况。也正因此，如果只是从法律制度层面规定权利平等，而不是从经济社会层面解决一些影响权利平等实现的前提条件问题，从事实上就注定会导向不平等，其中最突出的表现就是贫富分化导致的贫者和富者实际享有权利的不平等。

在这里要特别指出的是，平等原则并不等同于平均主义。平均主义在人类社会发展的过程中，在各种革命中常常被作为公正的一种表现。梅茵谈道："数和量的平均分配无疑是和我们对公正的理解密切地交织在一起的，很少联想能像这样顽固地坚持在人们的心中，即使是最深刻的思想家也

---

①② ［美］乔·萨托利：《民主新论》，冯克利等译，东方出版社1998年版，第380页。

很难把它从脑海中加以清除。”[①]事实上，平均主义并不是一种公平的分配方式，也绝不是平等的良性表现，相反它是不平等的结果，是贡献少者对贡献多者的一种剥夺。因此，平均主义最易为一无所有者所赞同，不易为有产者所接受，易为弱者所赞同，不易为强者所赞同。

平等是公正的必要条件，却并不是公正的充分条件。公正并不止步于平等，平等向前走一步就必然跨入差异原则的领域。

2. 差别原则

差别就是不平等、不平均。这是社会公正原则中最突出、最有歧义的问题。物之不齐，物之性也。当人从抽象的人转变为具体的个人时，人生而不同的自然属性充分表现出来。“不论环境如何重要，我们都不应当久忽视这样一个事实，即个人生来就极为不同，或者说，人人生而不同。”[②]艾德勒指出：“当我们考虑到人类所有成员时，我们发现，除了他们所具有的共同种类特性和种类能力外，在其他方面他们之间都有着不同程度的不平等。换句话说，虽然所有的人都具有共同的类性和特性和能力，但在程度上却有着差别，有的高些，有的低些。”[③]事实上人们获取物质利益的机会和能力在任何历史时代、任何社会制度下都不可能是均等的，这是历朝历代人们极易发现、感受和不能否定的事实。人类所面对的永远是一个“不平等的现实”，而且人类社会的差异性不可消除，只能减少。恩格斯明确指出：“在国和国、省和省甚至地方和地方之间总会有生活条件方面的某种不平等存在，这种不平等可以减少到最低限度，但是永远不可能完全消除。”[④]社会公正的核心问题正是在于对无可避免的差异性问题的解决。“所谓的社会公平正义，实质

---

① ［英］梅茵：《古代法》，沈景一译，商务印书馆1959年版，第34页。

② ［英］弗里德里希·冯·哈耶克：《自由秩序原理》上，邓正来译，生活·读书·新知三联书店1997年版，第104页。

③ ［美］艾德勒：《六大观念》，郗庆华译，生活·读书·新知三联书店1998年版，第202页。

④ 《马克思恩格斯文集》（第三卷），人民出版社2009年版，第415页。

的问题并不是谋求同一、谋求均等,而是建立一系列以社会公平正义为基本原则的社会制度,以使各种本来就具有以及本来就应该有差别的社会成员之间能够各得其所、各安本分、相得益彰、共存共荣。”①

法国思想家卢梭曾将不平等分为两种:“一种我称之为自然的或生理的不平等,因为它是由自然造成的,包括年龄、健康状况、体力以及心理或精神素质的差别;另一种,我们可以称之为伦理或政治上的不平等,因为它取决于一种协约……而这种协约是由某些人专门享受且往往有损于他人的各种特权组成的。”②自然的或生理上的不同是与生俱来的,由这种不同而造成了人类的不平等是任何方法都无法改变的,然而伦理或政治的不平等却是人类在争取平等中首先要争取的,消除政治上的不平等即废除等级制就是资产阶级运动的精髓。不平等不仅有种类,而且有大小。“严重的不平等必然不受社会欢迎,而极端的不平等,某些人会认为,简直就是野蛮。不仅如此,不平等的感觉还可能侵蚀社会的凝聚力,某些类型的不平等甚至还会阻碍实现效率。”③

现代社会承认社会差异的客观性和必然性,差别并不等于不平等,只有差别被固化为一种社会制度并用来成为控制他人的工具时,社会差别就会转为社会的不平等。社会公正中的差别原则本义是尽量缩小差别,将差别限定在合理的范围内,遏制严重的不平等,而不是要抹平社会成员之间的差别。我国西汉时期思想家董仲舒就提出:“使富者足以示其贵而不至于骄,贫者足以养生而不至于忧,以此为度而调均之。”④只有对差异性的认识及安排是合理的,能得到共同体内的成员的共同认同,少者不嫉妒多者,多者不

① 桑玉成:《确立辩证的公平正义观》,《文汇报》2007 年 3 月 19 日。

② [法]卢梭:《论人类不平等的起源和基础》,译林出版社 2013 年版,第 21 页。

③ [印]阿马蒂亚·森:《以自由看待发展》,任赜、于真译,中国人民大学出版社 2002 年版,第 90 页。

④ (西汉)董仲舒:《春秋繁露·度制》。

借势强压弱者，社会成员对自己所得、对其他人所得之间的差异性表示认同，才能形成稳定的社会秩序。罗尔斯的差别原则就是要求把公民之间实际存在的社会和经济的不平等，限制在一定的限度之内。“差别原则要求，财富和收入方面的差别无论有多么大，人们无论多么情愿工作以在产品中为自己挣得更多的份额，现存的不平等必须确实有效地有利于最不利者的利益。否则这种不平等是不被允许的。”①在罗尔斯看来，对于社会上实际存在的分配等方面的不平等现象是绝不能放任的。因此，政府必须在制度安排上对市场经济进行适当的干预和调控，对社会财富进行再分配。桑德尔曾经指出：“在罗尔斯的正义理论中，社会和经济的不平等是被允许的，只要它能保证基本的温饱。”②

现代社会的社会公正焦点与其说在平等上，不如说在差别原则上。人们已经认识到绝对的平等是不可能达到的，也是不公平的。差别原则的要义在于该不该承认先天和后天的因素导致的差异性，以及如何去克服或缩小这些差距。对于因先赋性因素导致的差异，即非个人所能决定的“先天的”和因社会结构和社会制度及社会环境，如性别、民族、种族、父辈的财富，以及其他家庭背景的作用而导致的差距，是社会所反对并尽力克服的；对于获致性因素，即靠个人后天的努力而获得的因素，比如学历水平、专业技能等造成的差异，人们的容忍度则高得多，如多劳多得就是一个大家普遍都接受的分配方式。先赋性和获致性两种因素造成的不平等会相互转化相互利用，即获致性因素造成的差异会形成下一步或下一辈的先赋性因素，而先赋性因素是达到获致性因素的捷径。因此，在差异原则的具体运行中，问题会

---

① ［美］约翰·罗尔斯：《作为公平的正义——正义新论》，姚大志译，生活·读书·新知三联书店2002年版，第103页。

② ［美］迈克尔·J.桑德尔：《自由主义与正义的局限》，万俊人等译，译林出版社2001年版，第83页。

更复杂,需要克服的差异会更多。但是无论是哪些因素造成的巨大差异,都是差异原则的调控对象。

三、社会公正的现实问题:如何公正

如何公正,是一个将社会所普遍认同的以价值导向、原则等形式表现的公正标准落实到社会的各个领域的问题,涉及社会公正具体化、实践化的过程。英国有一句古老的格言:"正义不仅应当实现,而且要以看得见的方式加以实现。"抽象原则和正义标准无论在理论设计上是如何完善精妙的,最终都必须付诸具体的实践方能具有现实意义和价值意义。从抽象到具体,从理论到实践,从宏观到微观的转变是公正问题的难点所在。社会公平不能自发自动地实现,而需要靠各种共同体之间或内部通过契约、制度、约定俗成等强制性的规范才能构建,完成这种现实性的构建必然依赖高于个人之上的对全体共同体成员具有统摄和治理作用的机构、组织和载体。在现代社会公正的实现主要依靠三个重要部分:国家、政党、社会制度。公正何以可能? 要以社会制度为依托,以政党为途径,以国家为界限。

(一)国家

社会公正必须在具有确定成员的有边界的社会里实行。戴维·米勒明确指出:"如果我们不是居住在有边界的社会之中,或者如果人们享有好的东西和坏的东西的份额不以我们可以理解的方式依赖于社会制度的一种确定的组合,或者如果不存在一种能够调节基本结构的机构,那么社会正义的观念在这样的世界中将没有用武之地。"[1]这个有边界的社会在现代最常见和最有权威的形式就是国家。国家是一个整体的、集合性的概念,从地理意

---

① [英]戴维·米勒:《社会正义原则》,应奇译,江苏人民出版社2001年版,第7页。

义上而言,是一个具有固定疆界的政治共同体,在这个政治共同体中,每个成员都必须遵从相同的社会规范。国家是强制性规范的直接承担者,现代西方所有主要的社会正义理论都是从民族—国家开始,并把它作为社会正义施行的基本单元。

在人类历史上,曾产生过部落、族群、城邦、国家等不同形式的共同体,国家这个政治共同体最终成为社会公正的载体,具有历史必然性。一方面,国家对内具有最高权威。国家不是天然就有,而是人类社会发展到一定阶段的必然产物。恩格斯指出:"在社会发展的某个很早的阶段,产生了这样一种需要:把每天重复着的产品生产、分配和交换用一个共同规则约束起来,借以使个人服从生产和交换的共同条件。这个规则首先表现为习惯,不久便成了法律。随着法律的产生,就必然产生出以维护法律为职责的机关——公共权力,即国家。"[①]国家具有公共权力,能通过确立制度、制定政策将统治阶级的公正观上升为国家法律规定,并依赖警察、监狱和军队等强制力量,对共同体内的各种关系进行调整和干预。因此,国家成为施行并保证社会公平正义规范的最强有力的政治组织。另一方面,现代社会里个人总是先在地被打上民族国家的烙印,以特定民族国家成员的身份存在和确认,并从具体的民族国家共同体中获得生存发展的必要条件。英国哲学家鲍桑葵指出:"从某种意义讲,可以说凡是有人类居住的地方就有'国家'。也就是说,从来就有某种规模比家庭大而且不承认任何权利高于它的联合组织或自治组织。"[②]在现代国家界限分明的世界格局中,国家更是成为一个人身份认知的基本辨别条件。

国家虽然很早就产生了,但现代意义上的民族国家产生时间并不久。

---

① 《马克思恩格斯选集》(第三卷),人民出版社 1995 年版,第 211 页。

② [英]鲍桑葵:《关于国家的政治哲学理论》,汪淑钧译,商务印书馆 1996 年版,第 46 页。

古代或中世纪的国家是什么？用中国话形象地说就是“朕即国家”，所谓“普天之下，莫非王土；率土之滨，莫非王臣”，国家和人民的关系，就是父父子子、君君臣臣的关系，是统治与被统治的关系，改朝换代也不过是皇权在不同姓氏之间的变动。可以说，前资本主义的国家大都是家天下，这样的国家界限并不清晰，而是常常处于变动之中。如，欧洲各国领土的变动除了战争，还包括皇室家庭的分割、联姻。现代意义上的主权国家出现不过二百多年，中国的现代国家形式开端只有百年。近代以来的民族国家是什么？是“国民国家”，是建立在“天赋人权”和“主权在民”的基础上的国家，国民和国家的关系发生了根本性的改变。在这种国家里，每一个达到法定年龄的国民，不仅享有前所未有的自由权，而且拥有选举权和被选举权，他们可以定期通过选票来决定谁来代表他们行使管理国家和服务国民的权力。也正是在这种情况下，“国家”才具有实质的意义。因为它是由那些与国家的前途命运紧密地联系起来的，一个个享有平等的权利与义务的国民集合而成。只有这个时候人民才会相信，这个国家的命运与他们自己的命运息息相关；只有现代形式的国家才开始至少在形式上具有代表公民权益的意义，即社会公正是可以由全体公民或人民所决定的。

国家的性质决定着一个国家的社会公正可能达到和未来可能达到的程度。国家的性质归根结底是由经济基础决定的，有什么样的经济基础就有什么性质的国家。哪个阶级在经济上占统治地位，它必然在政治上也占统治地位，并借助国家获得镇压和剥削被压迫者的新手段。在一切剥削阶级社会，国家是维护剥削阶级统治的工具，社会公正也只能由少数的统治阶级享有；只有消灭的剥削和剥削阶级的社会主义社会和共产主义，才能实现人民当家作主，实实在在地实现广大人民群众的社会公正。

国家是个集合的概念，具有虚幻共同体的特征。国家实现社会公正必须依靠两个主要实体：一是政党，二是社会制度。

（二）政党

政党政治是现代国家政治的基本模式。《中国大百科全书（政治学）》给予政党的定义是：代表“一定阶级、阶层或集团的利益，旨在执掌或参与国家政权以实现其政纲的政治组织”[①]，这一定义明晰了政党已经是或者努力成为国家政治权力的执掌者的角色定位和能动作用。在一个独立主权的现代国家里，“执牛耳”的执政党能决定一个国家的社会制度、政策走向及公权力的行使。“政党通过掌握政权或影响政府、控制议会、制定政策、操纵选举、影响舆论等各种方式来实现对政治生活的主导作用，进而实现对于政治权力的垄断。”[②]伴随现代化进程的推进和人的日益“原子化”，政党在国家政权中的地位和作用更是突出，不仅成为“治理国家不可缺少的工具”[③]，甚至成为“半国家机构”或“准国家机构”[④]。政党通过形塑国家政权来深度影响甚至决定国家的经济社会发展，这个属性决定了它是现代社会实现社会公正的重要手段和途径。

政党不是从来就有的，它是人类历史发展到一定阶段的产物。只有当社会发展到个人的独立性、自主性在政治上得到承认，人与人至少在政治形式上是平等的时，作为阶级或阶层代表形式的政党才会产生。“人人平等”，这个政党产生的前提性条件本身就表明政党是社会发展趋向公正的产物。人人即使只是在法权形式上的平等，也意味着人们能平等参与、讨论和决定共同体内的公共事物，有权利通过选择自己认可的意志代表政党来掌握公共权力，实现人们对社会公正的期望和追求。在现代民主政体中，人民或全体公民在形式上是国家政治权力的主人。这也就是说，只有人民或全体公

① 《中国大百科全书（政治学）》，中国大百科全书出版社1992年版，第470页。

② 李景鹏：《政党政治与政治学研究》，《社会科学家》1990年第2期。

③ ［美］罗杰·希尔斯曼：《美国是如何治理的》，曹大鹏译，商务印书馆1986年版，第327页。

④ Richard S. Katz and Peter Mair, “Changing Models of Party Organization and Party Democracy: The Emergence of the Cartel Party”, *Party politics*, Vol. 1, No. 1, 1995, pp. 17–21.

民才有权力决定公共事务。然而以集合概念表现出来的人民无法时时直接掌握和行使政治权力，只能通过法定程序将之托付于代理人或代表——政党，政党由此获得了存在的合理性和执掌公共权力的合法性。政党可谓是国家和公众之间的中介角色和沟通桥梁。政党以取得公共权力为首要目标，而公共权力至少在形式上要表现为一种超越各个阶级之上、照顾各方利益的公允的力量，具有为全体公民服务的公共属性。因此，无论哪个政党，都力图把自己塑造成全体公民或至少是大多数公民的代表者。政党要使自己成为公意的代表，在争取公共权力阶段通过自己的宣传纲领、施政方针等争取尽可能多的选民，在执掌政府权力阶段又必须通过实际的执政绩效维持自己的身份和地位。

人类历史上最早出现的是资产阶级政党。它随着资本主义生产关系的发展，在资产阶级政治发展达到取得国家统治权和建立资产阶级议会制度的条件下产生的。资本主义国家的政党，大体都是在国家的基本政治框架确立之后，在既定的框架内产生和发展的，政党的这种产生方式被定义为内生型。国家先于政党和政党制度的产生，这是西方国家的显著特征，这一特征在美国最为突出。当美利坚合众国的缔造者在1776年起草《独立宣言》和1787年起草宪法的时候，他们并不欢迎政党的存在，还通过诸如分权、约束和平衡、选举人团间接选举总统等各种宪法上的安排，希望能使新的合众国远离政党和小党派的影响。美国的奠基人之一华盛顿就认为，这个新兴的国家没有政党一样也能存在。然而这样的想法显然没能实现。建国伊始，美国在共和国的政府形式上，围绕着是否建立一个强大的中央政府，统治精英中出现了分歧，出现了以汉密尔顿为首的“联邦党人”和反对他们的“反联邦党人”，被合众国一直所防范和遏制的政党不受控制地产生。事实上，在资本主义国家里，由于资产阶级内部各不同集团之间必然存在利益冲突，作为不同利益集团代表的政党的产生为了争夺公共权力而竞争是不可避免的。同样,无论哪一个政党上台,代表资产阶级整体利益的社会制度都不会发生根本性的变革。

世界历史使得外来力量干扰了一些国家社会的正常发展规律,也打破了政党诞生的固定模式。在一些农民占人口绝大多数、资产阶级和无产阶级都相对弱小的落后国家里,政党在资本主义生产关系仍处在发展的初级阶段、资产阶级还没有绝对性地占据政治舞台的情况下出现了。于是政党这种原本只有在资本主义国家的基础上产生的政治组织形式,不仅具有民主参与、管理国家的工具性功能,还可以为落后国家所借鉴,拓展成为它们建立新国家政权和获得民族独立的手段。这种形式下诞生的政党赖以存在的经济条件与其说是国内生产力的发展,倒不如说是国际资本主义扩张造成的民族生存危机。当这些国家的政党通过革命取得政权后,就能重新决定新政权的属性,这种模式被称为"以党建国"。中国就是先党后国的典型范例。

马克思主义认为,政党具有鲜明的阶级性。首先,社会划分为不同的阶级、阶层和集团,是政党得以产生的一个基本前提。恩格斯明确指出:"迄今为止在历史著作中根本不起作用或者只起极小作用的经济事实,至少在现代世界中是一个决定性的力量;这些经济事实形成了产生现代阶级对立的基础。这些阶级对立,在它们因大工业而得到充分发展的国家里,因而特别是在英国,又是政党形成的基础,党派斗争的基础,因此也是全部政治历史的基础。"①当然,仅有阶级分野和阶级冲突还不足以促进政党产生。在奴隶制和封建制的社会里,阶级对立和阶级冲突更是严重,却无法产生政党。因为在等级制的社会里,长久被精神奴役的被压迫阶级为这样的观念所支配:人生来就有高低贵贱之分,统治人或被人统治都是注定的、无法改变的,人

① 《马克思恩格斯选集》(第四卷),人民出版社 1995 年,第 196 页。

们往往对自己的恶劣环境和悲惨状况逆来顺受。即使受到不公正的待遇，也只会求助于青天大老爷和天命转变。而且君主专制下的底层民众也没有结社的权利，缺乏建立政党的基本条件。其次，政党是阶级利益的代表。一个阶级为了使自己组织起来作为一个阶级而行动，就必须组织自己的政党来领导。列宁明确指出："历史上，任何一个阶级，如果不举出自己关于组织运动和领导运动的政治领袖和先进代表，就不可能取得统治地位。"[1]政党是阶级中最积极、最活跃、最能代表其阶级利益、最能带领本阶级进行斗争的一部分。毛泽东指出："政党就是一种社会，是一种政治的社会。政治社会的第一类就是党派。党是阶级的组织。"[2]

政党是一定阶级的政治发展达到一定成熟程度的产物，也是一定阶级从自在阶级变为自为阶级的标志。一个自在的阶级，是不可能组织政党的。只有当一个阶级在政治上逐渐发展成熟，开始清楚地认识到本阶级的利益时，才能组织自己的政党。同时也只有组织自己的政党，才能使本阶级成为自为的阶级。资产阶级和无产阶级在14、15世纪就出现了，而它们的政党，就其萌芽状态来说，却直到17世纪70年代和19世纪三四十年代才分别出现。马克思主义学说的创立，使无产阶级有了科学的世界观和方法论来武装自己。无产阶级政党是无产阶级反对资产阶级的斗争由自发阶段发展到自觉阶段的产物。马克思主义学说同工人运动相结合，产生了无产阶级政党，1847年成立的共产主义者同盟是历史上第一个无产阶级政党。无产阶级政党虽然后于资产阶级政党产生，却具有资产阶级政党所无法比拟的先进性。承担特定的历史使命，既是马克思主义政党最本质的特征，也是马克思主义政党存在和发展的合法性依据。实现共产主义与人的自由全面发展

① 《列宁选集》（第一卷），人民出版社1990年版，第210页。

② 《毛泽东选集》（第五卷），人民出版社1977年版，第335页。

始终是马克思主义政党明确宣示的使命追求。作为绝大多数人利益的忠实代表,无产阶级政党自诞生之初就特别强调“无产阶级的运动是绝大多数人的、为绝大多数人谋利益的独立的运动”①,无产阶级政党的根本任务和历史使命在于消灭阶级剥削和私有制,消除社会两极分化,最大限度地实现社会公正。这种顺应社会发展客观规律的使命是无产阶级政党诞生的根本依据,而代表和维护最广大人民群众最根本利益的价值追求和内在品质则是无产阶级政党历史使命的集中体现。

(三)社会制度

国家从本质上说是一种社会“秩序”,而“秩序”的最权威体现就是“制度”。制度是一种规定性、一种规矩、一种程序,它以刚性的方式将人们所认可的价值、诉求等确立下来,并要求共同体内的每个个体都予以遵循。制度是社会规范的强制性形态,或者说是制度化的社会规范,社会公正的价值诉求只有制度化,即成为强制性的规范,才能转变为共同体内的共同遵循,这样的社会公平正义才能脱离道义理想的初始属性,转变为现实世界的政治要求。戴维·米勒指出:“如果我们真正关心社会公正,我们就要把它的原则应用到个别或者整体地产生贯串整个社会的分配后果的亚国家制度上去。”②

制度不仅是公正内容的最佳载体和适用对象,也是公正的根本保障。社会制度意义上的公正具有刚性制裁力和强制约束力,明确表现在三个方面:其一,明确性。社会制度对社会公正在主体、客体和内容等方面都是明确规定的,谁享有权利,承担哪些义务,主体尊严的保证、利益、地位、机会的分配等,都在社会制度上有相应的规定性;其二,统一性。由社会制度体系

① 《马克思恩格斯选集》(第一卷),人民出版社 1995 年版,第 283 页。

② [英]戴维·米勒:《社会正义原则》,应奇译,江苏人民出版社 2001 年版,第 13 页。

所规定的公正在其国家范围内对所有主体在相同的情境下是同一适用的，除法律规定外不允许有任何特权和特殊权利存在；其三，可诉性。当社会主体在认为受到不公正对待时、应得的利益受损时，可以向法律机关、政府寻求救济，法律具有定纷止争的作用。“人们要求法院所做的，并不是实施正义，而是提供某种保护以阻止重大的不正义。”[①]司法公正是社会公正的最后一道防线。

社会制度是一个系统体系，包括社会根本制度、基本制度、具体制度及体制机制等一整套的社会规范。其中，社会根本制度规定着社会各阶级或阶层在社会结构中的地位，确定社会成员具体的基本权利和义务，规定着资源与利益在社会群体之间、社会成员之间的安排和分配。一个社会的根本制度规定社会公正本质、走向，对其他制度具有统领性作用，基本制度、具体制度及体制机制都是根本制度的具体表现。由根本制度、基本制度、具体制度到体制机制度，是一个将整体性、原则性、抽象性向局部、具体、形象的转化过程，是社会公正现实化的实践过程。如，在中国，人民是国家的主人，以人民代表大会制度作为根本制度，逐级分解成民主集中制、基层群众自治制度再到民情恳谈会、社区议事会、民主听证会等更为具体化和易懂易行的具体制度和体制。

制度具有层次性，就必然会产生制度之间的断层，即低层级的制度并不一定与高层级制度的精神或原则相符合，不能反映、体现和保障高层级制度的要求。即社会基本制度的公正并不意味着具体体制机制必然公正，社会基本制度的不公正也不意味着某一层面、某一具体体制机制有必然公平性。这就出现了一种奇怪的现象，社会根本制度是公正的，然而下层的具体体制

---

① ［英］弗里德里希·冯·哈耶克:《法律、立法与自由》(第二、三卷)，邓正来等译，中国大百科全书出版社 2000 年版，第 101 页。

机制却不是公正的,社会根本制度从根本上来说是不公正的,某些具体制度、体制、机制设计安排得极为公平。因此,要实现社会公平正义,要注意从根本制度到具体制度整个系统上下的联通性和一贯性,否则会出现价值评判中的"迁移",因为某些具体制度不公正而导致对整个社会制度不公正的判断,也会出现因为某些具体制度安排的比较得当而形成对原本不公正的根本制度肯定。这两种对比体现在资本主义与社会主义的较量中。西方各资本主义国家更注重公平正义精巧的具体体制设计;中国则更注重对社会主义制度的宏观叙事。在资本主义根本制度的不公正下,一些具体体制安排表现出公正的形态;中国社会主义制度从本质来说是公平正义的,但在将公平正义落到实处的具体制度和体制机制上不尽如人意,存在着较多的缺陷,这些缺陷会反过来影响对根本制度的判断。两相对比,各有胜场,造成当前难以分清高下的局面。

四、社会公正的困境

关于公正的话题从古至今尚无定论,成为一个永久的"斯芬克斯之谜",其缘由在于公正本身。公正自产生之日起就面对着一些难以调和的问题,这种问题与公正共存亡,随着公正问题最终意义上解决而消散。应然与实然、个人与集体、形式与实质三者之间的矛盾与张力与公正问题如影随形、不可分割,是公正困境之所在。公正问题只有放到人类历史发展的长河中去看待、去阐释、去解决,突破公正问题产生的条件才能在最终的意义上得到圆满解决。

(一)公正的实然性与应然性

社会公正的应然性指公正的理想性,表现了人们对美好生活的向往、憧憬和期待。人类从来不缺乏对公正的憧憬和蓝图,这是公正之所以成为亘古常新的问题的根本所在。早在公元前,柏拉图就在《理想国》一书中设计并展望着心目中理想国度的蓝图,并认为在“理想国”中才能真正实现正义;空想社会主义者托马斯·莫尔在其最著名的作品《乌托邦》中采用对话方式描绘了一个消灭私有制、建立公有制的、具有社会主义制度雏形的理想社会。中国版本的理想社会是古代经典《礼记》中的“大同社会”:“大道之行也,天下为公。选贤与能,讲信修睦。故人不独亲其亲,不独子其子。使老有所终,壮有所用,幼有所长,鳏寡孤独废疾者皆有所养,男有分,女有归。货恶其弃于地也,不必藏于己;力恶其不出于身也,不必为己。是故谋闭而不兴,盗窃乱贼而不作,故外户而不闭。是谓大同。”①晋陶渊明则借渔人之口描绘了一个避世的“桃花源”。中外的理想社会都带有明显的空想性,乌托邦本意即为“乌有之乡”,寓意一个虚构的而又美好的地方。

理想社会是人类所希望的完美公正社会前景,是超历史的道德理想的产物,因此各种各样的乌托邦在历史上都从未实现过。列奥·施特劳斯曾对公正理想状态的不可企及有过一段精彩的描述:“正义本身在任何现实事物都能够是完全正义的意义上是不‘可能的’。其后我们马上知道,不仅正义本身,而且连正义的城邦在上述意义上也是不‘可能的’……正义的城邦仅存在于‘谈话’中:它之所以‘是’(存在),只因为它是根据正义本身或天然正确的东西而被描绘出来的。虽然正义的城邦比正义本身相比较处于较低层次,但即便如此,作为样板的正义城邦也不可能变为现实,因为它只是一个蓝图;只能指望实际的城邦接近于这个蓝图。”②然而,这样一个虚设社会在人类历史上却具有持续的活力,一直为人们所关注、所追寻。对于明显具有非现实性的理想,为什么千百年来仍有人不断地投身于其中呢? 卡

---

① 《礼记.礼运》。

② [德]列奥·施特劳斯、[美]约瑟夫·克罗波西主编:《政治哲学史》,李天然等译,河北人民出版社 1998 年版,第 52 ~ 53 页。

尔·曼海姆指出乌托邦的存在意义:“如果摒弃了乌托邦,人类将失去塑造历史的愿望,从而也会失去理解它的能力。”[①]乌托邦也许并不是真理,但却是人民拥有想象一个美好未来的能力,这对于做出有意义的努力去改变今日之不平现状却是至关重要的。人们必须先有希望然后才有行动,希望寓于对更美好未来的幻想中。乌托邦的存在本身就是它们的创造者所处历史条件的反映,隐含着对现存社会秩序的弊病的批判,映射着现实社会的不公正、不合理之处。马克思高度赞誉空想社会主义者圣西门、傅立叶、欧文的著作所起的重大作用,“这些著作抨击现存社会的全部基础”[②]。乌托邦对于未来的幻想的作用不仅仅是对现存社会制度的批判,而且还提供了代替现存社会秩序的方案。它不仅在于使人们意识到现状的不完美,而且也促使人们按照乌托邦的理想来改造现状。

社会公正的实然性指公正的现实性,指现实社会所允许的公正,即应然公正在现实社会中能实际达到的状态。马克思明确提出,社会公正具有历史性,这个历史性就是公正的实然性,意指任何一个历史阶段所能容纳的公正程度都是由这个阶段所具有的客观的物质条件决定的。从根本上来说,生产力的发展程度最终决定着社会公正的现实可能性,社会公正“这个内容,只要与生产方式相适应,相一致,就是正义的;只要与生产方式相矛盾,就是非正义的”[③]。每一次生产力的大发展,由于提高了社会的整体物质水平,底层的人民群众的地位、生活水平也由此得到了一定改善和提高;且每一次改朝换代初期,统治者多会采取有利于生产发展、社会稳定、安定民心的措施,使得人民群众对公正社会的应然性期待在一定程度上得到了暂时性的安抚,这就是马克思所说的“相适应”。但这种相适应只是暂时性的,只

① Karl Mannheim, *Ideology and Utopia*, New York: Harcourt Brace, 1952, p. 236。

② 《马克思恩格斯选集》(第一卷),人民出版社1995年版,第304页。

③ 《马克思恩格斯文集》(第七卷),人民出版社2009年版,第379页。

要社会没有达到人民群众心中的社会公正理想状态,对社会公正的要求和追求就不会结束。广大底层劳苦大众对美好社会的渴望和向往像熔浆一样被压制着、潜藏着,会在合适的时机内再次爆发。可以说,对公正社会的“应然”状况的憧憬和期盼自始至终都或隐或显地埋藏在广大人民群众的心底,引导着人民群众为之不断奋斗。

应然性与实然性是公正与不公正两者关系的体现。公正与不公正如影随形、相依相伴,“相反相成”。恩格斯指出:“正义仅仅存在于同非正义的对立中。”[①]阿马蒂亚·森也说:“正义思想的最重要的意义,在于用来识别明显的非正义。”[②]社会公正的应然性和实然性分别从理想和现实两个维度指喻着现实社会的不公正。人类社会发展表明,对于公正很难达到共识,但对于不公正的认定却很容易形成统一。越是不公正就越是容易得到指认,越是不公正就越是容易达成共识。公正的应然性是社会公正保持批判性特征根源,因为有了应然性公正的期待,即使人们的心中清楚地知道,许多更公正社会的要求在现实中是无法达到的,但在面对一些不公正的事时,仍不由自主地运用这种应然性的公正去裁剪、去衡量社会,这样的对比必然导致现实社会整体上不公正或者局部不公正的判断和结论,社会公正的实然性就一直会以不公正的面貌表现出来。社会公正反映了生活在不公正现实生活中人的理想诉求,是对现实的否定和超越,是在否定基础上的重构。只要为人类所认定的社会不公存在,我们就会永远面对“应然”与“实然”之间的矛盾。社会的“实然”与“应然”始终存在的这种差距使得社会公正成为人类改变世界、推动社会发展的最直接的精神动因,推动了社会公正不断由实然向应然演进。

---

① 《马克思恩格斯文集》(第九卷),人民出版社2009年版,第354页。

② [印]阿马蒂亚·森:《以自由看待发展》,任赜、于真译,中国人民大学出版社2002年版,第286~287页。

（二）个人与集体

个人与集体也可以表述为我和我们、私人与公共、特殊与普遍之间的关系。个人与集体之间的关系是社会公正中难以回避的问题，尤其是当社会发展到了资本主义阶段以后，当个人的自我选择成为历史发展的一个基本点后，个人与集体的关系问题更是成为一个被深刻讨论却难有定见的焦点问题。

公正问题产生的前提条件是相互有着联系的两个以上的个体组合，往大处说是共同体。这样的共同体以家庭、小组、氏族、部落，民族、社会、国家等规模不同的组合形式表现出来。任何现实的人从降生的那一刻起，就以特定的方式与其他社会成员相互联系，成为某种形式的人群共同体中的一员，个人与集体的关系就此产生，而且终其一生不能摆脱。哈贝马斯指出，作为自然的人只有"进入了张开双臂拥抱他的社会公共空间之中，他才成一个人"[①]。马克思对人的本质进行了深刻的阐述："人的本质不是单个人所固有的抽象物，在其现实性上，它是一切社会关系的总和。"[②]现实的人本身就是个体存在与集体存在、特殊存在与普遍存在、单个存在与公共存在的统一。人的社会性存在的这种性质，决定了个人与集体之间必然存在着既统一又矛盾的关系。

1. 个人与集体的高度统一

个人与集体相互依赖、相互制约，都有对方无法替代的作用和意义。

一方面，个体是构成集体的分子，是集体的基础，也是集体存在的意义。没有个体，也就不存在什么集体。"社会本身，即处于社会关系中的人本

① ［德］哈贝马斯：《公共空间与公共领域——我的两个思想主题的生活历史根源》，《哲学动态》2009 年第 6 期。

② 《马克思恩格斯选集》（第一卷），人民出版社 1995 年版，第 56 页。

身。”[①]集体是一个群体性的集合概念，如果没有一个个实实在在的个体作为基石就无处存身。任何集体的事项，如事务、利益、荣辱，从来就要由组成该集体的个人来进行和实现。因此，类似“多我一个不多，少我一个不少”的想法是极其不负责任的想法。如果集体中的每一个人都作如是想，集体将不复存在，个人也会因此失去集体而成为孤立的人，而“孤立的一个人在社会之外进行生产——这是罕见的事，在已经内在地具有社会力量的文明人偶然落到荒野时，可能会发生这样的事情——就像许多个人不在一起生活和彼此交谈而竟有语言发展一样，是不可思议的”[②]。就集体存在的价值而言，集体的最终目的是个人，一旦离开了个人这个出发点和归宿，集体就失去了存在的意义。

另一方面，个人离不开集体。离开了集体，个人就失去生存和发展的基本依托。个体能力的有限性和需求的多元性之间的矛盾，决定了个体要以各种形式结合起来相互支持、相互帮助，才能保证个体的生存、获得更好的发展。古代荀子明确指出，“人生不能无群”，并指出“人最为天下贵”就在于“群”：人“力不若牛，走不若马，而牛马为用，何也？曰：人能群，彼不能群也”[③]。集体能把每个劳动者的智慧和力量凝聚在一起，形成大于一加一的效应，这是人类社会发展巨大创造力的来源之一。马克思明确指出：“只有在共同体中，个人才能获得全面发展其才能的手段，也就是说，只有在共同体中才可能有个人自由。”[④]作为个体的需要的表现，私人利益的产生和满足取决于个人所处的社会历史条件，“私人利益本身已经是社会所决定的利益，而且只有在社会所设定的条件下并使用社会所提供的手段才能达到”[⑤]。

① 《马克思恩格斯全集》(第46卷·上册)，人民出版社1979年版，第226页。
② 《马克思恩格斯全集》(第46卷·上册)，人民出版社1979年版，第21页。
③ 《荀子·王制篇》。
④ 《马克思恩格斯选集》(第一卷)，人民出版社1995年版，第119页。
⑤ 《马克思恩格斯全集》(第30卷)，人民出版社1995年版，第106页。

如,《鲁滨逊漂流记》中的鲁滨逊,也是带着他在文明社会集体中获得的各种知识和技能及船上遗留下来的极少量的工业用品在荒岛上生存下来的,而且他无比热望同伴并最终拥有了一个叫星期五的伙伴,这使得鲁滨逊的生活更有保障和依靠。随着社会的不断发展和分工越来越细化,人被限定在越来越狭小的领域中,成为单向度的片面的人,导致人对集体的依赖性逐渐加大。任何人都不得不依赖同他人的交往而生活,从而导致前所未有的普遍的社会关系的产生。

由此可见,个人与集体相互依存,密不可分。毛泽东对个体与集体之间的相互依存关系进行了切中肯綮的总结:"事固先有个人而后有团体,个人离团体不能独存,然团体无意思,其有意思仍系集合个人之意思也","个人依团体而存,与团体之因个人而丰其事相等,盖互相依存不可偏重也"。[①]

2. 个人与集体的矛盾与冲突

在个人与集体的关系问题上,两者的关系并不总是和谐一致的,会产生矛盾和冲突。

人人生而不同,人的差异性使人成为独立的个体,是一个个个性鲜明的存在。马克思曾明确指出:"人们不是抽象概念,而是作为现实的、活生生的、特殊的个人。"[②]个体的个别性、特殊性和多样性的性质直接表现在,现实的人是有各种私人利益要求的特殊个体。马克思以人为本位的社会历史主体观认为,正是个体的私人利益推动着个人进行社会实践活动和社会交往联系,"各个人的出发点总是他们自己,不过当然是处于既有的历史条件和关系范围之内的自己"[③]。随着社会的发展,私人利益追求的种类、范围及层

① 北京大学哲学系:《中国现代哲学史教学资料选辑》(上册),北京大学出版社1988年版,第78页。

② 《马克思恩格斯全集》(第42卷),人民出版社1979年版,第25页。

③ 《马克思恩格斯选集》(第一卷),人民出版社1995年版,第119页。

次不断扩大和提高,但追求和实现私人利益是人类社会发展的本源并不会改变。

每个个体的要求可能与他者相同,也可能相异。私人利益的相异性决定了,集体虽由个体组成,但集体利益并不是每个个体利益的简单相加,它更多体现的是社会成员的共同要求,即个体利益相同或相容的部分。正如恩格斯对每个人在历史中所起的作用那样:最终的结果总是从许多单个的意志的相互冲突中产生出来的,而其中每一个意志,又是由于许多特殊的生活条件才成为它所成为的那样。这样就有无数互相交织的力量,有无数个力的平行四边形,由此就产生出一个合力,即历史结果。[①] 集体利益的产生就像历史结果一样,是集体中每个私人利益的合力。相对于个人利益追求容易陷入短期化、功利化、实物化特点,集体利益具有超越个体的普遍性、全局性和长远性的特征。它更多地代表着共同体的整体利益,乃至超越代际差异,兼顾了子孙后代的长远利益。集体利益可能与每个个体的利益要求相吻合,也可能只与集体中某些个体的利益相符合而与其他个体的利益要求相悖。部分个体利益或某个个体利益与集体利益不一致是人类社会的常态,类似于个人只要追逐和实现私人利益就会自然实现公共利益、集体利益的观点,显然是不符合集体与个体的辩证关系的。

3. 个人与集体关系的几个问题

当集体利益与个体利益不相符合时,个体与集体关系中的矛盾和冲突就显现了。这种矛盾和冲突会突出地体现在以下四个方面:

第一,公共利益如何确定。集体由一个个个体组成,公共利益却不是简单的私人利益叠加。何为集体利益(公共利益)? 如何将纷繁杂乱的民众要求凝聚为抽象的“公共”认识? 对于这个自古到今政治家热烈讨论的问题,

① 参见《马克思恩格斯选集》(第四卷),人民出版社 1995 年版,第 697 页。

民主成为解决这个问题的公认方式。民主又何以实行？持直接民主的理论家认为，由组成集体的所有合法个体直接行使主权处理公共事务才是最正当的。雅典是最早践行直接民主的政治共同体，雅典公民以公民大会的方式决定政治事务，在公民大会中通过广泛而平等的协商与少数服从多数两个原则形成有利于城邦的公共认识，公共利益的民主决定在实际操作中转化为“多数人决定”。然而多数人的决定未必能给集体带来整体福祉，也有可能造成“多数人的暴政”，反而损害了集体的整体权益，这是直接民主的一个不可回避的缺陷。间接民主论提出代表制，集体或公共事务可通过代表过程将公共权力委托给代理组织或代理人来行使。原因之一，共同体内的每一个个体难以始终在场，小集体如村、社等共同体的成员聚集在一起决定公共事宜不难，在国家、民族等大共同体内，人数众多的民众难以常常聚集在一起决定公共事务；而且人与人之间在偏好方面的差别决定了共同体内的个体很少能在共同利益这一点上达到完全一致。原因之二，有些政治家指出，民众并不具备足够的理性与智慧决定公共政策和分配公共产品，故涉及共同体公共利益的事物应委托给理性的代理人或代表来进行。如，在现代政治生活中，很多国家多采用代议制民主来决定日常的政治与行政事务。代议制民主同样为人所诟病，认为它在实现公共性、识别和追求公共利益方面存在着巨大瓶颈，无法真实地、有效地实现对于共同体整体的利益代表。直接民主在操作上难以保证，间接民主存在扭曲民意的可能。卢梭曾指出：“公意必须从全体出发，才能对全体都适用，并且，当它倾向于某种个别的、特定的目标时，它就会丧失它的天然的公正性。”[①]事实上，无论采取何种方式，由个人利益到公共利益都不能达到完满，都存在着损害公正性的可能。

第二，集体利益由谁来代表。集体本身是一个抽象的概念，集体利益的

---

① ［法］卢梭：《社会契约论》，何兆武译，商务印书馆2006年版，第39页。

代表只能附身于某一特定组织来表现,如与群体规模大小相适应的组织、个人,诸如国家机构、政党、各级委员会、社团负责人等。集体虽是抽象的,集体利益必须是切实的,要以看得见摸得着的形式或成效体现出来。当一个组织或代表,如政党、政府机构、政府官员,宣称他们或他们的政策代表公共利益时,这个公共利益是否真实地是这个集体的共同利益,还是代表者从自己的立场观点上所认为的公共利益,会出现几种偏私的可能性。一是政党、政府机构、官员以公共之名行个体之私,在公共利益的幌子下行谋取一党一人的私利之实。公共利益为少数人所僭越把持,成为某些阶级、阶层、集团和某个人图谋私利的工具。马克思就曾批判资本主义下的集体是"虚幻的集体","从前各个个人所结成的那种虚构的集体,总是作为某种独立的东西而使自己与各个个人对立起来"①,个人沦为集体的奴仆,集体成为少数人玩弄权术、满足个人利益、剥夺他人自由的手段和工具。要警惕的是,集体虚化的现象并不是资本主义的固有物,也会出现于社会主义制度下的某些范围内。二是政党、政府机构、官员等并没有私心,却犯了以己度人的毛病,其认定的公共利益与真实的公共利益不相符合,这就是惯常所说的主观臆断、好心办坏事。三是集体责任由谁来担负。个人的行为在任何情况下都是从自己出发的,因此个人对自己的行为有不可推卸的责任,责任也很容易追溯。当集体的决策或行动导致错误和不良后果时,由谁来担负责任就成为一个问题。现代社会虽然存在某一政党下台或某负责人受到处罚的集体责任追究机制,但总体而言,集体责任承担的虚化问题仍没有得到根本上的解决,所谓的法不责众就是这种集体后果难以找到确定主体责任的典型表现。

第三,当个人利益与集体利益存在不一致性时,是集体优先还是个体优先?这是现实中不得不面对的问题。这个问题突出表现在少数人利益和多

---

① 《马克思恩格斯全集》(第3卷),人民出版社1960年版,第84页。

数人利益不能两全的困境。美国哈佛大学政治学教授迈克尔·J. 桑德尔在《公正该如何做是好》中运用“牺牲一个人的生命而避免更多人的牺牲”的道德困境来描述在个人或少数人的利益与多数人或集体的利益不能两全时的艰难选择。桑德尔聪明地抛出问题却避开回答,事实上处于这样的道德困境,任何一种选择都不可能是一个公正答案。当前“集体优先”还是“个体优先”的讨论往往跟现有的两种社会制度联系在一起。有一种思维定势认为,社会主义注重“集体优先”,在集体与个体不能两全时,经常以集体的名义牺牲个人,导致个人利益完全被忽视,抑制和否定人的个性,从而使得社会失却了多样性和鲜活性,成为一个整齐划一的无生气无活力的集合体;资本主义偏重对个人权利的保护,持“个体优先”的理念。如,激进的自由主义者诺奇克强调个人权利的至上性,明确指出“个人拥有权利,而且有一些事情是任何人或任何群体都不能对他们做的(否则就会侵犯他们的权利)”[①]。个人权利神圣不可侵犯,无论是个人或是国家,只要是侵犯个人权利,就是不正义的。国家无权以社会、整体或公共利益的名义要求一个人或某些人为他人或社会牺牲。罗尔斯也认为:“每个人都拥有一种基于正义的不可侵犯性,这种不可侵犯性即使以社会整体利益之名也不能逾越。因此,正义否认为了一些人分享更大利益而剥夺另一些人的自由是正当的”[②]。对个人权利的过度保护往往会使得一些有利于整体民生的重大项目难以推行,反过来损坏了个体利益的满足。如,资本主义国家要进行一项公共工程,如修地铁,这样的议案往往二三十年都难以通过。将两种社会制度与“集体优先”和“个体优先”简单进行挂钩和等同,这样的看法并不准确。社会主义往往具有集中力量办大事的制度优越,但并不意味着就不保护个体的权利;资本

① [美]罗伯特·诺奇克:《无政府、国家和乌托邦》,姚大志译,中国社会科学出版社 2008 年版,前言 1。

② [美]约翰·罗尔斯:《正义论》,何怀宏等译,中国社会科学出版社 1988 年版,第 1 ~2 页。

主义确实过于注重个人权利的至上性，也会在某些集体利益或公共利益进行让步。

就总体而言，当前世界的现实状况还没有提供最终解放个体与集体矛盾关系的条件。马克思曾指出："只要特殊利益和共同利益之间还有分裂，也就是说，只要分工还不是出于自愿，而是自然形成的，那么人本身的活动对人来说就成一种异己的、同他对立的力量，这种力量压迫着人，而不是人驾驭这种力量。"①要解决这一问题，必须"寻找出一种结合的形式，使它能以全部共同的力量来卫护和保障每个结合者的人身和财富，并且由于这一结合而使每一个与全体相联合的个人又只不过是在服从自己本人，并且仍然像以往一样地自由"②。这样的社会被马克思恩格斯构想为共产主义社会，"共产主义者既不能拿利己主义来反对自我牺牲，也不能拿自我牺牲来反对利己主义，理论上既不是从那情感的形式，也不是从那夸张的思想的形式去领会这个对立，而是在于揭示这个对立的物质根源，随着物质根源的消失，这种对立自然而然也就消灭"③。

第四，克服极端个人主义、利己主义。个体与集体的关系问题虽然在当前的历史条件下还不能得到根本性的解决，但对于明显错误的观念我们仍要坚决予以反对和克服。

极端个人主义和利己主义，罔顾集体利益，将追求自身利益的最大化作为自己现实活动的全部，把公共利益、社会利益推给国家，使之成为与自己无关的虚幻存在。举一个典型例子，著名球星马拉多纳在第 12 届世界杯足球比赛中，在场上只注意个人表现而不注意集体，阿根廷球星个人主义的踢法，最终导致阿根廷球队与本届世界杯冠军绝缘。马克思曾指出："在任何

① 《马克思恩格斯文集》（第一卷），人民出版社 2009 年版，第 537 页。

② ［法］卢梭：《社会契约论》，何兆武译，商务印书馆 1980 年版，第 23 页。

③ 《马克思恩格斯全集》（第 3 卷），人民出版社 1960 年版，第 275 页。

情况下，个人总是‘从自己出发的’”[1]，即人的社会活动的出发点总是个人。这是以人为本位的社会历史主体观，有人却将之作为极端个人主义和利己主义的理论依据。从个人与集体的辩证关系可以看出，现实的个人离不开集体，任何个人的出发点虽然是自己，却必然是在一定的社会历史条件下的出发点，其利益诉求和满足是被社会历史条件所限定的，把个人放在首位而罔顾集体利益会导致个人的利益难以实现和保证。随着社会的日益分化，社会的各个群体各个成员愈益表现出对其他群体、其他成员的高度依赖性，已经无法离开其他群体其他成员而“孤立”“独自”地生存和发展。尤其是社会发展到了分工如此精密的现代文明社会，“没有一个人能够说：这是我做的，这是我的产品”[2]。任何财富的创造都是社会合作的产物，每一个人都不过是社会中一个微小的螺丝钉，产品也从个人的产品变成社会产品，我们不可能像小生产时代那样分离出每个人的贡献并加以单独衡量，任何人也不可能精密地将自己对社会的义务和贡献剥离出来。社会的各个群体、各个成员在利益上呈现出一荣俱荣、一损俱损的情状。没有集体利益，社会公共事业，如国家安全、社会福利与社会保障会成为无源之水，难以保证每一个社会成员的生存和尊严。

（三）形式公正与实质公正

形式公正与实质公正是一对常常放在一起作对比的公正概念。形式公正主要包括权利平等、起点平等、程序公平、规则公平、制度公平等概念；实质公正则主要指结果公平、实质平等。从社会公正终极追求来说，人类的社会公正价值理想更多地指向形式公正与实质公正的统一。恩格斯明确指出：“平等应当不仅是表面的，不仅在国家的领域中实行，它还应当是实际

---

① 《马克思恩格斯文集》（第一卷），人民出版社 1960 年，第 514 页。

② 《马克思恩格斯选集》（第三卷），人民出版社 1995 年版，第 619 页。

的,还应当在社会的、经济的领域中实行。”[①]然而,形式公正并不一定走向实质公正,“起点上平等并非终点上也平等”,“平等对待并不排除差别,即并不产生平等结果(无论在机会的利用还是在其他方面),这一事实如今已得到公认。无论平等的法律多么重要,它只给我们留下法律面前的平等,而特权阶层和享受基本权力较少的阶层、天才和无才者却依然如故”。[②] 不论是国家、社会还是个人,即使再精密的制度设计,在至今为止的条件下都不能使形式正义和实质正义自然地达到一致,这是公正本身的困境之一。可以说,形式公平与实质正义的内在张力和矛盾,与实然与应然的冲突、事实与价值的牴牾,都是现实社会发展分裂性的表征。

形式公正的确立在社会公正发展中具有极其重大的意义。形式公平是实质公平的基础,形式公平虽然并不一定产生实质公平的结果,但如果没有形式公平为基底,实质公平更是难有可能。形式公正的确立是在那个消灭了等级制度的资本主义社会,平等、自由、人权等,打破了过往等级社会将形式不平等作为社会公正的前提条件的桎梏,第一次将形式上的公平确立为社会的基本原则。恩格斯肯定了资产阶级确立的正义、平等、人权等社会发展中的重要作用:“权利的公平和平等,是18、19世纪的资产者打算在封建制的不公平、不平等和特权的废墟上建立他们的社会大厦的基石”[③],“以往的一切社会形式和国家形式、一切观念,都被当作不合理性的东西扔到垃圾堆里去了。到现在为止,世界所遵循的只是一些成见;过去的一切只值得怜悯和鄙视。只是现在阳光才照射出来,理性的王国才开始出现。从今以后,迷信、非正义、特权和压迫,必将为永恒的真理,为永恒的正义,为基于自然

---

① 《马克思恩格斯选集》(第三卷),人民出版社1995年版,第448页。

② [美]乔·萨托利:《民主新论》,冯克利等译,东方出版社1998年版,第396页。

③ 《马克思恩格斯全集》(第21卷),人民出版社1973年版,第210页。

的平等和不可剥夺的人权所取代”[①]。从此，一切以等级、血统为划分标准的等级观念和制度再也无法承续下去，人人在法律上平等成为一个普遍的观念和必须为国家所保护的基本权利。

以法律的形式肯定和保护人的自由和权利，只是实现幸福和公正的必要条件，但还不构成实现社会正义的充要条件。当资产阶级的平等成为现实化的运行规则时，就显露出这种平等仅仅是形式的平等，而非实质上的平等。仅仅由宪法赋予的平等权利只是抽象的、形式上的权利，在资本主义社会，财产所有权是公民能否真正享有充分权利的前提条件，人们实际上所能够享有的权利在很大程度上取决于人们的财产占有情况。马克思曾一针见血地指出资本主义公平的形式性：“一个除了自己的劳动力以外没有任何其他财产的人，在任何社会的和文化的状态中，都不得不为另一些已经成了劳动的物质条件的所有者的人做奴隶，他只有得到他们的允许才能劳动，因而只有得到他们的允许才能生存。”[②]资本主义社会劳动力买卖的表面正义性下隐藏的非自愿性是形式正义和实质正义背离的最鲜明的表现。马克思指出：“劳动契约论据说是由双方自愿缔结。而只要法律在字面上规定双方平等，这个契约就算是自愿缔结的。至于不同的阶级地位给予一方的权利以及这一权利加于另一方面的压迫，即双方实际的经济地位，——这是与法律毫不相干的。在劳动契约有效期间，只要此方或彼方没有明白表示放弃，双方仍然被认为是权利平等的。至于经济地位迫使工人甚至把最后一点表面上的平等权利也放弃掉，这又是与法律无关。”[③]工人的权利只在于能选择是同这个资本家还是那个资本家进行所谓的劳动力的平等交易，却无论如何也摆脱不了售卖劳动力的结果。这就使资本主义必然分为两个相互对立的

① 《马克思恩格斯选集》（第三卷），人民出版社1995年版，第720页。

② 《马克思恩格斯选集》（第三卷），人民出版社1995年版，第298页。

③ 《马克思恩格斯选集》（第三卷），人民出版社1995年版，第239页。

阶级:一个是能依靠财产所有权来支配人的富人阶级;另一个是由于缺乏财产而不得不服侍人的穷人阶级。

形式的公平未必产生结果的公平,但形式的不公平一定会导致结果的不公平。现代社会中,形式不公平仍是社会公平最致命的伤害,它使得整个社会的公平正义所缺乏的最基础的原则难以建构起来。因此,在强调实质公平的同时,绝不能否定形式公平的重要性。同样,没有结果或者实质平等,形式平等最终反过来会吞噬掉己身。美国经济学家奥肯认为:“平等权利与不平等收入的混合结合,造成民主的政治原则和资本主义经济原则之间的紧张关系。有些大获市场奖励的人,用金钱来谋取额外的权利帮助,而这些权利本应是平等分配。对这些人来说,他们提前起跑使得机会不均等,对这些在市场上受到惩罚的人来说,其后果是一定程度的被剥夺,这与人类尊严和相互尊重的民主价值观相冲突。”①

突破形式公平与实质公平难以统一的困境绝不是主张偏重于某一方面就可以得到完满的解释,如,强调弱者关怀的罗尔斯和强调个人至上的诺齐克都无法提供令人信服的调和这种背离的解决方案。解决形式公平与实质公平的矛盾必须从两者之外的社会发展规律上找,从人类整体获得解放的条件上去寻找。马克思恩格斯深入经济领域找到了资本主义形式平等实质不平等的根源,指出解决两者的矛盾的力量和方式。“只有现代大工业所造成的、摆脱了一切历史的枷锁、也摆脱了将其束缚在土地上的枷锁并且一起被赶进大城市的无产阶级,才能实现消灭一切阶级剥削和一切阶级统治的伟大社会变革。”②

“共产主义是对私有财产即人的自我异化的积极的扬弃,因而是通过人

① [美]阿瑟·奥肯:《平等与效率》,王奔洲译,华夏出版社 1887 年版,第 1 页。

② 《马克思恩格斯选集》(第三卷),人民出版社 1995 年版,第 150 页。

并且为了人而对人的本质的真正占有；因此，它是人向自身、也就是向社会的即合乎人性的人的复归，这种复归是完全的复归，是自觉实现并在以往发展的全部财富的范围内实现的复归。这种共产主义，作为完成了的自然主义，等于人道主义，而作为完成了的人道主义，等于自然主义，它是人和自然界之间、人和人之间的矛盾的真正解决，是存在和本质、对象化和自我确证、自由和必然、个体和类之间的斗争的真正解决。它是历史之谜的解答，而且知道自己就是这种解答。”[①]只有这样的社会，才是实然与应然、个体与集体、形式与实质三种困境的最终解决之道。

① 《马克思恩格斯文集》（第一卷），人民出版社2009年版，第185～186页。

第二章 社会主义之缘起篇

人们自己创造自己的历史，但是他们并不是随心所欲地创造，并不是在他们自己选定的条件下创造，而是在直接碰到的、既定的、从过去承继下来的条件下创造。

——[德]卡尔·马克思

历史是现实的根源，现实由历史发展而来。要想弄懂一个国家今天怎么会是这样而不是那样，只有了解一个国家从哪里来，也才能搞清楚这个国家未来会往哪里去和不会往哪里去。中国特色社会主义并不是凭空产生的，而是从历史的中国发展而来的社会形态。要想了解和理解为什么中国人民选择了社会主义而不是其他什么主义，唯有对中国的近代史、中国共产党的革命史和局部执政史进行回顾，通过回溯那个让人不堪回首的近代中国，中国历代先进分子如何在那个苦难深重的旧中国艰难求索，各种救国救民的思潮如何涌入中国并相互碰撞和激荡，科学社会主义如何冲破各种重围成为一枝独秀，中国共产党人如何克服艰难险阻趟出了一条特殊的社会主义道路，才能真正理解“公正来源于不公正”的深刻含义，才能理解中国人民在国际公正与国内公正双重维度下的艰难探索中创造性地做出走社会主义道路的选择。

一、近代中国的特殊发展形态是中国社会主义道路之“势”

当代中国与历史中国有着内在连续性，社会主义的中国是从近代中国中直接孕育出来的。要了解中国在世界资本主义蓬勃发展、占据世界发展高地的阶段为什么会走上社会主义道路，就不能不对中国近代史的形成、发展轮廓作一个深入的了解和分析。

（一）近代中国的开端

近代中国面临的是“三千年未有之大变局”，这一论断精辟地概括了近代中国突发被动的遭遇。近代中国有着自己的特定的含义，多指从1840年鸦片战争到1949年中华人民共和国成立前的这段时间，也有部分学界如文学界将之界定为1840年鸦片战争至1919年五四运动时期。本书对于近代中国的界定采取第一种划分法。世界的近代多以资本主义化为开端，有以15世纪末新航路开辟为开端，也有以1640年英国资产阶级革命作为起点的。无论世界的近代以何为起点，都远远早于中国的近代起始点，这种悬殊的差距使得近代中国与世界的联通注定不可能处在一个起跑线上。事实也是如此，近代中国并不是自己走向近代世界的，而是停留在中世纪的中国遭遇近代西方，经历了一个近代资本主义强行将封建中国拉入近代化的过程。相对于15世纪以来飞速发展的西方文明而言，19世纪的中国是落后的。作为一个古老的东方大国，中国拥有灿烂的古代文明，在世界历史发展中有过“万国衣冠拜冕旒”的高光时刻。然而在西欧这个曾被视为野蛮人聚集之地高速发展之时，中国社会却进入一个相对静止、迟滞的状态，以至于被称为“东方睡狮”。落后必然挨打，尤其是在世界已进入世界历史阶段。

15世纪的“大航海时代”造就的“地理大发现”使得人类社会发展进入

世界历史时期，“由于我们航海家的勇敢，大洋被横渡了，新岛屿被发现了，印度的一些僻远隐蔽的地方，揭露出来了……我们时代的航海家给我们一个新地球”①。“地理大发现”这一地理专业术语背后隐含着殖民主义时代开端的深层内涵。在航海者舍生忘死、冒险犯难探索新世界的背后，是深刻的生产力要求和经济驱动力。“不断扩大产品销路的需要，驱使资产阶级奔走于全球各地。它必须到处落户、到处开发、到处建立联系。”②初生的资本主义生产方式热切地渴求着财富和资本的原始积累，这种热望推动着一批又一批的冒险者在资本的助力下不顾生死地向世界寻找财富和积累财富的途径。为了快速地、最大量地取得利润，麦哲伦等探险者往往以暴力、野蛮的形式在各个所谓的新大陆开拓道路。在资本向全世界寻找落脚点的扩张过程中，中国这个被传“金、银、珍宝与香料，所在皆是，可以致富”③的古老神秘的东方大国或迟或早会成为资本主义扩张的目标所在。事实上也是如此，自 17 世纪以来，一代代的西方使节漂洋过海叩关中国，却屡屡被“宁可求全关不开”的封建王朝却之门外。然而天朝尊严的虚骄意识和“限扼中西往来以守夷夏之界”的策略不可能阻挡得了资本主义向世界扩张寻找市场和财富的坚定脚步。马克思曾明确指出：“资本如果有百分之五十的利润，它就会铤而走险，如果有百分之百的利润，它就敢践踏人间一切法律，如果有百分之三百的利润，它就敢犯下任何罪行，甚至冒着被绞死的危险。”④资本逐利的本性使得一再被中国封建王朝拒绝的资本主义国家最终撕下彬彬有礼的面具，改用武力直接强力打开古老中国的大门。以中英第一次鸦片战争为开端，近代中国逐步陷入半殖民地半封建的社会形态。

---

① ［英］贝尔纳：《历史上的科学》，伍况甫等译，科学出版社 1981 年版，第 230 页。

② 《马克思恩格斯文集》（第二卷），人民出版社 2009 年版，第 35 页。

③ 方豪：《中西交通史》，中国文化大学出版部 1983 年版，第 659 页。

④ 《资本论》（第一卷），人民出版社 1958 年版，第 839 页。

（二）近代中国的社会结构

自1840年始，西方资本主义国家借助于战争的胜利迫使中国在短短的一百余年时间里，签订了一千多个不平等条约。资本主义国家通过不平等条约体系大肆剥夺榨取和管束控制中国，驱使中国社会脱出社会发展的正常轨道，进入一个病态的社会形态——半殖民地半封建社会。“与外界完全隔绝曾是保存旧中国的首要条件，而当这种隔绝状态通过英国而为暴力所打破的时候，接踵而来的必然是解体的过程”①。这是一个被外力撕裂的多元分立社会，城乡之间、沿海内陆之间存在着天壤之别。微弱的资本主义经济和严重的半封建经济同时存在，近代式的若干商业都市和停滞着的广大农村同时存在，几百万产业工人和几万万旧制度统治下的农民和手工业工人同时存在，若干的铁路航路汽车路与普遍的独轮车路、只能用脚走的路和用脚还不好走的路同时存在。②

一方面，城市资本主义有了一定的发展。资本主义的发展，把一切民族，甚至最野蛮的民族都卷入文明的旋涡里。在资本主义的世界性扩张过程中，非正义的侵略同时又扮演着历史发展中的进步者的角色，以贪欲为动机的侵略过程常常被历史借用，从而在客观上多多少少具有进步改造落后的作用。自鸦片战争以来，中国因条约而陆续开放的口岸商埠积久渐多，西方资本主义势力由沿海进入沿江，并逐步进入内陆腹地。这些埠口，在中国封闭的社会体系上打开了一个又一个的缺口，外国资本主义的东西从这些缺口源源不断地涌入、渗开，中国被卷入了资本主义世界市场，新的生产方式也在这些地区产生并发展起来。

资本主义的侵入，并没有给中国带来资本主义大发展的前景。各资本

① 《马克思恩格斯选集》（第一卷），人民出版社1995年版，第692页。

② 参见《毛泽东选集》（第一卷），人民出版社1991年版，第188页。

帝国主义国家侵华的目的在于谋求在华的全面经济与政治利益，绝不是想发展中国的资本主义，更不会让中国发展成为一个富强的资本主义国家。为了使中国能长久地成为资本主义经济和文明的肥料，各资本帝国主义国家通过各种方式限制和遏制中国本土的资本主义发展，中国民族资本的产生不过是资本帝国主义在一定条件下、一定范围内所允许的工业化和现代化而已，这必然导致中国本土的资本主义成分不得不依附于帝国主义，难以做大做强。据统计，1912 年，“中国已有 20749 个‘工厂’，这个‘工厂’的概念是模糊的，但当我们注意到只有 363 家企业使用机器生产，其他所有剩下的 20386 家企业只是依靠人力和畜力操作”[①]。一直到新中国成立前，现代工业在中国只是星星点点地分布在若干城市，工业产值只占国民经济总产值的百分之几。以 1920 年为例，全国工农业总产值为 159.28 亿元，其中近代工业产值为 9.88 亿元，只占工农业总产值的 6.2%。在微弱的极其有限的资本主义经济成分中，中国本土的资本主义更是微弱，以 1936 年为例，在整个产业资本总量中，华资资本只占 21.6%，外国资本却占 78.4%[②]，整个资本整体上仍由外国资本控制着。与中国资本主义经济发展的态势相适应，资本主义生产方式的两大对立阶级在中国并不是对等的，中国资本主义的畸形发展产生了软弱的民族资产阶级和强有力的无产阶级。近代中国的工人阶级并不是资产阶级的孪生兄弟，而是随着外国资本主义的强力进入和设厂制造而产生的。当中国资产阶级还在孕育之时，中国工人阶级早已诞生。到 1894 年，中国产业工人已有 9 万多人。随着帝国主义在中国的扩张和民族资本主义在夹缝中的发展，中国无产阶级的人数在 20 世纪初有了大幅度的发展。1919 年五四运动前夕，近代产业工人的人数达到 200 万人。

① 费维恺：《中国早期工业化——盛宣怀（1844—1916）和官督商办企业》，中国社会科学出版社 1990 年版，第 9 页。

② 参见吴承明：《中国资本主义与国内市场》，中国社会科学出版社 1985 年版，第 138 页。

另一方面，从经济结构整体上而言，占优势的仍然是地域性的农业经济。中国是一个以农业为基础的国家，民国时期，农业人口在全体人口中占百分之八十以上。农业社会财富的首要基础是土地，一切社会、经济思想以至于政府的政策措施都必然以土地的分配和利用为中心。传统的土地制度是传统中国的经济基础，构成传统中国最基本的经济形态。鸦片战争以来，虽然沿海近海沿江等区域受到了资本主义生产方式的冲击，但广大的乡村地区仍然维持着自秦汉以来的基本经济结构，整个农村处于一种静态、凝固性的形态。因此，近代中国的主要经济结构仍然是在封建社会占主导地位的自给自足的农业经济或自然经济。在自然经济结构中，土地集中是社会的普遍现象，作为农村最基本的生产资料和主要财富，土地同劳动的结合是以不平等的分配为前提的：占人口少数的封建地主阶级拥有最大部分的土地，占人口大多数的农民只有少量土地，这种在土地占有上的不平等及建立其上的等级关系一直存续到新中国成立前。农业经济是一种自给自足的自然经济，个体经济的独立是自然经济的特点：个体小农的一家一户就可以完成生产、消费、再生产的循环过程。这种自给自足的经济很难滋生向外发展的欲望和冲动，自我生产和自我消费同时进行，生产和再生产周而复始，在社会整体上又造就了社会发展的保守性。所谓“天朝物产丰盈，无所不有，原不藉外夷货物以通有无”①，高度体现了农业文明的局限性。个体独立、狭隘的生产环境造成了农民眼界的狭隘，眼界的狭隘造成了思想的狭隘。散居于城乡各处的几亿小生产者，千百年来的小生产习惯禁锢了他们的视野，对机器大生产陌生，对民主共和漠不关心和不信任，除非被逼到生存绝境，不得不进行农民起义，很难将他们鼓动和组织起来。

民族资本主义之不能迅速发展，封建经济之不能迅速解体，这样一个半

① 《大清高宗纯皇帝圣训》(卷276)，第13页，日本东京大藏出版株式会社印。

殖民半封建的中国,与帝国主义在华的政治经济利益合拍,成为帝国主义想要中国一直保持的状态,这样的状态非暴力革命难以动摇和打碎。

(三)近代中国的不公正局面

近代中国是在一种极其不公正的状况下发展的。帝国主义、封建势力和新生的资本主义三股势力的联合压迫,是中国的民族灾难和人民痛苦的根源。

1. 国际的不公正

自第一次鸦片战争以来,国家实力的巨大悬殊使得近代中国在与西方各资本主义国家的抗衡中一败再败,被迫同列强签订了一系列不平等条件,独立、主权降到了不可能再低的程度。突出地表现在:

第一,饱受侵略战争的威胁。自鸦片战争始,西方侵略者纷至沓来,对中国发动一次又一次的侵略战争。仅首都就曾三次被外国武装势力占领:1860 年 10 月英法联军占领北京,清朝朝廷被迫"北狩"热河;1900 年 8 月八国联军占领北京,慈禧太后逃亡西安;1937 年 12 月,日本侵略军占领南京(名义上的首都)后,对居民实行惨绝人寰的大屠杀。帝国主义挑起战争的借口极其卑劣、站不住脚,马克思在分析第一次鸦片战争的前因后果后将其定义为"极端不义的战争"①。

第二,被逼割让领土,严重破坏了中国的领土和主权完整。英国割去香港、九龙等,沙皇俄国攫取中国东北、西北约 150 万平方千米的土地,日本侵占台湾,后来侵占东北及侵略几乎半个中国,妄想变中国为其殖民地。

第三,出让领土管制权、租借地、引水权、军舰驻泊权、内河航行权、驻军权等。自《辛丑条约》始,外国具有合法地驻兵于中国国土的权利,武装化的使馆区"中国人概不准在界内居住",从北京到出海口之间的军事据点由各

① 《马克思恩格斯选集》(第一卷),人民出版社 1995 年版,第 704 页。

国“酌定数处留兵驻守”①，显示了露骨的侵略性。外国侵略者可以肆意对中国的内部事务进行干涉，中国只是保留了少数主权，国家地位极度低下。

第四，各帝国主义国家通过战争赔款和对外贷款控制中国政治经济。自鸦片战争以来，凭借战争的胜利，各资本帝国主义以赔款的名义对中国进行赤裸裸的讹诈。仅赔款一项，据粗略统计，1841—1911 年实际赔款总额为 9.65 亿两白银，1912—1949 年为 6000 多万元。这还不包括为了赔款，中国向西方银行大量借款所付的利息、回扣及其他权益。除此之外，各帝国主义国家通过在华银行争相揽夺对华贷款，通过资本输出控制中国财政，左右中国政局。清政府为筹措对日赔款，三次举借巨额外债，列强借机提出了苛刻的条件，除指定关税和部分盐税、货厘作底外，还附加了许多政治条件。从袁世凯到段祺瑞的历届北京政府，都主要依赖外国政府的借款维护。截至 1919 年 5 月，各派军阀举借外债 180 多次，银元达 8 亿元。他们将铁路修筑权、矿山开采权、银行投资权、内河航运权，以及关税、盐税、烟酒茶税、米捐等大宗财政收入作为抵押品。帝国主义势力控制了中国的海关，90% 以上的铁路和 70% ~80% 的内河航运轮船吨数，垄断了全部远洋航运。

第五，侵略者凭借其军事优势和各种特权欺压、鱼肉百姓。第二次鸦片战争期间，英国军舰炮轰广州城，大量的无辜居民和商众惨遭屠杀，无数住宅被夷为平地。各国侵略者还以招募华工的名义在中国东南沿海开展变相的奴隶贸易，拐骗劳动人民，强迫他们接受定期的卖身契约，然后将其运往古巴、秘鲁和英属西印度等地从事牛马般的劳动。仅 1845—1875 年间，被卖往海外的“契约华工”总数不下 50 万人。一些传教士利用法外治权和高人一等的身份，霸占房屋田地、鱼肉乡里。

一个国家的社会公正，绝不可能建立在主权沦丧的基础之上。要实现

① 王铁崖:《中外旧约章汇编》(一)，生活·读书·新知三联书店 1957 年版，第 981 页。

社会公正,首先必须赶走侵略者,捍卫国家的主权和尊严,这是世界历史阶段民族国家寻求社会公正的前提条件。因此,反帝成为中国近代的一个基本命题,救亡图存成为近代的最强音。

2. 国内的不公正

19 世纪的中国仍是一个中央集权的封建君主专制制度的国家。康乾盛世已经过去,官场腐败与百姓困苦积重难返,清王朝日益趋于末世。长期蓄积起来的社会矛盾集中爆发,民间困苦在不堪忍受中化为各种抗争,华北的天理教、川楚的白莲教、拜上帝会等以宗教名义聚合的农民起义此起彼伏、蔓延不绝。社会矛盾的激化、朝野上下俱困,找不到出路,预示着旧王朝将走向自己的尽头,按照历史周期率,各种农民起义最终会汇聚成为改朝换代的力量。

外力的干扰使得历史在这里改变了常规性的轨道,但没有改变底层民众被剥削被压迫的悲惨命运,反使得底层民众的困苦更甚。在封建的不平等与资本主义的不平等共同作用下,中国底层民众不仅要承受旧生产方式衰落时的痛苦,更增加了新生产方式发展不足的痛苦。外来资本主义经济的侵入直接导致一部分自然经济的破产,"机器所到的地方,手工业之破坏好像秋风扫落叶一般,中产阶级渐渐都沦为无产者,社会上困苦的失业者已遍布都会与乡间"[①]。由于资本主义发展不足,又造成没有足够多的新生产部门可以吸收他们,大批贫困无告的"游惰"们或加入会党,或参加起义,整个社会处在动荡和不安的社会秩序中。除此之外,底层民众还要额外承受帝国主义的侵略和剥削。每一次战争失败的赔款,以及因为付不出赔款而向各帝国主义国家的借款又不得不接受的苛刻的政治条件和造成更高的经济债务,使得中国社会的每一个人都承受赔款之苦。每年赔款均分摊入省,

① 《陈独秀文章选编》(中),生活·读书·新知三联书店 1984 年版,第 54 页。

各省又分摊入县，州县得分摊于各色人等，最后的结果是丁粮加派和旧税愈重、新税愈多。以捐税为例，“当捐之行也，一盏灯、一斤肉、一瓶酒，凡民间所用，无不有税”①，“所有柴、米、纸张、杂粮、菜蔬等项，凡民间所用，几乎无物不捐”②。中国民众饱受颠沛流离和追呼迫切之苦，直接导致各种斗争绵绵不绝，风起云涌，几乎无地无之，无时无之。从 1902 年至 1911 年，各地起伏生灭的民变多达 1300 余起，平均每两天半发生一次。这些民变席卷全国各地各民族，触及城乡社会生活各个方面。③ 1911 年辛亥革命虽然推翻了帝制，却没有改变中国的政治经济社会格局。军阀混战，苛捐杂税多如牛毛，公债、铜币、纸币滥发，广大人民仍然生活在水深火热之中。据统计，从 1912 年到 1919 年间，农民的抗捐、抗粮、抗税等斗争在 200 起以上，此起彼伏，几乎遍及全国。中国新生的无产阶级，身受帝国主义、资产阶级和封建势力三重压迫，压迫的严重性和残酷性在世界各国都极为少见。中国工人劳动时间长，一般每天工作在 12 小时以上，开滦五矿工人工作时间长达 16 小时。一些工矿企业普遍保留着封建性的剥削制度和野蛮的管理方式，如包工制、监工制、包身工制，养成工制等。夏衍在《包身工》一文中愤慨地描绘了工人社会地位低下、生活极端困苦的悲惨境遇。

中国“覆屋之下、漏舟之中、薪火之上”的境地，使得广大人民群众难以逃脱“为奴隶、为牛马、为犬羊”的命运。正如毛泽东指出的，“国家的情况一天一天坏，环境迫使人们活不下去”④。

3. 内外反动势力的联手

在殖民地半殖民地国家，帝国主义和殖民地半殖民地国家的统治者在

① 《论近日民变之多》，《东方杂志》第 1 卷第 11 号，1904 年，第 270 页。

② 中国第一历史档案馆等编：《辛亥革命前十年民变档案史料》（上），中华书局 1985 年版，第 355 页。

③ 参见张振鹏、丁原英：《清末民变年表》，《近代史资料》，1982 年总第 49、50 号。

④ 《毛泽东选集》（第四卷），人民出版社 1991 年版，第 1470 页。

镇压底层人民群众事件时只有结成同盟，才能在被殖民地国家顺利实现各自的统治目标。共产国际第六次代表大会通过的《关于殖民地及半殖民地革命运动的提纲》中明确指出："凡是统治的帝国主义须要在殖民地找到社会支柱的地方，它首先就要同旧社会制度的统治阶层——封建主和商业高利贷资产阶级——联合起来反对大多数民众。无论在什么地方，帝国主义都努力保存和巩固那一切资本主义前期的剥削形式（尤其是在乡村中），因为这些剥削形式是帝国主义的反动同盟者存在的基础。"[①]这样的事例在帝国主义殖民过程中比比皆是，如英国曾以9000人殖民统治拥有3亿人口的印度次大陆长达300多年。

在中国，帝国主义要顺利实现其在中国的统治，就不能不借助原有的统治阶级，旧中国的封建朝廷及后来的各路军阀、官僚资产阶级都是帝国主义拉拢、利用和控制的对象。旧封建制度的局部存在为帝国主义所喜见，成为帝国主义控制和统治中国的社会基础。日益衰朽的封建统治者，视其民为奴隶，社会阶级意识甚于民族国家意识，恐惧本国人民的反抗远甚于外国侵略者的侵略，自始自终把"防家贼、靖内乱"、镇压本国人民的反抗斗争放在第一位，而对于外来的侵略者只要不威胁其统治现状，就能对帝国主义的各种威胁和苛刻条件步步退让。农民起义与第二次鸦片战争的危害性相比，清政府就认为英国的侵略只是"肢体之患"，而"发捻交乘"等农民起义，才是"心腹之患"。[②] 自庚子之变后，清王朝"宁赠友邦，不与家奴"的心理更是退缩到"量中华之物力，结与国之欢心"的屈服和奴颜，成为各帝国主义统治中国的代理人。毛泽东明确指出："清朝是帝国主义的走狗。"[③]辛亥革命后，各

---

① 共产党国际第六次代表大会：《关于殖民地及半殖民地革命运动的提纲》，第10～18页。

② 《咸丰朝筹办夷务始末》（第71卷），第18页，咸古丰朝十年十二月初三日钦差大臣恭亲王等奏。

③ 《毛泽东选集》（第四卷），人民出版社1991年版，第1513页。

路军阀在总体上也未脱出对内维护封建买办阶级利益，对外甘当殖民者的政治附庸工具的旧套路。

外来的帝国主义侵略者和本国的封建地主阶级相互勾结，共同代表着束缚生产力发展的旧的生产关系的反动势力，既阻碍了中国资本主义的正常发展，又在镇压底层民众的反抗上互为帮凶。因此，帝国主义和中华民族的矛盾，封建主义和人民大众的矛盾，构成了近代中国社会的主要矛盾。近代中国人民对社会公正的追求不得不包括两件大事：一件是反对帝国主义，争取民族独立获得国际公正；一件是反对封建主义，争取民主自由求得社会公正。反侵略和反封建这两件大事具有同一性，只有彻底变革传统封建制度，实现民主自由，中国才能真正实现自身的近代化，才能真正抵抗得了已经近代化了的侵略者，求得国际公正的待遇；同样，不反对帝国主义，没有民族独立，就难以动摇原有的政治和社会秩序，想要以合法的途径实现民主化、近代化更是毫无可能。“这些善良的愿望之所以不能实现，就是因为有帝国主义及其在中国的代理人的严重的阻力。”[①]能否认清和处理好这一对主要矛盾贯穿于整个近代中国的发展历史，成为决定社会变革能否成功的主线。

（四）近代中国的多种可能性选择

19 世纪 40 年代，尚处在农业文明的中国与已是工业文明的西方国家的邂逅不可能是一个平等、和平商谈的过程，必然是文明凌驾于落后之上的恃强凌弱的过程。一部中国近代史，就是一部被侵略、被殖民、被压迫的屈辱历史，也是一部中国各阶层起而反抗外来侵略求得民族解放自由的历史，同时也是一部中国能动地选择自己发展道路的历史。

中国的近代史是世界历史的一部分。可以说，处在这个时代的中国何

---

① 《胡绳全书》（第三卷上），人民出版社 1998 年版，第 77 页。

其不幸,一个落后的东方大国在世界历史的进程中必然会成为各个资本主义国家共同侵略争夺的对象。事实也正是如此,当这些殖民主义国家完成了对近东、中东、非洲、美洲的殖民统治和争夺,侵略之手最终伸向远东地区的中国。世界上其他地区大多只遭受一个至多两个资本主义国家的同时奴役,近代中国却遭受着几乎所有帝国主义国家的共同侵略和压迫,其苦难之深重是其他国家难以比拟的。自鸦片战争时起,首先是英国,接着是法、俄、德、意、美、日等资本主义国家接踵而至,迫使中国签订了一系列丧权辱国的不平等条约,强迫中国割地赔款,贪婪地攫取在中国的种种特权,对中国进行疯狂的掠夺和压迫,人民疲惫困苦,民不聊生。毛泽东在《中国革命和中国共产党》中指出,在半殖民地半封建社会,“中国人民的贫困和不自由的程度,是世界所少见的”①。

从另一个角度来说,不幸中的中国又何其有幸。恩格斯说过:“没有哪一次巨大的历史灾难不是以历史的进步为补偿的。”②人类社会的发展并不是单一线性的,而是存在着偶然性和特殊性,尤其历史发展到世界历史阶段,社会跳跃发展的概率大大增强了。由于交通的便利和通信的发达,世界不同地区处于不同发展阶段的社会形态共时性地存在于同一框架中,通过书籍报刊、万国展览,甚至一部分人亲临实境,了解到从先民社会、奴隶社会、封建社会到资本主义社会各种具体的社会样态。一个国家不仅能看到自己国家腐朽的旧制度的坏处,还能通过世界眼光看到优先发展到更高阶段的其他国家制度的优缺点;一个国家的社会发展不仅受到本国各种阶级力量发展的影响,还深刻地受到世界其他国家强力介入的影响。落后国家可以从先发展国家吸取和借鉴更高的文明和更先进的理论,正因为此,后发

---

① 《毛泽东选集》(第二卷),人民出版社1991年版,第631页。

② 《马克思恩格斯与俄国政治家通信集》,人民出版社1987年版,第674页。

国家有了更多的选择，一些国家能跨越“卡夫丁峡谷”直接进入更高的历史发展阶段的推论应运而生，在现实中确实取得了成功。

历史给20世纪之初半殖民地半封建的中国一次重要的机遇。自18世纪以来，资本主义作为最先进的制度在世界范围内无可匹敌，成为后发国家学习模仿的样板。向西方资本主义国家学习，建立一个资本主义民主共和国曾是中国救亡图存的不二选择。然而当中国人被迫走出国门学习资本主义时，西方资本主义国家却陷入自己的发展困境：经济上陷入危机，道德上的合法性也受到质疑，工人运动日益高涨，各种社会主义思潮风起云涌，各国工人阶级政党纷纷建立，强力冲击着西方各资本主义国家的社会、政治、经济及思想文化结构。美国仅1881—1886年工人罢工就达到3000次以上，参加人数有100万人之多；英国工会1876年人数为110万，1900年增加了一倍，达到220万；法国工会1884年仅有68个，1890年达到1006个，工会会员增长到14万；德国工会1890年工会人数约30余万人，1900年增加了一倍以上，达到70多万人。1896—1897年间，中国资产阶级革命的先行者孙中山曾在英国停留9个月，“在他的周围，到处都是正在到来的骚动和阶级冲突的征兆；英国的社会主义者和费边分子，美国的民粹派和单一税率者，所有这些人都在抗议不公平的财富分配，工会盛行，罢工迭起，甚至非社会主义的政府也在通过社会立法，朝着社会主义方向变革，或是国家对经济秩序进行更多的干预，现在看来是不可避免的了”①。19世纪末的西方资本主义呈现出一种风雨飘摇日薄西山的衰败图景，这不仅使资本主义在中国一定程度上丧失了它本来的吸引力，而且欧美各国的工人运动和社会主义思想运动的兴起为中国提供了另外一个可能：社会主义。当然，历史只是提供了更多选项，资本主义还是社会主义，最终取决于中国人民衡量比较之后的理

① 史扶邻：《孙中山与中国革命的起源》，中国社会科学出版社1981年版，第119～120页。

性选择。

二、旧式革命道路的终结

社会公正从主体维度上来说是一国一地范围内的问题,更多地取决于一个国家和地区自己的发展阶段要求及所采取的社会制度。然而自从人类进入世界历史以来,社会公正就不再局限于一国一地的疆界,而成为一个受世界形势深刻影响的问题。资本主义以前,由于经济上的自给自足和交通不便,国与国之间的联系、交往不是必需品,整体上呈现零碎、松散的状态。国和国、城邦和城邦之间虽有矛盾、战争,但多限于邻近的国度城邦之间,各个国家大都能自主地决定自己的社会制度和运行方式。自打资本主义将它的触角伸到世界的各个角落,人类社会快步进入了“世界历史进程”,这一进程最初表现为资本主义强权政治横行扩张的历史,社会公正突破了原有疆域的局限性,不得不受到国际公正的深刻影响。从此,被侵略、被压迫国家人民对社会公正的追求,不得不由国内斗争的单向度问题转化为国际与国内双维度的现实问题,而且国际与国内两个维度并不是分立的,而是相互影响、相关纠缠、密不可分的。这样更沉重、更复杂的任务使得中国人民的社会公正之路走得更为艰难。

(一)封建官僚内部的自救运动

中国近代社会的变革,其动力主要不是来自内部,而是外部压力催逼的结果。鸦片战争用暴力以严酷的事实暴露了中西之间的差距,迫使闭目塞听的中国跳出“从中国看世界”的旧有叙事格局,转到“从世界看中国”视域中审视自己。只有在世界的眼光下,中国才能跳出“夜郎自大”的视野,既看到世界,又认清自身。一些有志之士睁眼向洋看世界,认识到世界并非中国“一统垂裳之势”,而是“列国并立之势”,“大地八十万里,中国有其一;列国五十余，中国居其一”[①]，“本国之外当有多国，此国教化为美，他国教化更有美于此者。反己自思始得知前此自大之谬为人非也，且自谓居天下之中轻人重己为流弊也”[②]。在战争的洗礼下中西方高下立现，这使得中国早一批的觉醒者形成了“今欲强中国、存中学，则不得不讲西学”[③]的认识。

中国向西方资本主义国家的学习最初主要体现在“师夷之长技以制夷”的器物层面上，即着重引进西方的武器和技术装备兵器，以抵御西方国家，这是战争失败的直观压力和影响使然。洋务运动无论是在范围上还是在层次上都极其狭窄，只是停留在少数开明官员的实践中，没有成为整个社会士大夫的集体自觉行为；其意图并不是发展资本主义，而是天真地想借西方技术来维护清王朝的统治。早期的兵工厂和造船厂等均属官办和官督商办就是一个明证。企业都掌握在官僚手中，政府对民间办企业不是像日本明治政府那样全力支持和倡导，而是加以控制和阻挠。洋务自强运动本质上只是封建阶级的一种自救运动，缺乏变革全局的意识和力量。这个时期，整个朝廷仍处在一种自我麻痹的状态中，中国的社会政治经济结构也没有发生任何改变。自强运动想要布新而不除旧、以新卫旧，不触动仍停留在中世纪的政府及社会，单纯想靠引进一些兵器来抵制外来侵略，这种只变器不改制的低层次的改革，妄想以中国封建主义之理去遏制西方资本主义的贪求进取之势无异于缘木求鱼。中日甲午海战的失败使得旧瓶装新酒的洋务运动被现实击得粉碎。事实上，仅就技术层面而言，东西方的差距不是在缩小，而是在扩大。19世纪末期西方科学技术的快速发展，使得西方海军的火力每十年就翻番，中国在19世纪末面对的西方军事力量比鸦片战争时候更可

---

① 康有为：《上清帝第五书》，见汤志均编：《康有为政论集》（上册），中华书局1981年版，第122页。

② 林东知：《环游地球略述》，《万国公报》，第12册。

③ 《张之洞全集》（第11册），河北人民出版社1998年版，第9724页。

怕,尽管开展了自强运动,中国的相对实力反而比中期更弱了,在后来战争中失败也是必然之事。中日甲午海战可以说是中国社会变革的一个分水岭。在此之前,各种改革都是在不触动旧的封建制度的前提条件下进行的,自甲午之后,改制逐渐成为朝廷上下的共识。

(二)旧式农民起义革命道路的终结

农民起义是千百年来封建社会底层农民对抗压迫和剥削最激烈的一种方式,这样的起义会在旧王朝统治日益腐朽,底层民众连基本生存都无法保障的时候周期性地爆发。历代农民起义者用鲜血和生命来抗争不公平的社会制度,追求人们千百年来的理想社会。但在新的生产方式出现之间,他们不可能单凭自己的力量找到一条实现自己理想的道路,无论起义成功与否都不得不回到封建制度的窠臼中去。在“天下者君主一人之天下”的封建中国,皇帝之下没有独立自由的个体,只有臣民没有国民,也没有可能产生民主的思想。因此,历代农民起义只能把皇帝拉下马,却找不到根本摆脱自身悲惨命运的现实之路,只能沦为王朝周期性更迭的历史中介,因此也扭转不了自身被压迫和被剥削的命运。

自鸦片战争以来,中国底层民众的反抗除了传统的反对国内封建统治者之外,又添加了对外来侵略者的斗争。由于历史眼光的局限性,它们没有认识到反帝反封建的共时性。底层人民群众或是反抗腐朽的旧社会,或是反抗外来的资本主义,反帝反封建两条主线在很久一段时间内没有交会在一起,面对封建统治阶级和帝国主义的联手镇压,终究不免于失败的命运。太平天国起义和义和团运动是旧式农民起义发展到高点的两种典型:太平天国起义反封建不反帝国主义,义和团运动反帝不反封建主义。

1. 太平天国运动

太平天国运动绝不是偶发的,而是 19 世纪以来农民和地主阶级矛盾激化的产物,封建王朝再一次渐渐临近改朝换代之局。鸦片战争后,农民反抗的力量大大发展起来，整个中国成了一片起义的火海。仅 1840 年至 1850 年的 10 年间，中国各族人民起义即达 110 次之久，其中较有影响的有白莲教支派、天地会、拜上帝会和各边远地区少数民族起义。这些力量互相感应，推波助澜，最终推动农民起义走向高潮。马克思曾指出："中国的连绵不断的起义已经延续了约十年之久，现在汇成了一场惊心动魄的革命。"[①]太平天国起义是其中之佼佼者，它历时 14 年，席卷 18 个省，攻克 600 多座城市，建立了政权，颁布了中国农民运动史上第一个完整的土地纲领——《天朝田亩制度》，强力冲击清王朝的统治，是国内底层民众反对清王朝腐败统治、反对封建制度、追求更公正社会的农民运动的最高潮。

太平天国运动以"拜上帝会"为宗教旗帜，看似有些西方味道，然并未走出农民起义运动的套路。借神道起事是中国农民起义屡见的法门，对于落后保守的小农而言，宗教语言是最容易理解的语言，神秘的力量是最可依赖的力量。他们天然地同情正义，又天然地相信天命，当正义与神助合二为一时，起义就成了天意选定的事业，具有正当性和合理性。[②] 太平天国借助西方宗教中的上帝面前人人平等取消一切世俗的等级权威，以"处处平均，人人饱暖"和"通天下一式"的平均主义吸引渴求平等的小农，使得宗教的教义同几千年来农民阶级的理想糅合在一起，极大地吸引了东南、两湖及起义所到地区大批贫困无助的人们，起义人数由最初的 2 万余众迅速扩张到 50 万大军（攻占武汉时），以前所未有的规模冲击着日益衰朽的清政权，加速了封建专制制度的灭亡。然而太平天国的反抗斗争并未脱离历代农民战争的历史轨迹，没有办法洗净自己身上封建的东西，根深蒂固的皇权思想与已渗入民族血液的小农意识使得成功后的起义领导者重回农民起义的旧套路——

① 《马克思恩格斯选集》（第一卷），人民出版社 1995 年版，第 690 页。

② 参见陈旭麓：《近代中国社会的新陈代谢》，生活·读书·新知三联书店 2017 年版，第 63 ~ 64 页。

建立了一个不成熟的封建政权，成为新的封建统治者。“宫室车马及衣服，竭来享尽天堂福，志骄气盈乐宜极，百计营求供大欲”①，描绘了起义领导人建都南京后的骄奢淫逸和安富尊荣状态。起义者们丧失起义追求平等的初衷和斗争的锐气，终不免走向失败的结局。

太平天国运动除了具有传统农民起义的历史和阶级的局限性，另一个突出的弱点是反封建不反帝国主义。太平天国的领袖对西方列强基本上是盲目信任的，直到他们在中外反动派的联合进攻下失败以后，才领悟到帝国主义的危害性，洪仁玕临就义前痛悟：“我朝祸害之源，即洋鬼助妖之事”。在近代中国的历史条件下，不反帝，反封建的成果也无法得到保障。

2. 义和团运动

第二次鸦片战争以后，随着帝国主义对中国政治经济文化侵略的加强，相较于清政府对外来侵略的掩耳若不闻的鸵鸟态度，中国人民却更早觉悟到国家遇到极大的危险，通过各种自发的方式奋起反抗帝国主义的侵略，保卫社稷和国家。在最初，反帝斗争主要是南方各省民众通过在供应欧洲人的面包里投放毒药、绑架和杀死所能遇到的每一个外国人等原始的形式来进行。随着帝国主义的侵略加剧和国家日陷危亡，中国人民以排外主义为主要形式的反侵略斗争也不断向前发展，逐渐形成一个以反洋教为主要表现形式、连绵不断地遍及全国的对外斗争形势，最终发展成为武装“灭洋”的义和团反帝爱国运动。义和团是“一切中国人反对一切外国人的普遍起义”的最高潮，是中国人民第一次大规模的反帝斗争，是一场保卫中华民族的人民战争。

义和团运动的中心口号是“扶清灭洋”，鲜明地表达了它反帝不反封建的性质。相较于关起门来的清政府，底层的民众在政治经济生活中更先直

---

① 中国近代史资料丛刊:《太平天国》(四)，上海人民出版社 1957 年版，第 738 页。

接感受到外国资本主义侵入的危害性:第一,经济上受到洋货的冲击,丧失了生存之本。资本主义在中国的发展初期势必冲击旧的生产方式,导致小生产者成批成批地破产失业,“洋布、洋纱、洋花边、洋袜、洋巾入中国而女红失业,煤油、洋烛、洋电灯入中国而东南数省之柏树皆弃为不材。洋铁、洋针、洋钉入中国而业冶者多无事投闲,此其大者。尚有小者不胜枚举”[①]。第二,政治地位上的被欺压。传教士与中国民众“遇有交涉之案,但凭教民一诉或教士一言,即签票传人,纵役勒索;到案复又不分曲直,往往抑制良民,希图易结。而教民专得借官吏之势力肆其欺凌,良民上诉,变难申理”[②]。第三,文化上的相悖导致信仰受欺。“州之洋兵,挖剔先贤仲低眼目,碎毁圣象,百姓饮恨吞声,痛入骷髅。”[③]在民众的直观感受中,所有的外来之物就是痛苦之源。失去了生存之本的旧式小农及小生产者遵从自己直观和简单的感觉,将自己对社会的不满倾泻到洋人洋货洋教身上,对洋人、洋教、洋货、洋机器等采取一概排斥的态度,“最恶洋货,如洋灯、洋瓷杯,见即怒不可遏,必毁而后快”,“见有售洋货者,或紧衣窄袖者,或物仿洋式,或上有洋字者,皆毁物杀人”,[④]集中反映了这一时期底层民众对帝国主义的粗浅、原始的认知。

帝国主义对中国的工业经济压迫体现在造成了广大的失业人群,由于资本主义的侵入而破产失业沦为一贫如洗的底层民众,以对洋人、洋教、铁路以及一切洋货的憎恨这种看来似乎有些“过分”的思想和行动,表达了他们对帝国主义的经济侵略和政治压迫的反抗。义和团在反抗帝国主义斗争

---

① 彭泽益:《中国近代手工业史资料》(第二卷),生活·读书·新知三联书店1957年版,第165页。

② 中国史学会济南分会编:《山东近代史资料选集》,山东人民出版社1987年版,第60页。

③ 左绍佐:《悟澈源头》,见中国社会科学院近代史研究所编:《义和团史料》(上册),中国社会科学出版社1982年版,第232页。

④ 中国社会科学院近代史研究所《近代史资料》编辑组编:《义和团》(二),上海人民出版社1957年版,第146页。

中所采取的形式与资本主义国家中工人阶级对资产阶级反抗的最初形式相类似。工人阶级“不仅攻击资本主义的生产关系，而且攻击生产工具本身；他们毁坏那些来竞争的外国商品，捣毁机器，烧毁工厂，力图恢复已经失去的中世纪工人的地位”①。列宁强调：“这是工人运动最初的、开始的形式，这是当时也是必要的。”②事实上，从鸦片战争到五四运动前夕的 70 多年间，所有群众反帝斗争都没有超出笼统排外主义斗争这个发展阶段。义和团运动所表现出来的这种不成熟的反帝思想和原始的反抗形式是一个被压迫民族在生死存亡关头自然而然产生的一种本能反应，表明中国人对帝国主义的认识还处在积累经验的感性认识阶段，对帝国主义的斗争还属于初级阶段的自发斗争。

一些帝国主义分子将义和团盲目排外的运动视作历史的惰性力量或者封建蒙昧主义，认为义和团运动是“黄种人敌视白种人”，“中国人仇视欧洲文化和文明”，这种类似义和团反对和摧毁现代文明的论点直到现在还有人不时提起，以此来质疑义和团的合理性和革命性。针对这种挑拨性、污蔑性的言论，无产阶级的革命导师列宁早在 1900 年就毫不留情地驳斥道：“是的，中国人的确憎恶欧洲人，然而他们憎恶的是哪一种欧洲人呢？为什么要憎恶呢？中国人憎恶的不是欧洲人民，因为他们之间并无冲突，他们憎恶的是欧洲资本家和唯资本家之命是从的欧洲各国政府。那些到中国来只是为了大发横财的人，那些利用自己吹捧的文明来进行欺骗、掠夺和镇压的人，那些为了取得贩卖毒害人民的鸦片的权利而对中国作战（1856 年英法对华的战争）的人，那些利用传教伪善地掩盖掠夺政策的人，中国人难道能不痛恨他们吗？”③对于义和团运动，同为被压迫阶级的国际无产阶级却给予高度

---

① 《马克思恩格斯选集》（第一卷），人民出版社 2012 年版，第 408 页。
② 《列宁选集》（第二卷），人民出版社 2013 年版，第 83 页。
③ 《列宁选集》（第一卷），人民出版社 2012 年版，第 279 页。

评价。1900年6月19日德国工人阶级政党的报纸《前进报》发表了题为“铁拳”的社论，明确指出：“如果说有所谓‘神圣的战争’，那么中国奋起抗击以主子姿态出现的外国剥削者的战争，正是这样的一个‘神圣’民族战争”①，表达了欧洲工人阶级对处于殖民地危机下的中国农民的正义声援。

从历史的总体发展来看，义和团运动仍是一次单纯的农民战争，也逃脱不了农民起义失败的结局。农民阶级具有两重性，他们是被压迫、被剥削的劳动群众，却不是先进生产方式的代表；他们是小生产者，他们作为劳动群众，对于统治阶级，对于压迫者、剥削者，不管是中国的地主还是外国的资本家，都具有强烈的反抗性；同时他们作为小生产者，眼光狭窄，文化落后，完全靠直感和经验来观察、认识问题。因而他们不可能认识帝国主义的本质，不可能把帝国主义的掠夺政策同它们借以实现经济掠夺的工具——商品、铁路、机器等加以区别，不可能理解这些东西还同时具有代表资本主义先进生产方式的性质，也不可能了解历史发展方向和中国人民反帝斗争的真正前途。因此，虽然农民能向帝国主义作坚决的斗争，却创造不出新的理论和斗争形式。义和团运动的失败说明：当道义的愤怒仍然同旧时代连在一起的时候，正义者是不可能战胜非正义者的。

太平天国运动和义和团两者都有着明显的弱点，均是只击其一：太平天国运动只反封建政权，义和团只反帝国主义。半殖民地半封建社会的历史特性赋予近代中国反侵略和反封建的同一性，中国人民寻求公正的社会道路必然是反帝反封建两者缺一不可的，只攻一点，是不能得到革命的胜利和满足底层民众社会公平愿望的。在中国已进入世界历史阶段，新的生产方式已在中国社会内部发芽，虽然微弱，却必然会成为中国社会发展的方向和

① 中国社会科学院近代史研究所《近代史资料》编辑组编：《义和团史料》（上册），中国社会科学出版社1982年版，第27页。

决定性因素,旧式农民起义已走到了一个尽头,中国的社会变革必须走出一条新的斗争道路。

三、资本主义还是社会主义——前后跟进中的比较和选择

在识资本主义未深的情况下,学习西方资本主义的思想及制度曾是中国救亡图存努力中的首要选择。事实上,从鸦片战争时起,一些受到欧风美雨影响的上层官僚、士大夫及觉醒的知识分子就开始怀疑封建制度,但三千年的传统惯性的影响及对外界状况了解未深,他们也不敢设想在中国推翻君主和由它代表的社会制度。甲午海战一开,惊醒了抱残守缺的清政府及部分官僚的迷梦,迫使它们不得不从政体上采取一些改良的措施来维持自己的统治。如果说近代早期封建的清王朝还想用封建社会的道来盛放资本主义的器,甲午海战后道器、体用之争基本落下帷幕,封建社会的体制在中国再难以有存身之地,这点从清政府不得不主动进行君主立宪的新政改良可以看出。从戊戌维新开始,主张立宪,使中国成为资本主义的国家,逐渐在中国思想界传播开来。从此,中国人对于自身历史的认识由自在到自为,抵御外侮与改革内政合为一体,“变政改制”的政治思潮成为社会变革的主潮流。

(一)改制变政成为救亡图存的最强音

第二次鸦片战争之后,从1866年起中国政府开始向西方国家派出外交和考察人员及年轻的留学人员,这部分人能实地考察资本主义的风貌;在国内,随着外国在华势力的日益强大及与西方国家贸易的不断发展,欧美人创办的报纸杂志以及中文译著陆续出版,中国知识分子对西方富强之本与中国落后之源的认识更加求实和深入。极少数有眼光的知识分子看到“夷狄”的船坚炮利和“师夷之长技”做法的局限性,将比较的眼光投向了社会制度,

他们意识到西方国家“育才于学校，论政于议院，君民一体，上下一心，务实而戒虚，谋定而后动”[①]的政治体制是强大的关键，中国落后挨打的根子在于政治社会制度的落后。如，冯桂芬认为，中国“人无弃才不如夷，地无弃利不如夷，君民不隔不如夷，名实不符不如夷”，并大胆提出“法苟不善，虽古先，吾斥之；法苟善，虽蛮，吾师之”。[②] 这样的声音在秉持“祖宗之制不能变”的满清朝廷极其微弱，近似于无。

中法战争和中日甲午战争的惨败使得洋务自强运动破了产，更进一步打破了人们对于依靠清政府及官僚们来强盛国家的一切幻想，日益加深的民族危机和外来文明所昭示的民主前景，使得当时几乎所有的进步知识分子清醒地看到，中国积贫积弱的根子在于封建专制的社会制度，传统君主专制制度难以延续下去开始成为朝野的共识。战败者向胜利者学习是理之必然，中国人急切地想从西方国家那里找到救世良方，资产阶级的民主思想和民主政治体制成为当时的首要选择。“问泰西各国何以强？曰议院哉议院哉。问议院之立，其意何在？曰君权与民权合则情易通，议法与行法分则事易就。”[③]以 1895 年的“公车上书”为标志，一时间变法改制充斥朝野内外，中国思想界也掀起了学习西学的热潮。仅 1895—1898 年三年时间里，各国各地创立各种以学习研讨西学及变法维新为主的学会达 30 多个，成立以教授西学为主的新式学堂 17 所，致力于传播西学和变法维新思想的报纸有 9 家、书局 2 处。自 1898 年到 1903 年，被翻译成中文的有关政治法律一类的欧美学术著作有 40 种之多。卢梭、孟德斯鸠、华盛顿等欧美资产阶级思想家和政治家的学说一度被视作“起死回生之灵药，反魄还魂之宝方”[④]。整个社会都

① 《张靖达公奏说》，光绪己亥刻本，卷八。

② 冯桂芬：《校邠庐抗议》，广仁堂刻本 1883 年（光绪九年）。

③ 吴嘉勋、李华兴编：《梁启超选集》，上海人民出版社 1984 年版，第 32 页。

④ 邹容：《革命军》，《辛亥革命》（第 1 册），上海人民出版社、上海书店出版社 2000 年版，第 335 页。

沉浸在只要建立起资本主义制度就能救中国于水火的幻想中，维新运动就是在中国建立君主立宪政权的最初尝试，发生在中国领土上的日俄战争更进一步强化了这种思潮。因为许多人认为，俄国之败于日本，不是兵力财力的不足，而在于日本是君主立宪国家，俄国为君主专制国家，立宪之日本打败了野蛮专制之俄国，这是日俄战争留给中国人最直接的启示。鸦片战争后中国本土出现了英属香港和口岸租界，搬来了全套资本主义制度。这些国中之国用西方的方式来建，用西方的方式管理，“览西人宫室之瑰丽，道路之整洁，巡捕之严密，乃始知西人治国有法度，不得以古旧之夷狄视之”①。中国人见所未见，闻所未闻，由直观而生羡慕，由羡慕而生比较，由比较而生追求，而后有改革的思潮和实践。在朝野改制呼声的压力下，连清王朝都不得不提出要进行“狗急跳墙式”的改制，实行开明专制和君主立宪。

1911 年爆发的辛亥革命推倒了满清王朝，为长达两千多年的君主专制制度画上了一个句号。自此，“也有帝制自为者天下共击之”成为时代共识，建立资本主义共和国的最后障碍倒塌了。辛亥革命后建立的中华民国，从形式上建立了一个资本主义民主共和的政体，但它仍不是一个真正意义上的集中统一的现代民族国家，对内没有真正解决军阀割据的问题，对外仍然不得不受制于外国列强。这样的政府不仅没有解决中国内外俱困的现实问题，却使得国家日甚一日的衰弱、民众日甚一日的困苦的局势变得更坏，这不能不引起怀疑和反思。把中国的去路寄托于资本主义曾是中国先进知识分子的首要选择，然而由器物而及于制度，在西方卓有成效的东西到中国却总是全然不成模样，其根由何在？民国初年的社会危机早已无情地宣判了旧民主主义革命已走到了穷途末路，只是持资本主义建国方案的知识分子

① 《康南海自编年谱》，载中国近代史资料丛刊《戊戌变法》（四），上海人民出版社 1957 年版，第115 页。

们还不自知。

(二)对资本主义的失望和怀疑引来了社会主义思想

当资本主义在中国几乎成为压倒一切的声音之时,否定资本主义的社会主义思潮也在暗暗地滋长着。可以说,资本主义还未在中国站稳脚跟,对资本主义的怀疑就引来了各种社会主义思潮。

西方的资本主义制度存在弊端,这一点中国人早就从国内的一些中文报纸和外国传教士办的报刊中或多或少有所感觉。如,江南制造局编译的《近国近世汇编》及传教士主办的《万国公报》都曾刊登过欧美各国工人与资本主义斗争的消息。由于能接受到西方资本主义社会实际知识的人不多,很多认知又非亲眼所见,这样的感觉只是微弱地存在于极少数人中,并不能构成对资本主义的否定力量。戊戌变法失败后,很多改良派代表和革命派的领袖人物去了美国、欧洲、日本等先进国家取经,他们突然发现,原来想学的西方跟他们理想中的未来中国差距很大,西方社会并不是他们理想中乌托邦的最好样板。资产阶级革命的先行者孙中山有机会看到西方资本主义社会的一些问题,"始知徒致国家富强,民权发达,如欧洲列强者,犹未能登民族极乐之乡也。是以欧洲志士,犹有社会革命之运动也"①。章太炎东渡日本看到资本主义的种种矛盾,对照十里洋场的上海发展资本主义后贫富分化的状况,认为中国如果照走西方老路,"不过十年,中人以下,不入工场被棰楚,乃转徙为乞丐,而富者愈与皙人结以陵同为在,验之上海,其仪象可睹也"②。于是怀疑产生了。当时这些知识分子对资本主义社会无法接受的原因主要在于两个方面,一个是贫富差距太大,一个是社会严重分裂。

随着资本主义生产方式在中国逐步落脚,本土的外国资本主义和本国

① 中国社会科学院近代史研究所编:《孙中山全集》(第2卷),中华书局1981年版,第84页。
② 《总同盟罢工论序》,载于《太炎文录初编.别录》卷2。

资本主义的实际运作给广大底层民众生活带来的严重冲击,使得相当一部分中国人切身感受到资本主义的负面作用,更进一步在中国的先进分子中埋下了怀疑和失望的种子。陈独秀指出:“欧洲机器初兴资本初发达的时候,失业者众多的恐慌,这种历史的事实,无人能够否认的。就是现在有名的伦敦、神户底贫民窟,正是资本生产制的必然现象。”在“资本主义生产制下,无论资本家是外国人,或是本国人,决不能够使多数人都得着人的生活”。[①] 资本主义的最高阶段——帝国主义以侵略的姿态在中国境内肆意妄为,严重侵害底层民众的利益。如,帝国主义在华修筑铁路,不仅严重侵害了中国的路权,而且对铁路沿线人民群众进行了赤裸裸的欺压和掠夺。据史载,德国在山东修建铁路时,“所至之地,尽将村落民家坏拆,遇坟墓建物即毁掘,不惟不迁路避之,且毁坟拆舍亦一文不与”,“其土民田庐皆归乌有,无以饮食,无以栖止,父子夫妇兄弟游离道路,相转死亡于沟壑不知几人矣”。[②] 中国人在自身受侵略的苦难历史中能清晰地看到实施资本主义制度必然会带来的种种丑恶和罪恶现象,一开始就对资本主义抱着一种质疑和厌恶的态度,使得资本主义制度自进入中国之日,无论在具体历史情境中,还是在道义上都难以稳定地立足。

对资本主义的怀疑和失望更因为第一次世界大战的资本主义危机而加深,因辛亥革命之后中国社会的黑暗苦痛而加重。西方资本主义危机“使欧洲文明之权威大生疑念”[③],欧洲人自己对于其文明之真价不得不加以反省,使得本来有意向西方取经的人感到彷徨。1919 年,中国的一批知识分子组团到欧洲去考察。他们到了欧洲一看,满目凋零,整个西方世界都陷入一种

① 《陈独秀著作选》(第 2 卷),上海人民出版社 1993 年版,第 208 ~ 209 页。

② 《文明国之野蛮行为》,《清议报全编》(第 18 卷),第 52 页。

③ 《质问〈东方〉杂志记者》《再质问〈东方〉杂志记者》,《独秀文存》,外文出版社 2013 年版,第 188 页。

末世的颓废和悲哀中,西方所有的主流意识形态都一致在反思和怀疑自己的文化。中国去考察的那些人就想:我们还学什么呢?连先生自己都出问题了嘛!克拉克在《中国对于西方文明态度之转变》中说:"许多华人所奉为圭臬之西方文明,至此已觉悟其根基动摇。"[①]这样的怀疑和反思为中国先进分子放弃资产阶级共和国方案,继续探寻救国救民的真理和接受社会主义思想创造了有利条件。整体来说,20世纪初年致力于资产阶级革命的先进人物身上,存在着在追求资本主义的同时又向往比资本主义更合理的社会制度这样一种矛盾。如,资产阶级革命的先行者孙中山并不想走西方的老路,指出:"能开发其生产力则富,不能开发其生产力则贫。从前为清政府所制,欲开发而不能,今日共和告成,措施自由,产业勃兴,盖可预卜。然不可不防一种流弊,即资本家将从此以出是也。""夫吾人之所以持民生主义者,非反对资本,反对资本家耳,反对少数人占经济之势力,垄断社会这富源耳。"[②]中国的进步知识分子一旦发现了资本主义存在的严重的社会弊病,就迅速想要找到解决资本主义弊病的更好的良方。社会主义的理想和主张,在这时期无疑适应人们这种实际需要,自然而然引起人们的重视。

(三)社会主义以公正的面貌在众多思潮中突围而出

19世纪末20世纪初,中国思想界各种思潮空前活跃,相互争鸣空前激烈。任何一种思想,只要它能救中国于水火、扶大厦之将倾、解民族于倒悬,都可拿来为中国所用。辛亥革命虽然没有能实现在中国建立一个独立的资产阶级民主共和国的初衷,但它为中国的进步潮流开启了闸门。在黑暗中探索民族去路却四处碰壁的苦闷的中国知识分子向世界各方寻求解决中国问题之道,"国基未固,百制抢攘",一时间世界各种主要思潮蜂拥而入,尼采

---

① [美]克拉克(Grover Clark):《中国对于西方文明态度之转变》,《东方杂志》第24卷第14号,1927年7月,第48页。

② 《孙中山选集》(上卷),人民出版社1966年版,第88、93页。

主义、先验主义、经验主义、实验主义、自由主义、无政府主义、马克思主义……百花争鸣、百舸争流,成为大家学习、讨论和辩论的对象,中国的政治理论舞台呈现一派比春秋战国时期更复杂更壮观的喧闹景象。各种主义寄托着不同阶级不同阶层的信仰,为中华民族提供了一个比较与选择的机会。

在种种思潮的激荡和交锋中,社会主义最终脱颖而出成为人们看重和谈论的焦点。其时的社会主义并不专指现在的马克思主义,无政府主义、工读主义、合作主义、基尔特主义、新村主义、泛劳动主义等均被冠以社会主义名号,划入社会主义思想范围,人们最初对冠社会主义之名的这些思潮并没有清楚的认识和区别。无政府主义者刘师复就明确指出:社会主义在中国由于“幼稚殊甚,能介绍其学说于国人者,尚属寥寥,时人对于社会主义之定义及界说,均不注意,好古者则又执其保存国粹崇拜祖国之陋见,取中国经籍牵合附会之,以为社会主义本吾国所固有,而社会主义之为何物,乃愈沉迷离诞幻不可究诘。甚至一切革新事业,近于自由平等之类者,皆以为社会主义所能包括,而社会主义真谛反因此而愈晦,此社会主义在中国之不幸也”①。恽代英也指出:“其实所谓社会主义这名词,本体便向来没有甚么精确的界说。高到安那其布尔什维克,低到安福系王揖唐所称,都有些可以合于通行所谓社会主义的派别与意义叙述出来。”②人们对于未来永远都是有憧憬的,特别在现实社会无比丑恶和黑暗时,理想社会的影响和引导作用尤其突出。对于徨彷中的中国人来说,这些社会主义意识形态虽然意义不明,但都是极富吸引力的救世良方,因此在各社会主义旗下都曾吸引、汇聚救国济世之心的知识分子。

社会主义思想是以解决资本主义贫富悬殊等弊端的面貌出现在中国人

---

① 刘师复:《论社会党》,载葛懋春、蒋俊、李兴芝编:《无政府主义思想资料选》(上),北京大学出版社1984年版,第293~294页。

② 《恽代英文集》(上卷),人民出版社1984年版,第249页。

的视野中的，被视为能实现人类理想王国的最高尚美妙的主义。"社会主义"在中国最早的解释说明出现在留日学生创办的《译书汇编》之注释中：西方国家贫富不均，工人受资本家压制，"遂有均贫富制恒产之说者，谓之社会主义"①。李达指出："社会主义有两面最鲜明的旗帜，一面是救济经济上的不平均，一面是恢复人类真正平等的状态。"②经济权利上的基本平等与消费资料分配上的大体平均，是这一时期中国人对社会主义大致的看法。社会主义所能解决的弊病正是中国先进知识分子们在学习资本主义中所深深厌恶和想要避免的。所以，社会主义传入中国之后，一时间各流派的知识分子都深受社会主义思潮的影响，对社会主义表达出了极大的热忱。1902 年梁启超公开发表了他对社会主义的看法："二十世纪之人类，苟不能为资本家，即不得不为劳力者"③，社会主义就是欧美各国思想家想到的救济此种弊端的药方。社会主义的内容就是"土地归公，资本归公"④，并断言"社会主义其必将磅礴于二十世纪也明矣"⑤。1903 年，孙中山也公开表示他对社会主义的向往："社会主义，乃弟所极思不能须臾忘者"⑥，并将"平均地权"的主张加入兴中会重建的纲领中。由梁启超和孙中山这两个不同资本主义流派的代表人物对社会主义的赞同，我们可以看到 20 世纪初中国思想界对社会主义的热烈向往。中国社会主义思想的最早鼓吹者江亢虎于 1911 年 11 月发起组织中国的第一个社会党，对党员的要求仅是信仰社会主义的理想。这个组织仅在一年左右的时间里就迅速发展起来，全国各地骤然起而响应者竟有数百余支部、数十万人之多⑦，这充分显示了社会主义在中国的广泛的

① [日]有贺长雄：《近世政治史》，坂崎斌译，《译书汇编》，1900 年第 1 期。
② 李达：《李达文集》(第一卷)，人民出版社 1980 年版，第 5 页。
③ 梁启超：《论民族竞争之大势》，《饮冰室文集》，卷十八。
④ 梁启超：《中国之社会主义》，《饮冰室文集》，卷四十六。
⑤ 梁启超：《干涉与放任》，《饮冰室文集》卷四十五。
⑥ 中国社会科学院近代史研究所编：《孙中山全集》(第 1 卷)，中华书局 1981 年版，第 228 页。
⑦ 参见江亢虎：《中国社会党宣告》(附注)，《洪水集》，1911 年 11 月。

号召力,也说明了社会主义思潮在中国已占有一席之地。从本质上来看,这个时期的所谓社会主义者大多只能算得上是本能的社会主义者。

任何一种外来的文化,都必然要先与本国传统有一番的融和汇通,才能真正发生相当的作用,否则绝然不能在本土立足。社会主义思潮作为西方外来的思潮,要想在中国站住脚,必须能与中国的传统文化相契合。中国古代的大同理想,是先秦时期古人对公平、公正社会的一种乌托邦的寄托。这种对公正社会的美好愿景广泛地保留在历代农民起义的口号中,存在于思想家们的著作中,成为中国传统文化的重要组成部分,一遇合适时间就宣泄出来,成为人们改造社会的指南。广义的社会主义对于贫富悬殊的批判,恰巧与中国传统文化中对于社会不平等的痛恨和对于大同世界的追求内在相契合,比起资本主义更能引起中国人的共鸣。邵力子曾将中国的大同理想与社会主义相类比:"'货恶其弃于地也,不必藏于己;力恶其不出于身也,不必为己。'这几句话确可以代表社会主义底神髓。"[①]近代维新运动的发起者康有为在国家民族遭遇激变时就借《大同书》之口阐述了一个没有阶级、没有压迫、没有剥削、人人平等、按劳分配的大同社会。康有为的大同思想与传统小农经济下的大同思想已有明显的不同。他提出了大同社会的经济基础应该是公有制,农工商各业一概归公,个人不置私产,社会成员人人都能发挥适当作用,已是一种明显的带有空想性质的社会主义思想。传统大同理想的空泛性提供了多方面理解社会主义的可能性,各派社会主义都可以与大同理想相衔接而在中国人中找到共鸣之处。瑞涅·大卫(Rene Darid)曾写道:"马列主义哲学包含一些与这种传统(中国)哲学相符的成分。……马克思主义思想中预言的共产主义,与中国人心目中的理想社会是很相近

① 转引自陈独秀:《关于社会主义的讨论》,《新青年》,第8卷第4号。

的。”[①]由此可以看出,社会主义之所以能够在中国形成一种强有力的社会思潮,是社会本身及传统文化对于社会主义这种外来文化的一种必然反应,早就存在于中国传统文化与众人内心深处的平等愿望,由于社会主义的传入而找到了萌发和宣泄的渠道。

人们最初在判断一种思想的历史意义的时候,往往只能首先注重它的表面价值,并把它同自己国家未来发展的需要密切联系起来。社会主义在中国能够迅速地找到自己的立脚点,无疑是与中国特定的历史条件、社会条件与文化条件相适应的。中国相对落后的生产方式及经济状况,决定了人们对于社会主义的认识往往首先只是停留在它的平等理想上,注意到社会主义的方法能够“平其不平,使不平者底于平”,并且相信社会主义从根本上就是为了救治经济上的不平等和恢复人类的平等状态。出于对阶级、等级和贫富悬殊等社会不平等现象的反感,人们往往更多地倾向社会主义而不是倾向于充满这类罪恶现象的资本主义。这是理所当然的。社会主义的平等思想和大同理想契合了中国社会相当一部分人民改造社会的强烈愿望,并且它在欧洲资本主义国家的运动也充分显示出其所具有的强大生命力,故不管中国的统治阶层如何压制,它都会在中国顽强地生存下去。稍有气候,就会破土而出,再次形成一股强大的思想潮流。

四、马克思主义在中国的广泛传播及立足

马克思指出:“理论在一个国家实现的程度,总是决定于理论满足于这个国家的需要的程度。”[②]近代中国有了除资本主义之外的选择,世界历史只

① ［美］泰格·利维:《法律与资本主义的兴起》,纪琨译,学林出版社1996年版,第196页。

② 《马克思恩格斯选集》(第一卷),人民出版社1995年版,第11页。

是提供了可能性,但这种可能性变成现实性除了特殊社会形态所造就的环境之外,还取决于主体的人们选择的能动性和自主性。20 世纪初社会主义思潮的兴起使得资本主义的思想和观点遭受质疑和打击;俄国革命的胜利,使得各种社会主义相形见绌,将马克思列宁主义推向社会主义思潮阵营的最前方。

(一)以俄为师——中国救亡之路山穷水尽之下的选择

辛亥革命后建立的资本主义形式的政权,没能实现中国先进知识分子所期待的民主和自由,只沦落为各路军阀争权夺利的工具。资产阶级的知识分子再次奋起抗争,但无论是革命派还是改良派,采取革命方式也好,采取改良方式也好,反反复复地争来斗去了好几年都没有什么效果,结果国家越来越分裂,政治越来越黑暗。1918 年《民国日报》的社论直白,革命党多年来始终为争取真共和与真民主而不懈斗争,但五年之间,三度战争,结果"纪纲灭绝,道德坠地,国将被卖,人将为奴","血光烛宇宙,尸骨填原野","民权未复,民生已残","以今日之民国,今日之吏治,今日之风俗习惯言,非特真正共和不可冀及,即反而求一文景小康之局,变势有所不能"。[①] 在帝国主义和封建势力的双重压迫下,科学救国、实业救国、精神救国、议会政治救国等各种方式均破了产。相当一部分进步知识分子认识到,改良性质的社会改革是不能解决中国社会挣脱枷锁向前发展的根本问题的。1920 年 11 月原来持改良主义的毛泽东就清醒地指出:"几个月来,几看透了。政治界暮气已深,腐败已甚,政治改良一途,可谓绝无希望。吾人惟有不理一切,另辟道路,另造环境一法。"[②]俄国十月革命的成功对于中国陷于失望的先进知识分子无疑是一剂清醒剂。

---

① 《民国日报》社论,1918 年 6 月 25、26、28 日。

② 中共中央文献研究室等编:《毛泽东早期文稿》,湖南人民出版社 2008 年版,第 548 页。

俄国是一个与中国接壤的大国，其具体状况与中国相似，广大的封建主义的残余与少量的先进的资本主义成分同时存在，是一个落后的封建帝国主义国家。但这样一个国家利用第一次世界大战的间隙成功地进行了社会主义革命，建立一个以工农为主的政权，这无疑为彷徨苦闷中的中国人打开了一扇新的大门。俄国大革命的成功把人们一直在纸上谈兵的社会主义理想变成了现实，既令中国人感到震惊，又对其具有强烈的导向作用。它为当时的中国提供了一个成功的范例、一个可直接借用的模型。人们开始模模糊糊地觉得大革命是一个很有用的模式，既然与中国情况比较相像的俄国可以做到，则这是一条可以照着走的道路。苏俄的导向作用在苏俄发表种种反对国际不公正格局、实行对其他国家和民族平等的宣言和举措后更是鲜明和坚定起来。俄国的前身是侵略和压迫中国的帝国主义国家之一，是中国痛恨和反抗的对象。十月革命后的苏维埃政府却显示出与帝国主义截然不同的面目和态度。苏维埃俄国刚一成立，立即颁布了《和平法令》，旗帜鲜明地宣布了无产阶级国家对外政策的新原则，"在全世界面前举起了和平的旗帜、社会主义的旗帜"①，给帝国主义为所欲为的霸权行径以沉重的打击。除此之外，苏俄政府宣告废除秘密外交，"立刻着手公布地主资本家从1917 年 2 月到 10 月 25 日所批准和缔结的全部秘密条约。苏维埃政府宣布立即无条件地废除这些条约的全部规定，因为这些规定多半是为俄国地主和资本家谋取利益和特权的，为大俄罗斯保持和扩大兼并的领土的"②。与其他资本主义国家不断地用战争和不平等条约加诸中国人民身上的种种枷锁形成了鲜明的对比，1919 年 7 月 25 日，苏俄政府发表了《致中国国民及南北政府宣言》，即《苏俄政府第一次对华宣言》。宣言明确表示：①废除沙俄

① 《列宁选集》（第三卷），人民出版社 1972 年版，第 589 页。

② 《列宁全集》（第 26 卷），人民出版社 1957 年版，第 227～228 页。

与中国、沙俄与第三国所缔结的旨在奴役中国的一切不平等条约和密约，②放弃沙俄在中国的领事裁判权，③放弃庚子赔款的俄国部分，④放弃帝俄在中国的租界及其他一切特权。[①] 宣言表示愿同中国人民全权代表磋商缔结条约及谈判其他一切问题。这样一个引导被压迫的人民大众建立公正社会的理论、这样的一个在国内国外的现实中显示出其公正性的社会怎么会不成为中国先进分子的追求和向往呢！当1920年4月，俄国革命政府关于宣布放弃在华特权的对华宣言传到中国之后，人们更是不能不公开承认信奉马克思主义的俄国布尔什维克政府的伟大了，不能不承认他们的建设“在政治组织上和经济上，是很切实的模范”[②]，并且公开表示愿意与俄国人民进行合作，共同铲除压迫社会的军阀官僚政客和资本家，不能不或多或少地承认，用革命的方法来解决社会问题，在中国或许也是不可避免的。

不论人们对马克思的社会主义曾抱有多少成见，俄国革命的胜利越巩固，中国社会改良的试验失败就越惨，知识分子和青年学生中，倾向马克思主义的人自然就越多。中国非彻底改造不可，这已成为共识，中国“若不根本改革，安能生存于未来之新时代？”[③]这样的改造决不是资产阶级的改良和革命，而是社会主义的改造；也不是持改良态度的各种社会主义改革，而是革命性的、以劳农为主体的根本性的社会主义变革。很多人清楚地看出：“社会主义在中国底发生，若无意外的阻碍，恐怕是不可免的事实。更加之，中国人民内受国内资本家底摧残，外受国外资本家的束缚，欲为大多数谋幸福和减少迫害，恐怕舍实行社会主义和与国际社会党联合化，另无他法。”俄国情况与中国最相近，“故今日是中国不发生社会主义而已，苟能发生，则只

① 参见王绳祖主编：《国际关系史》（第四卷），世界知识出版社1996年版，第331页。

② 戴季陶：《俄国劳动政府通告的真义》，《星明评论》20号，1919年10月19日。

③ 《国民公报》，1918年11月22日。

有俄国式的社会主义”[①],除此之外绝无其他选择。事实上,如果改良之道能有成功的希望,“如果这些办法能解决问题,谁还偏要不惜抛头颅、洒热血、做出巨大的自我牺牲去投身革命呢?”[②]“俄国式的革命,是无可奈何的山穷水尽诸路皆走不通了的一个变计,并不是有更好的方法弃而不采,单要采这个恐怖的方法。”[③]

(二)借势上扬——马克思主义成为社会主义思想中的热门

拥有事实的理论是能征服人心,更能为人所接受的理论。俄国社会主义革命的胜利事实本身就是一种引导抉择的评判。可以这样说,马克思主义在主义纷战、思潮涌动中能最终扎根于中国社会,俄国十月革命胜利的实践效应在其中发挥了定心丸的作用。毛泽东指出:“十月革命一声炮声,给我们送来了马克思列宁主义。”[④]生动地描绘了中国人接受马克思主义同十月革命胜利之间的密不可分的联系。

十月革命之前,马克思主义在中国的影响平平,中国诸多的社会主义者对马克思主义的认识是零碎、片面、简单的,甚至是错讹的,多半只停留在暴力革命和无产阶级专政这两个点上。俄国十月革命的胜利使思想界的目光迅速聚集俄国的西方,马克思主义随之成为思想界的焦点。1918 年《太平洋》杂志宣称:“俄罗斯大革命者,以正义人道之理想为帜志也。”[⑤]吴玉章在读了约翰·里德描写俄国十月革命的《震动环球的十日》后指出:“通过这本书,我了解到我们的北方邻国已经建立了一个社会主义国家,建立了一个劳农政府,伟大的俄国人民已经摆脱了剥削制度,获得了真正的自由解放。从

---

① 陈启修:《社会主义底发生的考察和实行条件底讨论与他在现代中国的感应性及可能性》,《评论之评论》第 1 卷,第 4 期。

② 金冲及等:《正确认识中国近代史上的革命与改良》,《光明日报》1996 年 3 月 12 日,第 5 版。

③ 《毛泽东给肖旭东、蔡林彬并在法诸友信》(1920 年 12 月 1 日),见《“一大”前后》(一),人民出版社 1980 年版,第 168 页。

④ 《毛泽东选集》(第四卷),人民出版社 1991 年版,第 1471 页。

⑤ 《太平洋》第 1 卷第 10 号。

前我在法国接触了社会主义各种思想流派,深深为社会主义理想所吸引。今天这个理想居然在一个大国内开始实现了,心中感到无限兴奋和鼓舞。”[①]从1919年4月始,关于马克思学说的介绍和研究的热潮在中国兴起了,各种马克思主义的研究会如雨后春笋般涌现出来。陈独秀、李大钊创办的《每周评论》首先刊载了马克思、恩格斯《共产党宣言》的节译稿,随后《晨报》与《新青年》杂志刊出“马克思研究专号”。北京、上海的主要报刊也蜂拥而上,开始大量译载马克思主义的著作并介绍其生平和学说,以科学和民主为大旗的新文化运动迅速发展成为以传播马克思主义为中心的思想运动。“一年以来,社会主义底思潮在中国可以算得风起云涌了。报章杂志底上面,东也是研究马克思主义,西也是讨论鲍尔希维主义;这里是阐明社会主义底理论,那里是叙述劳动运动底历史,蓬蓬勃勃,一唱百和,社会主义在今日的中国,仿佛有‘雄鸡一鸣天下晓’的情景。”[②]

马克思主义在五四运动前后才开始在中国较大规模传播,其之所以如此,并非由于中国资本主义的高度发展,而是由于帝国主义入侵带来的深重的民族危机和社会危机。马克思主义在中国最初被称作“革命的社会主义”,它的主张革命的理论品质,契合了中国在外有列强入侵、内有封建专制压迫背景下的正义诉求;由俄国人送来的马克思列宁主义思想,包含着最直接的革命结论和最实际的成功经验,再加上俄国十月革命的胜利所带来的示范效应,大大满足了人们急切想要找到一条救亡图存道路的实际需要。刘少奇也回忆说:“在共产党产生以前,马克思主义也传到中国来了,我就是在1920年(共产党诞生的前一年),看到了那样的小册子。从前听到过社会主义、无政府主义,后来看到无政府主义的小册子,又看到马克思主义的小

---

① 吴玉章:《回忆五四前后我的思想转变》,载《五四运动回忆录》(上),中国社会科学出版社1979年版,第59页。

② 《近代社会主义及其批评》,《东方杂志》第18卷第4号,1921年2月25日。

册子。此外,还有一个最大的事情,就是俄国十月革命的胜利,这个革命把全世界想要革命但又没有找到出路的人都惊醒了。特别是在中国,我们那时感觉到了亡国灭种的危险,但又不晓得朝哪里跑,这一下就有办法了。"①

各种社会改良主张在实践中碰得鼻青脸肿,也促使一部分社会主义改良者转向马克思主义。比如,新村主义在中国始终处于纸上谈兵阶段,工读互助运动在现实世界中试行过,却无法存在下去。1920 年 5 月,毛泽东应新民学会会员彭璜之约,和同学张文亮等一起在上海试验工读生活。他们在上海民厚南里租了几间房子,进行织袜子的劳动,共同做工,共同读书,有饭同吃,有衣同穿。试验了一个多月,他感到"殊无把握"。马克思恩格斯早就对这种思潮和实验进行了评论:"诚然,他们也意识到,他们的计划主要是代表工人阶级这一受苦最深的阶级。但是,由于阶级斗争不发展,由于他们的本身的生活地位,他们就以为自己是高高超乎这种阶级对立之上的。他们要改善社会一切成员的生活状况,甚至生活最优裕的成员也包括在内。因此,他们总是不加区别地向整个社会呼吁,而且主要是向统治阶级呼吁。他们以为,人们只要理解他们的体系,就会承认这种体系是最美好的社会的最美好的计划。"②试验失败使一部分知识分子认识到,枝枝节节地部分地改造社会是不中用的,须从根本上谋全体的改造,将现实社会的种种障碍全部打翻,"要打翻这些障碍,惟有合全人类同起革命之一法"③。

在中国客观革命形势的迫切要求下,在苏俄的现实导向作用和直接影响下、在各种社会主义试验的失败中,成批的无政府主义、互助主义、新村主义、基尔特社会主义的信仰者转变成为马克思主义者。

---

① 高志中编:《向党旗宣誓——老一辈革命家入党的经历》,人民出版社 2019 年版,第 18 页。

② 《马克思恩格斯选集》(第一卷),人民出版社 1995 年版,第 303 ~ 303 页。

③ 存统:《工读互助团底实验和教训》,《星期评论》第 48 号。

(三)分道扬镳——马克思列宁主义与各种社会主义流派划清界限

没有任何力量能够阻止一个社会按照它自己的需要对它感到有用的东西进行索求和选择。在整个思想界为俄国十月革命的胜利从最近的欢呼雀跃到慢慢地平静下来,各社会主义派别之间的分歧也越来越清晰了,矛盾变得难以调和,争论日益激烈起来。十月革命的胜利使得社会主义已是“世界大势”,人类社会终将走向社会主义,这已成为一个被中国广大知识分子所普遍接受的真理,但对于什么时候走向社会主义、如何走向社会主义这类具体问题,各社会主义派别的分歧日益严重,一些社会主义派别显露出其非社会主义的本质,马克思列宁主义与改良派的社会主义之间界限清晰,形同陌路。

俄国十月革命之前,所谓的社会主义思想从整体上说是在改良主义的统治之下,从性质看归属马克思所说的“资产阶级的社会主义”①,崇尚阶级斗争和暴力革命的马克思主义在中国并不受欢迎,这与中国当时的思想环境是相适应的。“道德的标准具有社会的基础并得到社会的约束,这意味着普遍民众所遵守的道德标准在很大程度上受到社会属性和阶级地位等因素的影响。怎样的道德标准将会有效地得到贯彻并实现,这受到特定社会的经济结构和经济资源的约束。”②中国相对落后的生产方式及经济状况,决定了人们对于社会主义的认识往往首先只是停留在它的平等理想上,相信社会主义从根本上就是为了救治经济上的不平等和恢复人类的平等状态。由于人们往往只是从经济平等的角度来理解社会主义的意义,以至于一方面造成相当多数的知识分子对于运用暴力手段与阶级专政的方式来达到经济平等的目的持排斥态度。20 世纪初对社会主义感兴趣的人大多是城市中属

---

① 《马克思恩格斯文集》(第二卷),人民出版社 2009 年版,第 14 页。

② [美]杰拉斯:《关于马克思和正义的争论》,载李惠斌、李义天:《马克思与正义理论》,中国人民大学出版社 2010 年版,第 160 页。

于“士”的阶层以及小土地占有者、小手工业者和小市民。这些人所处的经济地位要求社会对生产流通领域里的垄断和独占进行抑制,实现社会分配方面的大体平均,社会主义的经济平等正好迎合了他们的要求。但在实现社会主义的方式上他们中大多数人反对采取暴力手段,更希望能运用和平的方法达到社会主义的理想境地。如,江亢虎及其领导的中国社会党只是在“不妨害国家的范围内”鼓吹社会主义,所采取的措施是通过政府发债券赎买的方式来实现社会主义的“资产公有”;费觉天则提出,“改革最忌的就是人为”,因此非“脚踏实地做一番蜕变事业”,是不应当谈革命的。①

十月革命后,仍然有很多的社会主义者不愿意走俄国激烈的社会革命道路,更愿意选择和平改造社会的道路。相当一部分的社会主义者看到了资本主义的暂时性,也认可社会主义是发展大势所趋,但不相信中国已经到了可以实行社会主义的时候。原因在于,他们认为欧美社会可以说已经到了实行社会主义的时候,但中国还不行。因为中国不仅不具备生产力所要求的条件,不具备无产阶级所应有的组织与训练,而且还缺少西方国家那种工场劳动者。如梁启超认为,高尚纯洁的社会主义远不是当时中国人的道路和发展水平所能够实践的。中国国民文明程度太低,一旦骤行平等,必然会造成攘夺变乱之祸。因此,他们更希望走向社会主义的办法是实行社会政策,即限制大资本家大地主之自由,改革租税制度,实行累进所得税,并提高工人工资和普及工人教育等,把“私人中心的生产组织慢慢化作社会中心的生产组织”,“不用流一点血自然会成功”②的社会革命。孙中山认为:“在不均的社会,当然可用马克思的方法,提倡阶级战争去打平他;但在中国实业尚未发达的时候,马克思的阶级战争、无产专制便用不着。所以我们今日

① 费觉天:《对于社会主义争论之总批判》,《评论之评论》第1卷,第3期。
② 一湖:《防止中国社会破灭策》,《太平洋》第2卷第1号。

师马克思之意可用,用马克思之法则不可。"[①]《共产党宣言》中马克思给这些"资产阶级的社会主义"下了个定义:"社会主义的资产者愿意要现代社会的生存条件,但是不要由这些条件必然产生的斗争和危险。他们愿意要现存的社会,但是不要那些使这个社会革命化和解体的因素。他们愿意要资产阶级,但是不要无产阶级。在资产阶级那里,它所统治的世界自然是美好的世界。资产阶级的社会主义把这种安慰人心的观念制成半套或整套的体系。它要求无产阶级实现它的体系","资产阶级的社会主义就是这样一个论断:资产者之为资产者,是为了工人阶级利益"。[②] 以马克思的定义去对照中国各流派的社会主义观点,可以看出,许多自认为是社会主义者的学者从本质上仍然是资产阶级的学者。

革命性是马克思列宁主义的基本特征。马克思列宁主义的中国信奉者虽然人数不多,转变过来的时间不长,但秉持马克思主义政党的光明正大的精神,明确表达了自己的革命性的基本立场,与各种资产阶级的社会主义划清了界限。陈独秀则明确指出,在人类的经济关系已经国际化的情况下,即使处于落后地位的中国也只能选择社会主义作为自己的未来出路。而且鉴于中国饱受外国资本的压迫,政治腐败无能,其改造大部分都要靠国际社会主义运动的帮助,故中国只能采用阶级战争和无产阶级专政的共产主义。[③]"我们只有用阶级战争的手段,打倒一切剥削阶级,从他们手中抢夺来政权;并且用劳动专政的制度,拥护劳动者底政权,建设劳动者的国家以至于无国家,使资产阶级永远不至发生。"[④]"社会主义之必要方法:阶级战争——无产阶级专政。"[⑤]自此之后,中国的共产主义者与各种挂社会主义之名的资本主

① 《孙中山全集》(第9卷),中华书局1986年版,第392页。

② 《马克思恩格斯选集》(第一卷),人民出版社2012年,第429~430页。

③ 参见陈独秀:《社会主义批评》,《新青年》第9卷第3号。

④ 《〈共产党〉第一号短信》,载《"一大"前后》(一),人民出版社1980年版,第47页。

⑤ 《蔡林彬给毛泽东的信》,载《"一大"前后》(一),人民出版社1980年版,第129页。

义学者泾渭分明，分道扬镳，各自走向自己属定的救国救民之路。

（四）劳农问题——正式成为社会变革的主题

人民，只有人民才是社会发展的主体，是推进社会进步的决定性力量。然而，在漫长的阶级社会中，构成社会发展主体的底层民众认识不到自己的主体地位和作用，只能被统治阶级利用成为历史变革的中介，无论变革成功与否，自身的悲惨状况都得不到根本的改变。要实现广大民众心目中的理想的公正社会，必须打碎始终套在底层民众身上的枷锁，使占人口绝大多数的被压迫被剥削阶级真正成为历史的主人、国家的主人。因此，马克思恩格斯在社会主义革命中始终重视无产阶级的地位和作用，明确指出无产阶级政党必须唤醒无产阶级及所有生活于资本主义社会形态下之人们，让其自觉地意识到个人的命运与他所属的阶级的命运、他生活于其中的社会形态之间的紧密关系，认识到无产者只有“解放全人类”，才能解放自己，从而自觉地投身到“人的解放”的共同事业中去。

社会革命方面，如果缺乏雄厚的群众力量的帮助，绝不能有力地完成驱逐帝国主义出中国，肃清封建势力的伟大革命事业。1840 年以来，中国出现了很多因每一次外患和遭受的失败而产生警悟的先觉者，但他们的周围和身后没有社会意义上的群体。近代中国的新式知识分子，思想、观念并不是从中国社会里直接孕育出来的，而是在民族危机的刺激下，接受了西方资产阶级革命的理论。因此，他们与他们所代表的社会之间有着某种程度的脱节。处在底层的人民群众，由于文化知识的落后和信息的闭塞，不知道什么是帝国主义，也不知道帝国主义如何侵略中国，自然也不知道爱国是何事。在中国近代史上具有重大意义的辛亥革命，就只是依靠少数革命党人的单打独斗，而将民众排除在积极的政治行动之外。下层广大工农群众，对于这次革命，只是袖手旁观，没有被广泛地发动起来参加革命。辛亥革命胜利了，帝国主义和封建阶级在中国的统治，仍然如旧，不过去掉了一个溥仪，换上另一个统治代表袁世凯而已。乡村中的工农群众,看不出这次革命与本身利益有什么关系。在乡村中,也并没有因这次革命而有过任何新的改革,一切都照旧样,没有什么与以前不同的地方。贪官污吏照旧压榨民众,土豪劣绅照旧横行乡里;压迫人剥削人的社会吸血鬼,照旧实行其压迫和剥削;被压迫被剥削的人们,照旧过他们痛苦的生活。①

对劳动阶级,特别是工人阶级的重视,在中国自刘师复始。刘师复是一个无政府主义的信徒,提出中国自有社会主义思想传播以来,最为系统和最具革命的关于社会主义的观点。他的理论的一个突出的特点是带有十分鲜明的阶级革命色彩,提出由下层工人平民来推翻上层地主资本家阶级的统治以及代表他们利益的国家政权,这样的观点是江亢虎和孙中山等在宣传社会主义过程中所不愿触及和尽量避免的。刘师复等人在中国最先论证了对工人进行宣传和组织的必要性和实际方法。“共产主义,无政府主义,质言之,实即劳动阶级与富贵阶级战斗之主义。故吾人之传播事业,自然不能出乎劳动阶级之范围,断无向敌人方面(富贵阶级)而希望传播者也。”对于广大无文化的劳动阶级,“当用白话或浅文专论寻常社会所亲见之事实与道理”,“于不知不沉中浸润真理”,达到宣传效力。② 自刘师复起,中国的社会主义者第一次真正开始站在工人斗争一边,为他们出谋化策。当1915年春上海出现工人罢工风潮之际,刘师复首先站在工人一边告诫工人,不应当继续使用旧式的反抗方法,而应当“结团体,求知识”,劝告中国工人组织自己的阶级组织。

俄国十月革命胜利的消息传到中国后,多数进步知识分子开始深刻认识到革命必须以下等社会为依托、为根据地,将其立足点向下转移,把社会

---

① 参见方志敏:《可爱的中国》,江苏凤凰文艺出版社2017年版,第80页。

② 《师复文存》,广州革新书局,1927年版,第290~291页。

主义的希望同劳动问题、劳农运动联系起来。1918 年 3 月无政府者首先宣称：当今世界最大的问题就是劳动问题，其根本就在于贫富不均和阶级压迫，而“现在我们中国的比邻俄国，已经正大光明地做起贫富一般齐的社会革命来了。社会革命四个字，人人以为可怕，其实不过是世界的自然趋势”①。李大钊从相信第一次世界大战的胜利是“Democracy 的胜利”，转而相信这是劳工主义的胜利乃至“Bolshevism 的胜利”，把民主理解成由平民或庶民做主的社会权力结构方式，这表明中国的社会主义思想开始发生重大变化，已不是空泛的均贫富和求平等，而转化为劳动问题和劳动阶级的实际问题。在中国无论以何者为先，都应当首先致力于劳动教育和劳工运动，致力于劳动问题的预防和解决，甚至应当以劳农阶级而非资产阶级为今后革命的主力。② “劳动问题立即要成为中国的问题”，甚或已经“成为中国的唯一重大问题的”。③

五、中国共产党登上政治舞台，使得社会主义从可能变成必然

马克思列宁主义已经为中国指出一条清晰的社会主义之路，只有这条路而别无他路能够改变中国的命运，解决中国的问题，但要在中国建立这样的先进制度，必须有信奉马克思主义的先进的政治力量来领导，这个使命历史性地落在了中国共产党身上。习近平总书记指出：“从近代中国波澜起伏的历史进程中可以清楚地看到：因为不触动帝国主义、封建主义统治根基的改良主义失败了，中国人民才选择了革命的道路；因为走资本主义道路的各种方案尝试全部失败了，中国人民才选择了经过新民主主义走向社会主义

① 《劳动》第 1 卷第 2 号。

② 参见一湖：《中国士大夫阶级的罪恶》，《每周评论》第 20 号。

③ 一栗：《对于劳动节的感想》，《晨报》1919 年 5 月 1 日。

的道路;因为其他各种政治力量都无力领导中国人民实现救亡图存和民族独立、解放与复兴,唯有中国无产阶级及其政党中国共产党肩负起了这一历史使命,才使受尽屈辱、濒临危亡边缘的中国进入了历史的新纪元,才向世人彰显和证明了'没有共产党就没有新中国''只有社会主义才能救中国和发展中国'的历史真理。"[①]中国共产党的诞生是中国最终选择社会主义的前提和保证;中国共产党登上政治舞台,使得社会主义从可能选项之一变成中国社会发展的必然前景。

(一)中国共产党的诞生是马克思主义和中国实际相结合的结果

为了救亡图存,20 世纪初中国大地上曾出现过 300 多个带有政党性质的组织。中华民国的创立更是为政党的成立提供了法定条件,一时间"集会结社,犹如疯狂,而政党名,如春草怒生,为数几至近百"[②]。然此时"中国人多不明白党字之真义"[③],政党也沦落为少数精英捞取政治资本的工具。如,为了争取内阁中的席位,盛行"跨党"党员,即一个人可以加入多个政党,如黎元洪、陆建章跨 9 个党派,熊希龄、赵秉钧跨 8 个党派,张謇、唐绍仪、于右任跨 7 个党派[④],甚至"跨尽各党者,亦有其人"[⑤]。民国风云人物赵秉钧曾经感慨:"我本不晓得什么做党的,不过有许多人劝我进党,共和党也送什么证来,同盟会也送得来。我也有拆开来看的,也有搁开不理的,我何曾晓得什么党来。"[⑥]是以中国政党看似众多,但真正具有完整政党形态的却没有几个。其中,孙中山领导的资产阶级政党是中国政党中比较突出者,然由于缺乏经济基础及其代表阶级的强力支撑,最初只能依靠会党、华侨的支持进行

① 习近平:《领导干部要读点历史——在中央党校 2011 年秋季学期开学典礼上的讲话》,《学习时报》2011 年 9 月 5 日。

② 丁世峰:《民国一年来之政党》,《国是杂志》1913 年第 1 期。

③ 《孙中山全集》(第 2 册),人民出版社 2015 年版,第 334 页。

④ 参见张玉法:《民国初年的政党》,岳麓书社 2004 年版,第 35 页。

⑤ 《中国近代史论丛》第 1 辑(影印本),第 8 册,台北正中书局 1977 年版,第 88 页。

⑥ 张玉法:《民国初年的政党》,岳麓书社 2004 年版,第 25 页。

刺杀、起义,后期则依赖于军阀;且与封建阶级和帝国主义之间有着千丝万缕的关系,具有软弱依附的特性,难以完成对外反帝国主义对内反封建的历史使命,导致连真正的资产阶级共和国都难以建立起来。马克思列宁主义与中国实际境运的结合催生了中国共产党,1921 年,具有初步共产主义的思想者们在俄国共产党和共产国际代表的帮助下,正式成立了中国第一个完整意义上的共产党组织。中国共产党走上政治舞台意味着中国不是可能会走向"非资本主义"道路,而是一定要避免"资产阶级专政"的阶段,这是作为马克思主义政党的中国共产党的历史使命。

受俄国十月革命的巨大影响,马克思列宁主义在中国广泛传播并扎根,并不是指信仰马克思列宁主义的人数已占大多数。事实上,即使挟十月革命成功之势,相对于中国其他的政治势力,中国共产党和共产主义在社会上的影响力和作用力仍旧是十分微弱的。中国共产党在成立初期只有 50 多个共产主义知识分子,但它所具有的能量却是难以用创立初期的人数多少来衡量的。中国共产党人数虽少,却代表着先进的无产阶级,代表着社会发展的方向,立场坚定,且立志为实现历史使命而奋斗。中国共产党从不自我标榜为"全民党",自建立之日起就鲜明地表现出自己的阶级性和人民性。作为中国共产党创始人之一的李大钊曾这样描述党的性质:"不是政客组织的政党,也不是中产阶级的民主党,乃是平民的劳动家的政党。"①另一位创始人陈独秀也写道:"我以为共产党底基础建筑在无产阶级上面,在理论上,自然要好过基础建筑在有产阶级上面用金力造成的政党。"②

政党的政治纲领集中反映了政党所代表的阶级、阶层或社会集团的根本利益和意志,规定了政党的政治目的、任务和政策。"一个政党的纲领毕

① 《李大钊全集》(第 3 卷),人民出版社 2006 年版,第 271 页。

② 《陈独秀文章选编》(中册),生活·读书·新知三联书店 1984 年版,第 135 页。

竟总是一面公开树立起来的旗帜，而外界就根据它来判断这个党。”[①]它是信仰理念在文字上的确然表述，是政党区别于其他政治团体的标识。马克思在领导成立共产主义者同盟的时候就指出，无产阶级必须有理论翔实的并且可作为实践指南的党纲，把本党的观点和目的旗帜鲜明地呈现给世界，敢于挥舞共产主义大旗，用以击破敌人的诋毁，团结、引领更多无产阶级群众投身到解放自身的运动中来。1848 年发表的《共产党宣言》明确地指出“向全世界公开说明自己的观点、自己的目的、自己的意图”[②]。像所有的马克思主义政党一样，中国共产党从来不惮于亮出自己的身份、奋斗目标和行动纲领。党的第一个政治纲领就将“推翻资本家阶级的政权，承认无产阶级专政，消灭社会的阶级区分，消灭资本家私有制，没收机器、土地、厂房和半成品等生产资料，归社会公有”[③]等定位为党的历史使命。1922 年，党的二大明确制定了党的最低纲领和最高纲领，在最低纲领方面提出了打倒军阀、推翻帝国主义压迫、建立民主共和国等目标；在最高纲领方面提出了建立劳农专政、铲除私有财产制度，渐次达到一个共产主义的社会[④]的目标。在党的四大上，中国共产党公开表明自己唯一的责任就是“不断地向群众解释用什么方法，中国人民才可以脱离帝国主义和军阀的压迫，如何才能与世界劳农革命运动联合起来”[⑤]。

中国共产党是广大劳苦大众的代表，其目标是实现共产主义。中国共产党的身份定位、历史使命是在马克思主义这一先进理论指导下自我赋予

---

① 《马克思恩格斯选集》（第三卷），人民出版社 1995 年版，第 325～326 页。

② 《马克思恩格斯选集》（第一卷），人民出版社 1995 年版，第 399 页。

③ 中共中央文献研究室、中央档案馆：《建党以来重要文献选编（1921—1949）》（第 2 册），中央文献出版社 2011 年版，第 1 页。

④ 参见《建党以来重要文献选编（1921—1949）》（第 1 册），中央文献出版社 2011 年版，第 133 页。

⑤ 《建党以来重要文献选编（1921—1949）》（第 2 册），中央文献出版社 2011 年版，第 272～273 页。

的，要坐实这一身份定位、完成历史使命，必须赢得广大民众的认可和支持，构建强固的群众基础。中国共产党的性质和宗旨决定它能深入民众、发动民众、组织民众，使自己成为一个紧密联系占人口绝大多数的底层民众的政治组织，从而汇聚起变革社会的磅礴力量。这种优势和力量是近代以来，无论是封建官僚阶层，还是资产阶级的政党都无法做到的。

（二）运用正反两方面的实例唤醒民众、引导民众、组织民众，为解放自己而奋斗

中国共产党选择了“走俄国人的路”，即通过武装斗争夺取政权，建立劳农政府的社会主义革命之路。革命之路必须唤起民众、吸引民众、带领民众、组织民众，才能取得革命的胜利。批判的武器不能代替武器的批判，理论只有掌握群众，才会变成物质力量。马克思列宁主义的理论要想在中国真正实践成功，必须成为群众的理论和武器，引导群众为自身利益和未来而奋斗，使群众由自在向自为转变。对社会公正的追求是中国共产党宣传马克思主义、唤起民众的最直接的武器。新民主主义革命时期，中国共产党之所以最终被人民群众所接受、拥护和跟随，不仅在于党给他们擘画了一幅共产主义的美好蓝图，更在于中国共产党是在力微势弱的艰苦时期，在有限的范围内进行了初步的社会主义实践，施行了一系列保障劳苦大众利益、提高劳苦群众生活的政策措施，在于中国共产党对待人民群众的平等态度、亲如家人的关怀、为着公利而勇于献身的精神和清正廉洁的作风，使得中国共产党成为维护和实现公平正义的化身，中国共产党所倡导和追求的社会主义也成为人民群众对理想社会追求的现实形态。

1. 运用对现有社会不公的精确分析唤醒民众，激发民众抗争的革命性和积极性

在近代中国，中国共产党要完成反帝反封建的任务，必须唤起底层民众的意识和觉醒，使他们成为革命的中坚力量，唯此才能进行彻底变革社会秩

序之革命。对现有社会切中肯綮的否定性分析是中国共产党激发民众起而抗争实现社会革命的首要步骤。社会公正更多是以否定现状的形式而存在的,要唤醒民众,首先要让民众认识到现有社会的不合理不公正及其根源所在。恩格斯明确指出,在反对剥削者方面,"单凭愤慨,单凭怒气迸发,不管多么正义都毫无用处,这里需要的是论据"①。在群众工作中,中国共产党通过对旧中国各种不公正现象的揭露和批判,使广大人民群众对旧制度的痛恨由感性变为理性、由潜在变为现实、由动摇变为坚定,使得社会革命由于具有了雄厚坚实的群众基础而一步步走向胜利。

以农工为主体的劳动者阶级人员庞大,处于社会的最底层,受压迫最重,在饥寒交迫中有强烈革命的要求。但它由于缺少文化,受封建的禁锢既长且久,受专制政体的钳制最严且酷,精神贫困使得他们难以清晰认识自身的困境,更找不到世代贫困的根源在哪里,也就找不到能使自己解放和翻身的正确道路。中国历代农民起义中,底层民众虽然都是起义的主体力量,却往往陷入能打碎一个旧世界,却不能建立一个新世界的怪圈,原因在于,它们不是先进生产力的代表,不能自己代表自己,而需要新的阶级来代表它、提挈它和卵翼它。马克思就曾以 19 世纪法国的小农为代表,指出小农阶级"不能以自己的名义来保护自己的阶级利益……他们不能代表自己,一定要别人来代表他们"②。

与资产阶级政党脱离群众不同,中国共产党是无产阶级的政党,代表的是底层的被剥削的劳苦大众的利益,所以从建党初始就十分注重做底层群众的工作,要求党员深入底层社会与民众为伍,向底层民众阐明受苦受难的原因,并用新的理想唤起底层民众改变社会、解放自己的自觉和热情。共产

---

① 《马克思恩格斯全集》(第 7 卷),人民出版社 1959 年版,第 259 页。

② 《马克思恩格斯选集》(第一卷),人民出版社 1995 年版,第 677 页。

党人深入底层人民群众，更加深刻地感受到民众之苦，并在实践体验中探寻到民众困苦的根本原因，将民众被剥削被压迫的实际情形用通俗易懂的话具体说与老百姓听。早期的中国共产党领导人方志敏在狱中总结其革命斗争的经验中，阐述了他在农民群众大会上向广大农民分析"越做越穷，越做越苦"的根源所在及"实行二五减租"运动的鼓动工作：地主对农民的剥削在于"重租重利的盘剥，佃户向地方租田种，一般都四六分，即是佃户只得收获物的四成，地主坐得六成。仔细算起来，佃户用去的谷种、肥料、人工、牛工，只得收获物的四成，不但没有赚账，而且每亩田，都是要亏本的……农民对亏本数的填补，就是自己尽量节衣缩食，拼命苦做。""穷而借债，借债更穷，愈趋愈下，贫穷人只有陷入万丈的痛苦深渊中去了。中国地主是实行三重剥削的；出租土地，坐享地租；放债生利，实行高利贷剥削；开店铺赚钱，实行商业的剥削。工人劳苦群众，就在这三重剥削下，辗转挣扎，而永无翻身之日。"①"从前，总以为是八字坏，命根苦，现在晓得原因在哪里了——我们没有土地呀，我们租耕地主老的土地要亏本呀，这是我们一天一天穷苦下来的最主要的原因。现在减租运动，当然还远谈不上'我种出来的东西，应该归我所有'——农民将来一定要做到这种地步，才算得到解放了。现在只是要求替地主耕田不亏本罢了。"②共产党人深入农民中所作的实践调查及浅显易懂的讲解，每每能使穷苦老百姓提高对地主阶级剥削的清楚认识，激起他们对剥削制度的仇恨，自动参与解放自己的革命行动。

2. 以局部区域的社会实践树立起革命群众的信仰，使中国共产党和社会主义的影响深入民心

社会主义在意识形态上的公正性，必须有利益实践作支撑。中国历史

① 方志敏：《可爱的中国》，江苏凤凰文艺出版社2017年版，第87页。
② 方志敏：《可爱的中国》，江苏凤凰文艺出版社2017年版，第113页。

上的农民起义的结局表明,起义成功了,但底层民众所期待的公正社会并没有建立起来。这其中固然是因为农民自身具有阶级的狭隘、落后的局限性,也在于当时社会发展阶段并没能提供替代封建等级社会的更好的方案。近代中国提供了社会主义的方案和历史机遇,如何使这种方案为底层民众所接受并为之进行革命,勾画蓝图是远远不够的,而要用活生生的现实呈现出来吸引民众。中国共产党即使是处在敌人重重包围的极其险峻艰难的环境中,仍然坚持武装革命与政权建设双向用力,将未来公正美好的社会以现实的形式局部地、初步地呈现在底层民众面前,使得每一个民众都真切地体会到被尊重、被平等相待,生活水平得到提高和改善,从而成为共产党、社会主义的相信者和跟随者及武装革命的源源不断的主体力量。

第一,在根据地建立工农民主政权。中国共产党并没有等到在全国范围内取得胜利时再来建立新政权,而是在整个新民主主义革命时期只要能站住脚就建立与扩大革命政权,采取革命和政权同时发力的方式推进新民主主义革命向前发展。在根据地建立的苏维埃政权是中国共产党建立人民政权的探索和尝试,是未来社会的预演。

苏维埃政权的性质是工农民主专政,是劳苦大众当家做主的政府,是为工农劳苦群众自己管理自己生活的机关。1934 年第一次苏维埃大会通过的《宪法大纲》明确规定,中华苏维埃政权所建设的是工人和农民的民主专政的国家。占中国人口绝大多数的、被压迫被剥削的劳动大众是苏维埃共和国的主人。所有工人、农民、红军及一切劳苦民众和他们的家属,不分男女种族宗教,凡在 16 岁以上,都有选举权和被选举权,有权选出代表来讨论与国家和地方相关的重要事务,都有权选派代表掌握政权的管理。[①] 苏维埃政

---

① 参见《中华苏维埃共和国宪法大纲》(1931 年 11 月 7 日),《中华苏维埃共和国法律文化选编》,江西人民出版社 1984 年版,第 7 页。

权还规定，妇女至少要占苏维埃代表比例的25%，使得妇女的选举权和被选举权也得到了保护，彻底改变了妇女历来处于社会下层地位、没有参政权的状况。事实上中央苏区的许多地方妇女代表往往超过这个数量。例如，福建省上杭县的上下才溪乡，妇女代表分别为60%和66%。区内还广泛地设立控告箱、工农通信员，吸引和鼓励民众对政府人员进行批评和检举。被毛泽东称赞为"苏维埃模范省"的闽浙赣苏区，其经验之一就是，苏维埃具有高度的民主精神，苏维埃的工作人员都要经过工农群众或代表大会的选举，如被选人发生违背群众利益的错误行动时，群众可以开会直接撤换他，另选他人。政府要分期将工作向群众作报告，群众可以提出批评意见。群众有什么意见和要求，可以随时到政府报告，政府必须接受，如性质重大，要拿到会议上讨论执行。民众还可以通过选举批评监督和罢免干部，对于犯错误的干部，只要选民10人以上提议、半数以上选民同意，就可予以罢免。正是由于实行高度的民主，苏维埃政府成为"最得群众拥护和爱戴的强有力的政府"。苏维埃政权的建立使得苏区人民政治意识和民主意识高涨，积极参加自己的政权工作。民众用选票体现自己的意志，反映民意的趋向，由此形成了对政治的参与意识，加强对政权的信任度、休戚感与自觉监督。1932年和1933年中央苏区的选举，"许多地方到了百分之八十以上的选民，有些地方仅只害病的生育的以及担任警戒的人不曾参加选举"[①]。广大劳苦大众由于文化水平与知识程度很低，在旧社会被人称作"无知识的东西"，而一旦被选入苏维埃工作，就进步极快，很快就可以处理各种政治和斗争问题，而且处理得有条有理，比那些贪污腐化、敷衍塞责的旧官僚要高明几百倍。[②] 工农民主政权通过普选和代表会议制度更充分地表现了高度民主的精神和实

---

① 江西省档案馆、中共江西省委党校党史教研室编著：《中央革命根据地史料选编》（下册），江西人民出版社1982年版，第307页。

② 参见《方志敏文集》，人民出版社1985年版，第86页。

质，激发广大群众最高度的革命性和创造性，苏维埃政权不仅是革命战争的良好组织者和领导者，同时也是群众生产生活的良好组织者和领导者。除了政权建设之外，各苏区开展了土地分配、农业生产、经济和合作社、文化教育建设、社会改革等活动，使得苏区经济即使在敌人的包围和封锁之下仍有飞速的发展。正是因为它们把组织革命战争和改良群众生活两大任务联系起来，使得群众进一步体会到工农政权是完全代表他们利益的。

苏维埃的工农民主政权，在局部范围内改变了人民被剥削、被奴役的历史，使得广大工农劳苦大众掌握了政权，真正成为国家的主人。这在中国历史上是从来没有的。劳苦大众在苏维埃政权建立后，第一次知道了人民政权不是什么“朝廷”“官府”；第一次真正成为这片土地的主人；第一次自觉成为这片土地上的劳动者、建设者和捍卫者，相较于革命以前的生活，行路得到安心，呼吸感到自由，觉得已经是两个世界。苏维埃政权表现的民主性是所谓的国统区的政权难以比拟的。局部的苏维埃政权样板为全国劳苦大众树立了一面光辉的旗帜，使劳苦大众看到了理想生活的希望，受到了广大底层民众的欢迎，也使得社会主义得到广大人民群众的认可和支持，资本主义性质的政权因此在根据地很难再有立足之地。

第二，开展土地革命，变封建土地所有制为农民所有制，打破了封建制度的经济基础。经济上的翻身是政治上翻身的保证。中国民众的大多数是贫苦的农民，“谁赢得了农民，谁就会赢得中国”；农民问题主要是土地问题，因此“谁能解决土地问题，谁就会赢得农民”。

封建土地关系是农民受苦受穷、遭受压迫的根源所在，也是建立新社会必须打破的旧生产关系之一。近代的中国土地集中和兼并现象严重，农村社会阶级结构两极分化。据国民党农民部 1927 年调查，完全没有土地的佃农、雇农和游民，共 1.86 亿人，占农民总数的 55%；只有 10 亩以下耕地的贫农占 20%，占有全国耕地的 6%；11% 是中农，占有全国耕地的 13%；14% 是地主和富农,却占有全国耕地的81%。[①] 因此,“走农村包围城市”革命道路的中国共产党人要想代表劳苦大众的利益,使劳农真正翻身得解放,成为苏维埃政权的主人,必须从打破农村封建土地所有制入手,根本变革旧有的生产关系,实现千百年来广大农民“耕者有其田”这个最朴素最热切的愿望。

在新民主主义革命时期,土地革命是中国共产党在根据地工作的重点。土地革命的目的在于变封建土地所有制为农民土地所有制,改变农村的生产关系,减轻和消灭封建剥削。无论是土地革命时期的“没收地主土地分配给无地少地的农民”还是抗日战争时期的“减租减息”措施,都使得根据地的封建土地关系发生了很大变动,农村社会资源和社会权益实现了再分配,减轻和解除了多年以来压得广大贫苦农民透不过气来的沉重负担,使农民切切实实地得到了好处。毛泽东在第二次全国苏维埃代表大会上的报告中对土地革命后的农民状况进行了总结:“生产结果落在自己的手里,因此现在农民的生活比较国民党时代是至少改良了一倍。农民的大多数,过去一年中有许多时候吃不饱饭,困难的时候有些竟要吃树皮、吃糠秕,现在则一般不但没有饥饿的事,而且生活一年比一年丰足了。过去大多数农民每年很少吃肉的时候,现在吃肉的时候多起来了。过去大多数农民衣服着得很烂,现在一般改良,有些好了一倍,有些竟好了两倍。”[②]

以土地革命为主要内容的农村社会变革使中国共产党获得了农民阶级前所未有的自觉支持。广大农民在土地革命中取得了“他们唯一热望的土地所有权”,把生存的“命根子”握在了自己的手里,从而在政治上、经济上实现了翻身,农民阶级由此切身感受到共产党是为他们谋利益的,迅速认识并接受了中国共产党及共产党的理论,进而支持革命、投身革命,加入了新民

① 参见《第一次国内革命战争时期的农民运动资料》,人民出版社1983年版,第4页。

② 江西省档案馆、中共江西省委党校党史教研室编著:《中央革命根据地史料选编》下册,江西人民出版社1982年版,第322页。

主主义革命队伍。正如有些学者指出的:“在土地分配存在着相当不平衡的情况下,作为基本的生存要素,拥有更多的可以自主的土地是农民衷心的期盼。所以,当土地革命广泛开展后,没收地主土地在农民中平分,对农民具有极大的吸引力。”[①]也正因为此,即使中国共产党处于力量微弱、被打压被追杀的困境中,仍能源源不断地吸收底层农民加入革命队伍中来,壮大革命武装力量。宋任穷在《赣南人民革命史》一书中指出:“据资料统计,当年赣南苏区总人口只有240万人,而参加红军就有33万人,参加赤卫队、洗衣队等支前作战的约60万人。”[②]1948年秋,解放区基本消灭了封建的生产关系,1亿左右的农民从地主和旧式富农那里获得3.7亿亩土地。在“参军保田”的口号下,青壮年农民潮水般涌入人民军队。在解放战争中,参军的农民在华北有近百万,在山东有59万,在东北有160万。

新民主主义革命时期中国共产党在其所领导的根据地,通过政治经济文化等方面的社会变革局部性地解决了旧中国政府所不能解决的社会公正问题,在一定程度上实现了社会公正,从而对广大人民群众产生了强烈的吸引力,使他们看到了光明的未来,革命积极性空前提高。获得了土地、切身利益的广大农民群众视共产党为救星、福星,坚决、热烈地支持和拥护中国共产党及工农红军,热烈地支持和拥护工农民主专政的红色政权。这是广大农民翻身解放、获得土地后的一种必然的利益驱动,一种必然的民心向背。这无疑构成了中国共产党站稳脚跟、顺应民心,取得局部执政地位的坚实的群众基础。中国共产党在根据地的实践并非只是为了与国民党争天下的社会动员手段,其本身具有超出激发人民群众革命积极性的另一层深刻含义,即为未来的社会扫清旧的生产关系的障碍,奠定新社会的政治经济基

① 黄道炫:《1920—1940年代中国东南地区的土地占有——兼谈地主、农民与土地革命》,《历史研究》2005年第1期。

② 宋任穷:《赣南人民革命史》,中共党史出版社1998年版,第1页。

础。毛泽东曾经明确指出："没有一场反对封建土地制度的革命，就不可能发展资本主义，西方国家许多年前的发展已十分清楚地表明了这一点。我国到一九三七年为止的国内战争期间的土地革命，其性质与西方一些先进国家过去所进行的土地革命基本上相同，土地革命扫除了封建障碍，为资本主义民主制度的发展开辟了道路。"①

（三）以清正廉洁的政治品格、紧密联系群众的优良作风为社会主义代言

每一个政党的党员都是其理论、纲领、政策和措施的宣传者和施行者，因此党员本身就是政党形象的化身。中国共产党从诞生之日起就肩负着实现和维护广大人民群众的利益、为共产主义而奋斗的历史使命，这种使命是中国共产党自我设定和主动承担的。作为一个共产主义的倡导者，中国共产党必须身体力行地为履行它的纲领、实现它的目标而奋斗，这种奋斗不仅体现在党在各个阶级的具体政策措施上，还体现在共产党员对自身的高要求和高标准上。每一个共产党人的言行都是一面镜子，映射着党的性质、党的路线方针政策，是群众据以判断党能否成为公平正义领导者和践行者的依据，成为能否得到劳苦大众的认可和支持的重要参照条件。在新民主主义革命时期，中国共产党被执掌政权的国民党污为匪党、匪军、乱党，被围剿被追杀，党员及党领导的军队如果不能体现出为劳苦大众谋利益的性质，就不可能得到底层民众的认可、掩护和支持。

与群众打成一片，同人民群众保持鱼水关系是中国共产党的优良作风之一，也是中国共产党在恶劣的环境中还能赢得群众的重要法宝之一。在红军内部，实行"民主主义。官长不打士兵，官兵待遇平等，士兵有开会说话的自由，废除烦琐的礼节，经济公开。新来的俘虏兵，他们感觉国民党军队

---

① 《毛泽东文集》（第三卷），人民出版社1996年版，第184页。

和我们军队是两个世界。他们虽然感觉红军的物质生活不如白军,但是精神得到了解放。同样一个兵,昨天在敌军不勇敢,今天在红军很勇敢,就是民主主义的影响"①。在军民之间,共产党的军队遵守"三大纪律(不准乱拿工农小商人一点东西,打土豪要归公和一切行动听指挥)、六项注意(上门板,捆铺草,说话和气,买卖公平,借东西要还,损坏东西要赔)"。党领导下建立的苏维埃政府是劳苦大众当家做主的政权,苏维埃的政府不像地方资产阶级政府那样干欺骗民众的勾当,而是把自己的政策和工作向群众阐明解释,使群众了解并执行,对策略上发生的错误或工作人员的错误,也向群众提出来说明,使群众认识,绝不遮掩,更不拖延。闽浙赣苏维埃各级政权还建立了干部参加体力劳动的制度,各机关、学校、部队都组织了生产协助委员会,帮助群众耕种,农忙季节每周至少以一天时间参加生产劳动,各级领导干部经常带头参加生产劳动,密切了干群关系。

作为没有自己私利的政党,中国共产党是一个清正廉洁的政党,苏维埃政府被认为是"空前的真正的廉洁政府"。从中央到各部委领导到普通地方干部,都始终保持着克己奉公、清正廉洁的作风。苏区干部上至中央政府主席、下至伙夫马夫,除具有特殊专长的技术人员外,一律没有工资报酬,公家只发生活费。1934 年春天,为了节省经费开支,近 2 万名家住苏区分了田的干部,连生活费也不要公家发,"自带干粮去办公"。赣东北苏区创建者方志敏,被俘时只有一块旧表、一支自来水笔。正如他在《清贫》一文中所说的:"我一向是过着朴素的生活,从没有奢侈过。经手的款项,总在数百万元,但为革命而筹集的金钱,是一点一滴的用之于革命事业。"②江西苏维埃政府主席刘启耀被誉为"腰缠金银的讨米人",在三年游击战争初期被打散,他腰藏

---

① 《毛泽东选集》(第一卷),人民出版社 1991 年版,第 65 页。

② 《方志敏文集》,人民出版社 1985 年版,第 57 页。

一大包作为党的活动经费的金银，在遂川一带乞讨度日，分文未动，直到1937年中共江西临时省委重建时，他将珍藏三年之久的金银交给党组织。中央苏区及各苏区制定和颁发了严厉的制裁贪污腐化的法令和法规，1933年苏维埃中央政府明确规定，对贪污公款在500元以下者，视数额不同，给予不同的处罚；贪污公款在500元以上者，处以死刑。“清贫，洁白朴素的生活，正是我们革命者能够战胜许多困难的地方。”①

中国共产党的干部和苏区干部处处起到模范带头作用，在利益面前先人后己、在困难危难时奋勇争先。1927年海陆丰党的早期农民运动领袖彭湃一把火烧掉自家价值近400万元岁入的田契，把土地无偿赠送给当地农民。“彭湃同志家是大地主，他先把自己家的土地分配了，然后再分配其他地方的土地。”②苏区的干部在政府的各项工作中处处走在前头，带头学习政治军事，带头参军参战，带头执行任务，带头慰劳捐献，带头节约粮食，带头遵守党的纪律，带头参加生产劳动，带头购买公债，带头优待红军家属，带头集股办合社。在危难时刻，党员干部牺牲的都是自己及自己的亲属、自己的利益。1931年，敌军清剿江南，数万群众被迫渡江北撤，石首县委书记张际阶，为了让群众安全渡江，将亲生儿子从船上抱了下来；至于党员干部将自己仅有的被子、粮食、棉袄送给困难群众的事比比皆是。如广为流传的“半条被子”故事，就讲述了几个红军女战士将自己仅有的一床棉被分给老乡一半的故事。这样的政治品格和作风是很得人心的。正是中国共产党及苏维埃政权的工作人员的模范带头作用，使得农民对中国共产党和红军从抱怀疑态度到冷眼旁观再到积极参与，逐渐树立了共产党的阶级斗争的先锋先导的意识，自愿地团结到党的周围，甚至“宁可跳河或树上缢死，也不愿反

---

① 《方志敏文集》，人民出版社1985年版，第59页。

② 程子华：《程子华回忆录》，解放军出版社1987年版，第23页。

水”，最终汇聚起了强大的社会力量，实现了中国的改天换地。

恩格斯在1885年写的《关于共产主义者同盟的历史》一文中论述了公平正义在社会主义革命中的作用：“每当问题涉及具体批判现存社会，即分析经济事实的时候，他们的手工业者旧有的成见对于他们就成为一种障碍。我不相信当时在整个同盟里有一个人读过一本经济学书籍。但这没有多大关系；‘平等’‘博爱’和‘正义’暂时还有助于克服一切理论上的困难。”[①]马克思恩格斯在其理论中一直避免泛泛地使用平等、公平、正义等词语，在于公平正义具有历史性、主观性、空想性等特征，在社会主义运动中容易为各种小资产阶级流派所使用，将革命引入歧路，因此他们并不赞成以单纯的公平正义来作为社会主义运动的理论根基。然而恩格斯并不否认，公平正义观念在共产主义运动早期为了帮助未能掌握科学共产主义原理的工人群众克服“旧有的成见”，所起到的鼓舞工人阶级参加工人革命和共产主义运动的引领和旗帜作用。因为如果“没有这种革命的义愤填膺的感情，无产阶级的解放就没有希望”[②]。在中国，恩格斯的论断有了实践和验证，公平正义的这种作用在中国革命道路选择与推进中更清晰地展现出来。

回顾近代中国历史，我们可以清晰地看到公平正义作为价值引领在整个社会主义思潮的引入、发展及最终确立中的主线作用。近代中国陷入危局以来，百制抢滩，社会主义后来居上，最终成为救亡图存的成功之道。其中，公平正义作为社会主义显性的、鲜明的特征，在唤醒民众、争取民众、号召民众和鼓舞民众起而斗争中起着重大的作用。即使是非马克思主义的社会主义流派和资本主义派别，也为社会主义的公平正义特征所吸引，想要变革传统的资本主义制度，实现劳动者的公平平等。广大的底层群众囿于自

① 《马克思恩格斯选集》（第四卷），人民出版社1995年版，第196页。

② 《马克思恩格斯全集》（第7卷），人民出版社1959年版，第259页。

身的局限性未必懂得马克思主义理论，也很难从社会主义的科学性上去认识它，却会因为社会主义所含的公平正义而热爱它，并愿意在社会主义的旗帜引领下为建立更合理更美好的社会而奋斗。正如英国著名马克思主义学者戴维·麦克莱伦所说："马克思的批判已教会很多人看到资本主义制度的不平等和不公正现象，教他们至少要努力去减少这些现象。一个多世纪以来，马克思主义已经成为这样一种语言：数百万人用它来表达他们对一个更公正的社会的希望。"①

社会主义最终为中国人民接受和认可，依赖于中国共产党的实际工作。自鸦片战争以来，无论是学习资本主义的表还是学习资本主义制度的里，都没能改变中国半殖民地半封建的国家状态，也没能改变中国人民受剥削受压迫的生活状态，导致资本主义受到相当多的先进知识分子的怀疑。但无论是清末新政还是辛亥革命后所建立的共和政府，都不是完全形态的资本主义制度。资本主义没有在中国得到充分的发展这一客观现实使得相当一部分人对中国的资本主义前途仍抱有期待和幻想。中国共产党要越过资本主义而直接引入社会主义，将一个半殖民地半封建的社会引领到社会主义道路上来，民众的认识和接受是其中的关键点。民众对社会主义的认同，又来自共产党的令人更信服的理论、纲领和实践结果。

近代中国的农村近乎处于一种停滞的发展状态，政治经济文化的落后使得中国农民整体上趋于保守闭塞，对于20世纪以来活跃在中国政治舞台上的各种主义漠不关心，对于这个发源于西欧在中国没有相应的经济基础的共产主义更是难以一下子就欣然接受。这种情形就像恩格斯曾指出的法国大革命轰轰烈烈开展却并没有影响到德国人民一样："法国革命像霹雳一

① [英]戴维·麦克莱伦：《卡尔·马克思传》，王珍译，中国人民大学出版社2005年版，第434页。

样击中了这个叫德国的混乱世界。它的影响非常大。极其无知的、长期习惯于受虐待的人民仍然无动于衷。”①这种局面最终被中国共产党深入农村、深入群众、创建根据地和工农政权的实践所打破。中国共产党人在极其艰难的处境下、在极其有限的范围内通过有计划地建设政权、深入开展土地革命,打碎了农村原来的社会结构,剧烈地变动农村的阶级关系,使得底层的贫苦农民在政治经济文化社会等方面发生了重大的改变。贫苦农民地位的大逆转,是在党和苏维埃的领导下才能实现的,翻身的贫苦农民因此自然而然地把自己的命运和中国革命的发展、与中国共产党联系在一起。“苏区土地革命的威力,扫荡了一切封建的残迹,千百万农民群众从长期的黑暗中惊醒起来,夺取了地主阶级全部土地财产,没收了富农的好田,废除了高利贷,取消了苛捐杂税,打倒了一切与革命为敌的人,而建立了自己的政权,农民群众第一次从地狱出来,取得了主人翁资格,这就是苏维埃政权下与国民党政权农村状态的根本区别。”②中国共产党将苏维埃这一新型的社会形态(社会主义的雏形)、共产主义这一远大的理论、中国共产党这个新鲜的政党融入了各个根据地的政治生活和广大人民的日常语系,使得农村的变化不仅仅是一场政治、经济变革,而且是一场深刻的思想变革。广大人民群众不再是那个任人欺凌、任人宰割的无知民众,而是具有民主意识、民主权利的新的农民。这一原本在资本主义社会要通过资本的侵入才能完成的历史任务,中国共产党在半殖民地半封建的社会中完成了。对于苏区民众思想观念的巨大变化,连国民党方面都不得不肯定:“四五年前农民知识渐有进步。例如匪祸前,农民不知国家为何物,更不知世界上尚有其他国家,今则知之:昔之认为须有皇帝以统治天下,至今则认为人民也可以管理国家;昔不知开

---

① 《马克思恩格斯全集》(第2卷),人民出版社1957年版,第635页。

② 江西省档案馆、中共江西省委党校党史教研室编著:《中央革命根据地史料选编》(下册),江西人民出版社1982年版,第319页。

会为何事,今则不但知之,且可选举委员,当主席。”①

民心是最大的政治,一个政党的前途命运,取决于人民的选择。任何政党的兴衰存亡,归根结底取决于它在推动历史前进中的作用,取决于人民群众对这种作用的认可程度。中国共产党之所以最终能取得革命的成功,在于它得民心,是民心所向,正因为中国共产党给予他们以旧社会所没有的社会公正和未来可能给予他们的公正社会。中国共产党在局部执政时期种种获得民心的成功并不只是自诩的,而是敌对势力也不得不承认的。“中国共产党并不曾使用什么魔术,他们只不过知道人民所渴望的改变,而他们拥护这些改变。”②这是1946年出版的《中国的惊雷》中,美国记者白修德和贾安娜得出的结论。据当时到过中国的一些外交官所写的报告,共产党政权“为政异常清廉,已经举行了普遍选举;个人的经济自由相对于而言未受到限制,这一政权看来得到了群众的大力支持,与其说它是共产主义的政权不如说它是农业民主的政权更为准确”③。中国共产党“现在追求的只是土地改革和政治民主。正因为如此,他们是中国现代历史上唯一一个受到人民广泛支持的政党组织,也是腐败堕落的国民党所无法战胜的。中共命中注定会控制中国”④。

---

① 张思曾:《一个匪区农况变迁之描述》,《益世报》1934年11月24日。

② [美]白修德、贾安娜:《中国的惊雷》,端纳译,新华出版社1988年版,第373页。

③ Memorandum by the Second Secretary of Embassy in China, Jun. 24, 1943, *FRUS*, China, pp. 260 - 261.

④ *FRUS*(*Foreign Relations of the United States*), 1944, Vol. 6, pp. 667 - 671.

第四章 社会主义之实践篇

哲学家们只是用不同的方式解释世界，而问题在于改变世界。

——[德]卡尔·马克思

社会公正不只是书斋里的理论问题，它的实践性更为至关重要。毛泽东指出："如果有了正确的理论，只是把它空谈一阵，束之高阁，并不实行，那么，这种理论再好也是没有意义的。"[①]公正的各种理论观点都来自人民对于社会公正的持续呼声，来自建构公正社会的客观需要。对于思想家理论家来说，撇开一些细枝末节的小问题，从公正问题的根本上探源有助于从逻辑上厘清公正问题之谜，从而找到一条通往理想社会之路，这样的探索只要社会公正问题没有得到根本性解决就不会停止。理论可以无限探讨，不求终极结果，实践却不等人。对于亿万个升斗小民而言，公正会出现在日常生产生活中的任何一件事情的任何一个环节上，对这些问题所引发的公正判断和感受最终汇总为他对社会的总体感受。单个个体的公正感觉、判断如果是否定的，会引发个体对社会的不满情绪，甚至会转化为破坏社会秩序的暴

① 《毛泽东选集》(第一卷)，人民出版社1991年版，第292页。

烈行为。成千上万的普通民众的公正感受形成对社会的总体评价，一旦群体大众的公正要求长期得不到回应和满足，不满情绪积累发酵，最终汇聚成为否认社会的群体性力量，发展到顶峰，会起而推翻原有的社会秩序。

知之非艰，行之唯艰。理论一旦转化为实践，实践者们就会发现，理论的精巧构建固然让智者们呕心沥血，社会公正的实践更是步步维艰。究其原因，一是理论本身是对社会认识、社会规律的高度概括和凝练，具有普遍性和抽象性的特征，这种特性使理论与现实之间必然存在相当的距离，理论转化为现实必须消弭这种距离，使自己与现实相适应、相匹配；二是现实情况的复杂性和多样性，使得理论难以覆盖和解决所有的现实问题。理论本身就是一种规律揭示、一种方法论，它只是提供了解决问题的根本原则和指引思路，而不是直接解决实际问题的包罗万象的方法荟萃。三是理论现实化是依靠人来完成的，作为主体的人对理论的认知程度、运用能力及其联系现实、联通实践的能力，都会影响到理论实践化的效果和水平。因此，理论的现实化，不仅有赖于理论本身的科学性、先进性，还要依靠作为主体的人准确认识理论、选择理论、把握理论，将理论与实际相结合，对理论进行适应现实的改造创新，并将之有序有节地、有张有弛付诸于实践。

社会主义是什么，一种比资本主义更合理更公正的社会制度，这是它在近代中国从众多外来的救国理论中脱颖而出的重要因素。在革命中社会主义是社会公正理想的载体、旗帜和口号，吸引了底层民众为之奋斗。革命胜利了，社会主义转入现实化阶段，即社会主义必须由观念形态转化为现实形态，让世人真切地看到和感受社会主义的优越性和公正合理性，这是社会主义继续赢得中国人民的认同，在中国并且在世界范围站住脚的必由之路。“只有全国人民在自己的实践中认识到这是唯一的最好的前途，才会真正承认它，并愿望全心全意为它而奋斗。”[①]新中国的建立、中国共产党的执政使社会主义具有了现实化的前提条件，为社会主义展现自己、证明自己提供了重要机会和重大舞台，中国人民追求公正理想的诉求从此具体化为社会主义的实践过程。

一、中国建设社会主义面临的难题

中国共产党完成了新民主主义革命任务后，朝社会主义方向演进是一个固定的命题，但是如何实现社会主义却是一个没有范式可循的新命题。理论与现实之间固有的差距，更由于中国特殊的国情，社会主义在中国的现实化不仅面临着一般性问题，还必须面对中国社会发展的独特性带来的特殊性问题。一方面，社会公正的基本问题——公正的应然性与实然性之间的落差、个人利益与集体利益的分歧、形式公平与实质公平的不能合一都要求在社会主义的实践中得到克服和解决；另一方面，生产力决定生产关系、经济基础决定上层建筑的社会发展规律在新社会制度的建构中日益显示出它的决定性作用，而这个作用在新民主主义革命阶段一直隐没在站在道义高点上的社会主义公平正义属性的背后。能否清晰地认识到社会主义社会公正的现实条件及能否处理好将要面对的这些基本和特殊的问题，是中国共产党循名责实地进行社会主义建设，实现自己的理想信念和践履对人民的承诺面临的巨大考验。

（一）社会主义制度承载的理想性与现实性之间的差距

社会公正的道德理想属性是其千百年来的光辉所在，但社会公正如果只停留在道德理想的层面上，不能现实化，必然会失去光环，这是历史发展

① 《周恩来选集》（上卷），人民出版社1980年版，第368页。

的吊诡所在。诚如,奴隶社会代替原始公社从道德层面上看似是人类的一大退步,然而从人类发展的总历史进程看来,却是人类文明的一大进步,它使得人类的生存整体上得到了更有力的保障。“1872 年的英国无产者的发展程度比 1772 年的有自己的‘家园’的农村织工不知要高出多少。有自己洞穴的原始人,有自己的土屋的澳洲人,有自己家园的印第安人,难道能够在什么时候举行六月起义或建立巴黎公社吗?”①在生产力得到一定发展而又明显不足的阶段,人类社会的发展呈现了以大多数人的牺牲为代价来获得整体发展的特征。这种发展模式是否必然,或者说随着人类整体生产力水平的提高和对自然规律和社会发展规律的认识的提升,能否避免这种不公平不合理的牺牲,就成为人们关切的问题。马克思在恰当的历史发展阶段找到了这条途径——在资本主义充分的基础上通过无产阶级革命建立共产主义社会,最终使所有的人都得到全面解放和自由发展。

共产主义社会是马克思恩格斯在批判资本主义社会的基础上根据社会发展规律预测的新世界,即共产主义是建立在对资本主义的批判性基础之上的。相对于奴隶社会和封建社会,资本主义看似是一个既带来了巨大财富,又实现了公平的社会制度。一方面资本主义具有前所未有的高效率,生产和积累了人类几千年社会发展都不曾拥有的社会财富。借用马克思的话:“资产阶级在它的不到一百年的阶级统治中所创造的生产力,比过去一切世代创造的全部生产力还要多,还要大。”②一方面,它打碎了存续几千年的等级制度,具有前所未有的形式平等,民主、自由、人权、博爱等是它的口头禅和装饰物。然而马克思恩格斯透过资本主义的公平表象看穿了它的本质,指出资本主义是以雇佣劳动制度为基础的人类历史最隐蔽和最后的阶

① 《马克思恩格斯选集》(第三卷),人民出版社 1995 年版,第 149 页。
② 《马克思恩格斯选集》(第一卷),人民出版社 1995 年版,第 277 页。

级剥削社会。它给人类带来巨大财富，又必然带来对无产者的剥削、贫富的两极分化和对内对外的压迫，这样的不公从资本主义诞生之日起就显露出来，遭到无产阶级各种形式的反抗。共产主义的诞生就是为了克服资本主义的缺陷而来，它一方面能克服资本主义生产力发展中必然会遭到的重创，如周期性的经济危机，这是生产力和生产关系辩证关系在资本主义社会中的必然结果，体现了社会发展的科学性；另一方面能克服资本主义各种不公平的现象，体现了社会发展中公正价值的要求。科学性与价值性，生产力与社会公平正义，两对概念相比较，后者更具有显性特征，更容易被底层的广大民众所感知所接受。“不患寡而患不均”，民众未必能理解生产力决定生产关系这一科学规律，但一定能切身体会到社会的公与不公。因此，人们会因为马克思主义理论是科学的而相信它，更会因为这个理论能实现公平而热爱它。事实上，科学规律性最终会以价值要求能不能得到满足表现出来。在资本主义社会，生产力遭到破坏的后果最终会以无产者更悲惨的命运表现出来，一边是大量的产品如牛奶被倒掉、水果在地里烂掉，一边是无产者的失业、贫困、饥饿和死亡。共产主义或社会主义在最初的理想模式、革命旗帜、现实努力中最有力的呐喊就在于它要克服、能克服资本主义的不公正缺陷，在一定意义上公平正义已成为社会主义的代名词，这是社会主义在世界范围内广有号召力，社会主义运动在20世纪风起云涌的根本因素。

共产主义，是一个实现理想性和实然性、形式正义与实质正义、公平与效率统一的社会制度，是一个根据社会发展规律和人民群众的要求而诞生的更先进更公正的制度。共产主义使人类的千百年来的公正理想追求有了具体而明确的表达和寄托，人们对之有着更高的期待、更多的要求。然而，作为未来社会第一阶段的社会主义却并不能即时达成人们的愿望。因为任何一个新的社会制度都是在旧制度的基础上诞生的，必然带有它所代替的那个社会制度的各种残余，受到所继承的政治经济文化社会条件的制约。

马克思明确指出，代替资本主义社会的共产主义的初级阶段，“它不是在它自身基础上已经发展了的，恰好相反，是刚刚从资本主义社会中产生出来的，因此它在各方面，在经济、道德和精神方面都还带着它脱胎出来的那个旧社会的痕迹”[①]。马克思明智而清醒地看到，那个消灭了阶级、消除了生产资料私有制这个社会不公正的根源的未来社会，在建立初期相当长的一段时间内，所能实现的社会公正“总还是被限制在一个资产阶级的框框里”[②]，“所以就它的内容来讲，它像一切权利一样是一种不平等的权利”[③]。如，在共产主义的初级阶段，旧的社会分工依然存在，脑力劳动和体力劳动、工业和农业、城乡之间的差别依然存在，劳动产品还不够丰富，劳动还仅仅是谋生的手段。因此，这一阶段对社会财富的分配只能依照按劳分配原则。按劳分配按“同一尺度去计量”，“这种平等的权利，对不同等的劳动来说是不平等的权利”[④]，因为“它默认，劳动者的不同等的个人天赋，从而不同等的工作能力，是天然特权”[⑤]；而且按劳分配原则没有考虑到不同的人的家庭负担等各方面问题的差异，按“同一尺度去计量”，仍然会导致实质上的不平等。因此，按劳分配原则在未来的新世界中只是一个次优选择，是在尚不具备实现按需分配的社会历史条件时不得已而采取的分配方案。“这些弊端，在经过长久阵痛刚刚从资本主义社会产生出来的共产主义第一阶段，是不可避免的。权利绝不能超出社会的经济结构以及由经济结构制约的社会的文化发展。”[⑥]只有到了共产主义的高级阶段，“由社会全体成员组成的共同联合体来共同地和有计划地利用生产力；生产发展到能够满足所有人需要的规模；结束牺牲一些人的利益来满足另一些人的需要的状况；彻底消灭阶级和阶级对立；通过消除旧的分工，通过产业教育、变换工种、所有人共同享受大

①② 《马克思恩格斯选集》(第三卷)，人民出版社 1995 年版，第 304 页。
③④⑤⑥ 《马克思恩格斯选集》(第三卷)，人民出版社 1995 年版，第 305 页。

家创造出来的福利,通过城乡的融合,使社会全体成员的才能得到全面发展”[①]。那时社会公正不再成为一个问题,应然和实然、理想与现实将统一于人的全面而自由发展的终极目标。

价值理想的应然性与现实世界的实然性之间所必然存在的这种差距,既是人类社会发展的精神动力,也构成了社会主义实践者的压力。社会主义承载着社会公正价值理想的应然性,面临着将理论现实化的实然性,如何弥合两者之间的差距是实践者必须要面对的首要难题。

(二)社会主义理论与中国现实国情的差距

在近代中国,资本主义是一个新制度;在世界范围内,它却是一个旧制度。世界赋予中国先进分子以更宽广、更长远的眼界,使得中国的社会变革不再囿于己身的狭小范围,而能求诸世界。中国共产党把握住了世界历史发展造就的机遇,抛弃了被世界历史证明了的具有重大缺陷的资本主义,在马克思列宁主义的指引下跳跃性地直接跨入了社会主义。这条创造性的救国救民之路既给了中国人民以新的曙光,也带来更多的现实问题。马克思恩格斯对社会主义建构基于对西欧等几个发达资本主义国家的发展经验的认识,我们无法猜测,如果按照马克思设想的社会主义(共产主义)是在发达资本主义基础上建立的,社会公正的问题会不会少很多。可是历史没有如果,现实的社会主义革命已经在一些经济、文化比较不发达的国度首先取得了胜利,社会主义建设要在一些生产远未实现商品化、社会化、现代化的国度首先开展已是迫在眉睫。现实中的社会主义要赢得与资本主义的比较优势,证明自己,必须在两个方面齐下功夫:一方面要更高效地发展生产力,补上建立社会主义所需要的生产力缺口,还要追赶并最终赶超资本主义国家的发展,这是社会主义在生产力方面的合理性证明;另一方面必须保证社会

① 《马克思恩格斯选集》(第一卷),人民出版社1995年版,第243页。

的公平正义,不仅要实现资本主义社会已实现的形式公正,如民主、自由、平等的政治权利,还要避免或遏制社会自由发展中必然和可能出现的各种不公正的问题,实现实质上的平等。

以公平与效率两者为例,公平与效率是社会发展进步的两个重要指针,是生产力与生产关系另一种表述。效率是人类社会赖以存在的基础,在哲学上是人与自然矛盾关系中主体力量的体现,是生产力的功能性指针。公平是对社会合作利益的合理分配,从根本上来说是对生产关系的观念性反映。效率是公平得以实现物质基础和源泉,一个公正的社会必然要以生产力的高度发展(效率)为基础;公平是效率由以存在的理由和保证条件,效率作为现实历史条件的表现形式,对公平具有直接的制约作用,但从最终目的而言,效率只是手段,并不是目的,人们对公平美好生活的向往是社会发展的最终目标,效率只有在社会公正那里才能获得自身存在的价值。现代社会中公平与效率孰先孰后,一直是一个公说公有理、婆说婆有理争执不下的话题。从理论上来说,社会主义制度的承诺既不能是效率压倒公平,也不是能是公平限制效率,而是既有效率,又有公平。没有公平,则社会主义的价值合理性必然受到质疑;而没有效率,公平只会是共同贫穷、低水平的平等,也就没有了跟资本主义比拼的资本。因此,从道义上而言,社会主义制度自诞生之日就必须将效率与公平共同担负在肩上,这是社会主义的理论性要求,无论是效率先于公平还是公平先于效率,在社会主义语境下都必然受到质疑。

脱胎于落后而不是生产力高度发展基础上的中国特色社会主义"先天不足",没有实现理论中公平与效率天然相互统一的现实条件,而这个条件原本应是由资本主义社会发展而来的。恩格斯强调过资本主义的生产发展成果对于社会主义的物质基础作用:"正像马克思尖锐地着重指出资本主义生产的各个方面一样,同时他也明白地证明这一社会形式是使社会生产力发展到这样高度的水平所需的;在这个水平上社会全体成员的平等,合乎人的尊严的发展,才有可能。要达到这一点,以前的一切社会形式都太薄弱了。资本主义的生产才第一次创造出为达到这一点所必须的财富和生产力。”①资本主义的发展不足曾是中国选择社会主义道路的有利环境条件之一,社会主义改造完成后它却成为建设社会主义的不利因素。历史给后开始而又先结束者带来了难题:革命时期苦于资本主义生产的发展,建设时期又苦于资本主义生产的不发展,更苦于不得不在这种资本主义生产不发展的基地上和周围其他国家资本主义生产的高度发展而形成的巨大压力下构建社会主义的大厦。列宁提出过这种困难性:“由于历史进程的曲折而不得不开始社会主义革命的那个国家愈落后,它由旧的资本主义关系过渡到社会主义关系就愈困难。”②资本主义生产力的快速发展,将农民从土地上驱赶出来成为无产者、成为大工业源源不断的廉价劳动力,资产阶级对无产阶级的残酷剥削,向全世界进行殖民扩张,这些都是资本主义国家高效生产力的组成因素,然而却与社会主义的根本性质不相容,社会主义不可能重走资本主义生产力发展的道路。那么社会主义的具体制度怎样设计才能产生高于资本主义的更高效的生产力?落后国家的现代化资本从哪来?科技水平如何提高?先进的管理知识和经验怎样获取?生产力发展是一个客观过程,不可能在短期内实现工业化、现代化,在这个过程中,生产关系如何适应性构建?什么样的社会公平正义与其时的生产力水平是相匹配的?马克思主义理论中关于未来社会的各项特征哪些能实现、在什么阶段实现?这些问题都需要在中国这个庞大而多维的社会有机体的现实发展中得到回答和解决。

---

① 《马克思恩格斯选集》(第二卷),人民出版社 1995 年版,第 596 页。

② 《列宁全集》(第 2 卷),人民出版社 1984 年版,第 77 页。

（三）中国共产党的建设与社会主义全面建设要求之间的差距

政党是现代国家中具有重大作用的政治因素，其变化与发展直接影响着一个国家的制度甚至社会根本性质的选择。解放战争的胜利，意味着共产党夺取了政权，自然而然地成为执政党。这种身份的转换不只是中国共产党自身的事，而是一个事关中国命运与前途的事。与西方各资本主义国家先有国家的框架才有政党的模式不同的是，在中国是先有共产党后有社会主义中国，即中国未来的社会性质是由取得政权的中国共产党来决定的，这样的特殊性使得中国共产党必然要面临着比传统资本主义政党更多的压力和责任。

第一，使命性政党的特殊要求。承担特定的历史使命既是马克思主义政党最本质的特征，也是马克思主义政党存在和发展的合法性依据。作为一个无产阶级政党，中国共产党从诞生之日起就肩负着实现和维护广大人民群众的利益，为共产主义而奋斗的历史使命，这种使命并不是外界强加的，而是中国共产党自我设定和主动承担的。实现和维护最广大人民群众的利益的使命既赋予中国共产党崇高的道义力量和自我赋权的执政合法性，也将实现和维护社会公平正义这一历史重担加诸中国共产党身上。使命性政党的独特内涵和运作逻辑决定了中国共产党除了具备普通政党的阶级利益代表与政治主张表达这些常规性的功能，还要如约践履实现和维护社会主义公平正义的历史使命，否则就会丧失执政的正当性基础。革命战争的胜利以经验事实证明中国共产党是民心所向、历史选择，表明中国共产党的纲领、目标及为实现理想而进行的革命斗争、局部执政实践为人民接受认可，这是中国共产党成为执政党的合法性来源。然而战争时期的认可并不意味着建设时期的认可，建设时期广大人民群众要求中国共产党兑现承诺、实现目标，这个承诺和目标是以社会主义的具体形态表征的。中国共产党在执政状态下如果不能将社会主义的各种优越性具象地表现出来，不能满足广大人民的要求和愿望,人民群众对中国共产党及社会主义的认可就会消退,党执政的合法性就会遭到质疑。因此,社会主义搞得好不好,不仅是社会主义本身的认同问题,而且是一个事关共产党存在合理性的问题。

第二,任务转变带来的压力。由革命党转向执政党,从战争转向建设,由局部转向全国,压力倍增。在整个新民主主义革命期间,打仗始终是中国共产党最首要的任务,由此建立起来的一整套的管理体制和工作体制无不是适应战争体制的。虽然有着局部区域执政的经验,但各个根据地都是偏远、贫穷、落后的农村地区,人口少且生产方式基本都停留在小农经济状态,缺乏大生产大工业,经济政治文化的管理相对比较简单。一旦转向全国性执政,任务由打碎一个旧世界到建设一个新世界,政治经济社会活动的复杂性骤然加大:工作中心由农村转向城市,主要矛盾由处理敌我矛盾转向处理人民内部矛盾,工作方法由阶级斗争转向民主与法治;范围由小到大,人数由少到多,利益诉求由单一到多样;不仅要处理国内各种关系,还要代表国家处理好国与国之关系。总之,情况复杂起来了,任务繁重起来了,不懂的东西也多起来了。毛泽东明确指出了共产党进城后面临的现实处境:"严重的经济建设任务摆在我们面前。我们熟习的东西有些快要闲起来了,我们不熟习的东西正在强迫我们去做。这就是困难。"[①]革命胜利比预期来得更快,导致中国共产党从思想理论到组织建设等各个方面还没有充分的准备。从新中国成立初期的党员的人数、素质和能力水平来看,据1949年下半年统计,全国326万地方党员中,农民出身的占83%,工人出身的占5.87%,文盲半文盲占69%,小学文化程度的占27.66%,中学文化程度的占3.02%,大学以上文化程度的仅占0.32%,文化程度普遍很低。[②] 这样的队伍难以担负

① 《毛泽东选集》(第四卷),人民出版社1991年版,第1480页。

② 参见中共中央党史研究室:《中国共产党历史》[第二卷(1949—1978)上册],中共党史出版社2011年版,第167页。

领导建设新中国这样伟大而艰巨的任务。而且对于什么是社会主义、怎样建设社会主义这样一个新课题,广大党员干部包括党中央都还不是很清楚。因此,如何使党的执政能力和执政水平适应社会主义建设的新任务,是中国共产党面对的紧迫问题。

第三,身份转变带来的考验。执掌政权意味着手握权力,权力既可以造福人民,也可以异化为谋取私利的工具。权力用来做什么、怎么用?这是有了权力的中国共产党要面对和警惕的问题。有了权力,必然会面对更多的诱惑、更多的考验。能否始终保证战争年代旺盛的革命意志?能否经受住各种糖衣炮弹的侵袭?能否始终保持与人民群众的紧密联系?能否继续自觉接受监督?这些问题在革命胜利前党就有所讨论和警觉。如,新中国成立前夕,因为已取得的胜利和全国胜利在望,党内以功臣自居的情绪、骄傲自满的情绪、停顿起来不求进步的情绪、贪图享乐不愿再过艰苦生活的情绪,已在一些党员干部身上表现出来。有的农村党员向往"三十亩地一头牛,老婆孩子热炕头"的生活,革命意志衰退;有的党员争名誉,闹地位,个人主义膨胀;有些干部官僚主义、命令主义作风严重,用严重粗暴的态度对待群众;少数意志薄弱者经不住资产阶级的捧场和糖衣炮弹的侵袭,利用人民赋予的权力谋取私利,腐化堕落。[①] 正因为此,在新中国成立前夕召开的党的七届二中全会上,毛泽东以"夺取全国胜利,这只是万里长征走完了第一步"告诫全党:"中国的革命是伟大的,但革命以后的路程更长,工作更伟大,更艰苦。这一点现在就必须向党内讲明白,务必使同志们继续地保持谦虚、谨慎、不骄、不躁的作风,务必使同志们继续地保持艰苦奋斗的作风。"[②]革命时期的严格要求不难,和平时期长久的严格要求很难。承平日久、长久掌权

① 参见《中国共产党历史》[第二卷(1949—1978)上册],中共党史出版社 2011 年版,第 267 页。

② 《毛泽东选集》(第四卷),人民出版社 1991 年版,1438 ~ 1439 页。

的中国共产党能否自觉、有效、严格管党治党，使广大党员经受住社会主义建设中可能出现的种种考验，这是一个需要解决的难题。

（四）国家的独立自主和世界环境的重大影响之间的矛盾

现代社会，社会公平正义的承载单元主要是民族国家，即社会公平正义主要是民族国家的内部事务，它通过国家的性质界定、意识形态选择、民族文化习俗和政策制定施行实现和表现出来。然而在世界历史阶段的整体环境中，全球化的趋势使得国与国之间的联系和交往日益紧密，相互影响也越来越大，社会公平正义已很难纯粹是一个国家的内部事务，而是一个会深受国际格局、国际秩序影响的问题。尤其是第二次世界大战后，外交和国内事务被认为是互相独立且截然不同的时代已经一去不复返了。无论愿不愿意，一个国家的社会发展都不得不受到各种外力影响，这种影响主要以两种方式表现出来：

一是被外力直接碾压下的不自主。恩格斯指出："一个大民族，只要还没有实现民族独立，历史地看，就甚至不能比较严肃地讨论任何内政问题。"[①]被殖民国家、战败国及一些小国由于处于完全的弱势地位而丧失了自我选择的权利，根本无权选择自己的社会制度和发展模式。二战结束后，欧洲一些国家的社会性质就取决于苏联和英美势力范围的划分。在当时的苏联领导人斯大林眼里，这场战争和过去不同，谁占领了那个地方，谁就在那里建立起自己的制度。军队到哪里，制度就到哪里，只能是这样。[②] 1944 年在希腊和南斯拉夫、匈牙利、保加利亚等国家的势力划分上，苏联和英美双方达成了著名的"百分比协定"：苏联占 90% 的罗马尼亚，英美占 90% 的希腊，各占 50% 的南斯拉夫和匈牙利，苏联占 75% 的保加利亚，英美占 25%。

① 《马克思恩格斯全集》（第 35 卷），人民出版社 1995 年版，第 260 ~ 261 页。

② 参见［南斯拉夫］米洛凡·吉拉斯：《和斯大林的谈话》，吉林人民出版社 1983 年版，第 89 页。

在大国的博弈下，战败国德国更是被一分为二，联邦德国走资本主义道路，民主德国归属社会主义阵营。二是间接受外部力量的影响。一种是通过示范作用和援助来影响一个国家的社会制度和政策的选择。如俄国十月革命给中国先进的知识分子示范了一条非资本主义发展道路，其后通过各种经济和武器的援助方式，苏联帮助中国共产党建立、发展和壮大，使中国走上了社会主义道路。社会主义的良好发展态势使得从反法西斯战争结束到1981 年，87 个宣布独立的国家中有半数曾自称为社会主义国家或宣布以社会主义为发展方向。另一种是外来的威胁和压迫引发一个国家或政党的逆反情绪和对抗。如英美等资本主义国家对近代中国的民族压迫是中国抛弃资本主义道路一个重要因素。

中国共产党领导中国人民取得新民主主义革命的胜利，摆脱了被殖民的命运，成为一个独立的国家。然而在世界既紧密联系又相互争斗的情境中，作为一个东方大国的中国的问题，早已不是一个单纯的中国问题，而是发生在中国而不限于中国的问题。尤其是在二战后苏美两个超级大国的各种对垒交锋中，社会主义阵营和资本主义阵营的界限分明，使得刚刚获得独立的中国在外交内政的选择上不得不受到外来各种力量相互博弈、相互制衡的影响。新中国成立初期，中国选择了“一边倒”的政策，其中固然有意识形态和苏联对中国的承认及帮助的原因，“谁给我们设计和装备了这么多重要工厂呢？美国给我们没有？英国给我们没有？他们都不给。只有苏联肯这样做，因为它是社会主义国家，是我们的同盟国家”①。西方各资本主义国家对新中国采取敌视的态度也是重要原因。社会主义令所有资本主义国家的统治阶级颤抖和害怕，因此他们在反对和镇压社会主义这件事上出乎意料地一致，经常联合起来绞杀任何国家出现的社会主义成分。1950 年 12 月

① 《毛泽东选集》（第五卷），人民出版社 1977 年版，第 401 页。

美国商务部宣布对中国实行禁运,1951 年 5 月 18 日,联合国通过对中国实行全面禁运的决议,使中国与整个西方世界隔绝开来。其后,以美国为首的资本主义国家持续对中国在政治经济文化等各方面进行打压和干扰。在中国建设社会主义的整个历程中,世界形势的变化和作为超级大国的美国和苏联在各种国际事务中的态度和做法势必影响到中国对世界形势的判断和对内对外政策的调整。如何既保持中国国家和民族的独立性,又在世界舞台上站住脚,促进世界和平、与世界交融,利用世界文明发展成果来发展自己,也是中国共产党人建立新中国后势必要面对的重要问题。

二、社会主义、生产力与生产关系的关系

中国的社会主义建设是一个中国社会发展历史逻辑和科学社会主义理论逻辑的辩证统一过程,是一个发展生产力和构建生产关系相适应的探索过程。社会主义建设过程无外乎生产力发展与社会公平正义之间的平衡问题,从根本上讲就是生产力与生产关系的问题。马克思主义认为,人类社会的发展过程是合规律性与合目的性有机统一的历程。合规律性,指人类的社会实践要遵循客观规律,用对客观事物的真理性认识指导社会实践。人类社会发展的根本规律是生产力和生产关系两者之间的辩证关系。合目的性,指人类的社会实践及其结果要符合作为主体的人的生存发展需要、追求和利益等价值追求,即要增进人民群众的福祉,实现社会公平正义。只合规律,没有价值性的要求和指引作用,生产力决定生产关系的自由发展会必须走向阶级分化、贫富悬殊;只合价值,没有规律,社会公平正义的追求会由于缺乏经济基础而流于空想。合规律性和合价值性的辩证统一要求现实的社会主义在遵循社会发展基本规律的基础上,充分发挥人的创造力、能动性,使社会公平正义的追求与生产力水平相适应。理论上建立在发达资本主义

基础之上的社会主义具有实现合规律性和合价值性的统一的前提条件，然而现实的社会主义却没有这种条件，最先在比较落后的国家建立这一点与马克思恩格斯的预测不同，从此这点不同成为马克思主义的继承者和社会主义实践者们始终要面对、解释的核心问题，它引发了一系列关于现实的社会主义合理性、实践性的问题。

（一）社会主义能否在落后的国家建成

迄今为止，社会主义国家都是在比较落后的国家中建立的，因此这个问题事实上是一个现实社会主义的合理性存在问题。这个问题不仅在社会主义革命时期有争论、有分歧，在社会主义已成为一个现实性存在后仍然不时被拿出来重新讨论，在苏联解体、东欧剧变后再一次引发热议。对这个问题的回答如果不能令人信服，将会伤害社会主义的根本，各社会主义国家也就难以理直气壮地进行社会主义建设。

在科学社会主义理论体系中，社会化的生产力对于社会主义具有前提和基础的意义，这是生产力决定生产关系基本原则在社会主义形态上的具体体现，同时它也成为落后的国家建立社会主义首先要解决的挑战性问题。学者在俄国能否实行社会主义问题上早就有过激烈的争论，伯恩斯坦、考茨基就曾以“俄国的生产力水平还没达到足以建立社会主义的水平”为理由反对十月革命、反对俄国实行社会主义，孟尔什维克的苏汉诺夫也基于其时的俄国缺少社会主义的客观前提反对俄国由民主革命向社会主义过渡；1980年波兰学者沙夫基于20世纪70年代中后期苏联乃至整个东欧的社会发展出现危机再次提出，“企图在不具备建设社会主义之主、客观条件的国家建立社会主义，这是原罪”①。种种质疑和反对归结起来都集中于用生产力决

① ［波］亚当·沙夫：《论共产主义运动的若干问题》，奚威、齐伍译，人民出版社1983年版，第167页。

定生产关系这一马克思主义的基本原则来否认现实社会主义的合理性。

社会化生产力是社会主义的物质基础，马克思主义产生于具有了社会化大工业的资本主义时期，这本是生产力决定生产关系基本原则的反映。然而，生产力在人类社会发展中起着决定性作用，并不意味着生产力是决定社会革命发生和胜利的唯一因素。任何社会革命的发生和胜利，任何一种新的社会形态取代旧的社会形态，都是在生产力运动的基础上，多种社会历史因素共同作用的结果，并非单独是生产力运动一个因素的产物。社会主义革命的发生、发展和胜利，也绝不是某一国家社会生产力水平的机械对应，而是现实的和历史的，国内的和国际的，客观的和主观的等诸多条件共同作用的结果。将生产力的决定性作用曲解为“经济是唯一决定因素”，是一种“庸俗的唯生产力论”，它将社会发展理解为一种机械运动，抹煞了人作为最具能动性因素在社会发展中的重要地位和重要作用，容易导致“宿命论”和消极等待、无所作为的心理。恩格斯晚年曾严厉批评过这种论调：“根据唯物史观，历史过程中的决定性因素归根到底是现实生活的生产和再生产。无论马克思或我都没有肯定过比这更多的东西。如果有人在这里加以歪曲，说经济因素是唯一的决定性因素，那么他就是把这个命题变成毫无内容、抽象的、荒诞无稽的空话。经济状况是基础，但是对历史斗争发生影响并且在许多情况下是决定着这一斗争的形式的，还有上层建筑的各种因素：阶级斗争的政治形式及其结果——由胜利了的阶级在获胜以后确立的宪法等等，各种法的形式以及所有这些实际斗争在参加者头脑中的反映，政治的、法律的和哲学的理论，宗教的观点以及它们向教义体系的发展。”①

列宁根据世界形势和俄国的历史条件，将马克思主义的基本原理与俄国的具体情况相结合，提出历史发展的程序是可以变动的，从而创造性地做

---

① 《马克思恩格斯选集》（第四卷），人民出版社1995年版，第697页。

出首先夺取政权,然后运用政权的力量发展生产力、最终走向社会主义的新论断。列宁在批驳伯恩斯坦等人时明确指出:“我们还没有实行社会主义的客观经济前提。可是他们谁也没有想到问一问自己:面对第一次帝国主义大战所造成的那种革命形势的人民,在毫无出路的处境逼近下,难道他们就不能奋起斗争,以求至少获得某种机会去为自己争得进一步发展文明的并不十分寻常的条件吗?”“既然建立社会主义需要一定的文化水平,我们为什么不能首先用革命手段取得达到这个一定水平的前提,然后在工农政权和苏维埃制度的基础上赶上别国人民呢?”①列宁在这里深刻地指出了第一次世界大战期间俄国底层民众身受内外资本主义的剥削和压迫生存都难以保障的事实,反映了受压迫的群众想要摆脱不合理不公平的社会现状的强烈要求和反抗精神,同时又指出了底层民众的这种反抗斗争不再是过去那种旧式农民起义的重复,而是有了科学的社会主义理论——马克思主义理论的指引。在列宁的领导下,俄国的布尔什维克在马克思主义原则的基础上充分发挥了人的积极能动性,探索出了一条避免陷入资本主义泥潭、跨越“卡夫丁峡谷”的制度变革之路。继苏联之后,半殖民地半封建的中国同样也具有了进行社会主义革命的成熟条件,再一次在经济落后国家成功地进行了革命并取得了胜利,建立了无产阶级专政的国家。同样对于“落后的中国能不能搞社会主义”的问题邓小平回应时指出:“列宁在批判考茨基的庸俗生产力论时讲,落后的国家也可以搞社会主义革命。我们也是反对庸俗的生产力论,我们采取了和十月革命不同的方式,农村包围城市。当时中国有了先进的无产阶级的政党,有了初步的资本主义的经济,加上国际条件,所以在一个很不发达的中国能搞社会主义。这和列宁讲的反对庸俗的生产

① 参见《列宁选集》(第四卷),人民出版社1995年版,第777页。

力论一样。”[①]

中国先于世界上一些社会生产力更发达的国家进入社会主义，是在已经具有必备的社会生产力基础上诸多条件共同作用的结果，是中国共产党遵循历史发展规律和发挥人的能动性的奋斗结果。社会化生产力是实现社会主义的必要条件，并不是说只有在生产力全面社会化条件下才能建设社会主义。马克思恩格斯明确指出：“如果我们要等资本主义发展的后果到处都完全显现出来以后，等到最后一个的小手工业者和最后一个小农都变成资本主义大生产的牺牲品以后，才来实现这个改造，那对我们是没有好处的。”[②]社会主义建立所需要的社会生产力前提，并没有明确的值域。列宁就曾指出，建立社会主义需要一定的文化水平，虽然谁也说不出这个一定的“文化水平”究竟是什么样的。[③] 马克思曾预测会首先发生社会主义革命的西欧几个发达的资本主义国家，其生产力水平也是不平衡的。落后的国家里虽然封建所有制的经济成分仍然占据较大的份额，但无论是俄国还是中国都在资本扩张中被卷入世界大市场中，已具有了相当数量的社会化大工业的成分。而且，在第二次工业革命的驱动下，世界的生产力水平再一次实现了巨大的飞跃性，即使是落后的国家的部分生产力水平，也可能超过马克思恩格斯做出社会主义预测的年代。新中国建立后，虽然广大的农村地区仍处在小农经济阶段，但城市中已存在相当规模的拥有现代化大机器、具有社会化生产力水平的企业。以工业化中最具标志性的钢产量为例，1952 年底，中国的钢产量达到 134.9 万吨，工业产值在工农业总产值中的比重达到 41.5%，其中现代工业总产值占全部工业总产值的 64.2%，职工人数达 1600 多万，相比较马克思恩格斯曾设想的建立社会主义的资本主义时期（1870 年

① 《邓小平年谱（1975—1997）》（上），中央文献出版社 2004 年版，第 223 页。

② 《马克思恩格斯文集》（第二卷），人民出版社 2009 年版，第 591 ~ 592 页。

③ 参见《列宁选集》（第四卷），人民出版社 1995 年版，第 777 页。

包括英美德等先进国家在内的全世界钢产量总和才 52 万吨)要高得多。1953—1956 年间,经过社会主义改造和社会主义建设同步并举,中国的社会化生产力水平提升迅速,全国工业总产值平均每年递增 19.6%。而且这部分社会化生产力是高度集中的、控制国民经济命脉的,掌握在人民民主专政的国家政权手中,自然就具有了社会主义经济的性质,这是建立中国社会主义制度坚实的经济基础。

(二)如何判定落后的国家建立了社会主义制度

历史给后发展的国家提供了更多的历史机遇和多种选择,同时也提出了新的问题。运用革命的力量取得政权,运用政权的力量发展生产力,构建社会主义需要的生产力基础,最终建立社会主义制度,其本意是,运用人对生产规律的认识和掌握,避开资本主义这个被理论和现实都证明了的不合理不公正的社会,在无产阶级政权下发展生产力,最终达到社会主义。这条创新之路给革命成功后掌握政权的共产党人提出了一个全新的问题,如何界定社会主义制度的建立?

以生产资料所有制为核心的生产关系是判断社会性质的显性因素,生产资料公有制是社会主义生产关系最鲜明的标志。这里产生了一个问题,是不是只有“完全、纯粹”的社会主义生产关系,才能算是社会主义社会呢?答案是否定的,因为历史上没有哪一个社会是由完全的、纯粹的单一生产关系构成的。无论是奴隶社会、封建社会还是资本主义社会,除了占主导地位的奴隶主所有制、封建所有制、资本主义所有制这些基本的经济形式,都还有其他的经济形式存在。列宁指出:“在任何一个最发达的国家里也不能找到最纯粹的资本主义。”①社会主义作为一个新生的社会形态,它是在旧社会的基础上诞生的,在初期它的身体中必然会残留着旧社会的一些因素,社会

① 《列宁全集》(第 29 卷),人民出版社 1984 年版,第 163 页。

主义所有制的不完全不纯粹是符合历史发展规律的。因此,判断一个社会是否是社会主义的,主要看它是不是一个社会主义所有制占主导和优势的社会,而不能要求公有制的单一性和纯粹性。我们不能因为现实的社会主义还存在其他的经济成分,就以不完全不纯粹而否定它的社会主义性质。

在现实的社会主义社会中,政权是前提,是保证社会主义方向的国家机器和上层建筑。政权对社会主义方向的保证必须与生产力决定生产关系这一基本原则相适应,唯此政权才能具有牢固的经济基础支撑。为了做到这一点,无产阶级的政权建立之后,首先发展生产力,建立起能与社会主义性质相适应的社会化大工业,然后在此基础上建立起社会主义所有制占主体的社会主义制度。以毛泽东同志为主要代表的中国共产党人想要走的就是这样的一条基于经济上的社会主义革命到构建社会主义制度的道路。1950年6月,毛泽东指出:"经过战争,经过新民主主义的改革,而在将来,在国家经济事业和文化事业大为兴盛了以后,在各种条件具备了以后,在全国人民考虑成熟并在大家同意了以后,就可以从容地和妥善地走进社会主义的新时期。"①新的国家政权建立后,迅速地组建和逐步发展起具有社会主义性质的国有经济,并使之成了整个国民经济的领导成分和主导成分,为从新民主主义经济向社会主义经济转变奠定经济基础前提,这是通往社会主义的关键性步骤,这个步骤首先是从国家没收官僚资本起步的。官僚资本在旧中国占据着国民经济中大部分社会生产力,控制着全国的经济命脉。将官僚资本直接收归国有,通过民主改造和生产改革使之转变为全民所有的国营企业,国家就掌握了国民经济中大部分社会化的生产力。截至1952年,全国国营企业固定资产原值为240.6亿元人民币,其中大部分为没收官僚资本企

① 《毛泽东文集》(第六卷),人民出版社1999年版,第80页。

业的资产(不包括其土地价值在内)。[①] 这部分国营经济的建立虽然还没有让现代工业成为国民经济的主要成分(1952年,现代工业总产值占全国工农业总产值的27.7%),但它使国家掌握了现代经济成分中的最重要的基础部分,为进一步发展和壮大社会主义经济奠定了物质基础。1953年我国开始进行社会主义改造和以第一个五年计划为主的社会主义建设同步并举的时期,社会主义经济成分在国民经济中的比重逐步增长,1956年社会主义改造完成之后,我国的国营经济在国民收入中所占比重为32.2%,合作社经济占比为53.4%,公私合营经济占比为7.3%,个体经济下降到7.1%,资本主义经济接近于0。社会主义性质的国营经济、合作社经济和基本上属于社会主义性质的公私合营经济合计达到92.9%,农村地区基本上实现了土地公有,96.3%的农户加入了集体经济属性的农业生产合作社。[②] 这表现在,全民所有制和劳动群众集体所有制两种形式的社会主义公有制经济在中国已经居于绝对的统治地位。因此,其时中国的社会主义虽然还处在它的初创时期,但它已是具有质的规定性的社会主义,这是不容置疑的。

中国的社会主义是否走早了？在这个问题一直存有争议和疑虑。如,历史学家黎澍1979年1月在理论工作务虚会上的发言中就认为,毛泽东过早地放弃了他自己提出的新民主主义社会构想,不讲条件地向社会主义过渡,搞成了贫穷的社会主义。这些怀疑大多是基于生产力决定生产关系这一认识的基础之上,认为落后的生产力水平不应该过早建立先进的社会主义关系。这种怀疑容易诱发"补资本主义的课"的论断,走向对社会主义现实存在合理性的否定。中国进入社会主义制度看似是人为设计的和任意选

① 参见中共中央党史研究室:《中国共产党历史》[第二卷(1949—1978)上册],中共党史出版社2011年版,第52页。

② 参见中共中央党史研究室:《中国共产党历史》[第二卷(1949—1978)上册],中共党史出版社2011年版,第359~360页。

择的,其实不然。就像社会主义革命道路是中国历史形势发展的必然,社会主义制度也是中国共产党和人民群众解决当时各种现实问题的发展结果。新中国成立初期的国内外环境和历史条件决定了中国不可能按部就班或者说机械性地按照社会发展规律一步步地积累和提高生产力,必须走快速工业化的道路,只有这样才能建立起社会主义的经济基础和坚固的国防,缓解对外部环境压迫的担心,提振人民群众对社会主义的信心。1956 年中国的生产力虽然整体上并不高,但已有占据主导地位的工业化生产力基础。社会主义制度遭受挫折,搞成了贫穷的社会主义,其根本原因并不在于社会主义制度的建立,而在于追求纯洁的社会主义生产关系,而不是构建以公有制为主导的梯次型生产关系,违背了社会发展的基本规律,没能使各种水平的生产力得到充分发展。

(三)社会主义制度下生产力和生产关系之间存不存在矛盾

生产力和生产关系这一社会基本矛盾运动,是推动人类社会不断发展的动力,是人类社会形态发展和变革的根本原因。其基本规律是,当生产关系适应生产力的发展要求,就能促进生产力的发展;当生产关系不适应生产力的发展要求,就会阻碍生产力的发展。这种不适应可体现为落后和超前于生产力的两种形态。从人类历史上看,生产关系不适应生产力的状况更多地表现在落后上,即当新的生产力产生时,旧的生产关系成了新生产力的桎梏,并最终被新生产力的发展所冲破,生产关系超前于生产力的状况并不多见。

社会主义制度建立之后,生产力和生产关系是否还存在矛盾呢?这是一个很长时期内被回避的问题,各社会主义国家的认识开始也不是很清晰。如,苏联的领导人斯大林一直不承认社会主义制度下生产关系和生产力、上层建筑和经济基础之间存在矛盾,在中国社会主义建设中,也有许多人或是不承认这种矛盾的存在,或是回避这个问题。正因为不承认或不愿承认在社会主义制度下生产力和生产关系仍然存在矛盾，导致实践中当各种反映矛盾的问题出现时，或是用强力压制，或是无所适从，在解决矛盾和问题上缩手缩脚。

社会主义制度的建立并不意味着生产力和生产关系这一对矛盾统一体的使命就结束了，生产力和生产关系的矛盾仍然是社会发展的根本动力，只不过这种矛盾不再以阶级对抗的形式而是以人民内部矛盾的形式表现出来，不需要采用社会主义革命形式，而是能够经过社会主义制度本身的调整得到解决。对于社会主义制度建立之后的生产力与生产关系状况，毛泽东在《关于正确处理人民内部矛盾的问题》一文中有过阐述："在社会主义社会中，基本的矛盾仍然是生产关系和生产力之间的矛盾，上层建筑和经济基础之间的矛盾。"我国的"社会主义生产关系已经建立起来，它是和生产力的发展相适应的；但是，它又还很不完善，这些不完善的方面和生产力的发展又是相矛盾的"[①]。这些矛盾体现在公有制和私有制、集体所有制和全民所有制、积累与消费、生产与交换的具体体制、社会生产与社会需要等各个方面。毛泽东还强调了，人民民主专政的国家法律制度和法律，以马克思列宁主义为指导的社会主义意识形态，对于社会主义改造的胜利和社会主义劳动组织的建立起着积极的作用。这个论述对政权、生产力和生产关系三者关系的把握从整体而言是正确的，这种清醒引发了比较理性的判断："只有经过十年或十五年的社会生产力的比较充分的发展，我们的社会主义的经济制度和政治制度，才算获得了自己的比较充分的物质基础（现在，这个物质基础还很不充分），我们的国家（上层建筑）才算充分巩固，社会主义社会才算从根本上建成了。"[②]

① 《毛泽东文集》（第七卷），人民出版社1999年版，第215页。

② 中共中央党史研究室：《中国共产党历史》（二卷上），中共党史出版社2011年版，第454页。

三、社会主义制度初试验

新生的社会主义制度是建立在大工业占主导的生产力结构基础上的，既有与社会主义性质相配的现代化经济因素，也有达不到社会主义水平的旧社会遗留下来的经济成分。新制度下如何处理好生产力和生产关系的问题？中国共产党掌握了政权，具有运用政权的力量决定社会发展的强制性力量。中国共产党对生产力和生产关系、经济基础和上层建筑的辩证关系的掌握和运用程度成为中国社会主义建设能否顺利开展，人民群众的期望能否得到满足的关键性因素。对这对关系的理解和实践包括以下五个主要问题：

（一）发展生产力的定位

根据马克思主义理论，生产力是社会发展的最终决定因素，也是一个社会所能达到社会公平正义程度的决定性因素和前提性条件。发达的生产力是社会主义的本质要求和公平正义的经济保证，没有了高度发展的生产力，社会主义会失去其优越性的根本支撑点。现实的社会主义是在生产力水平落后的基础上建立的，这使得生产力的发展更是具有非同寻常的重大意义。它不仅是社会主义制度本身的根本要求，更是现实中自证和立足的迫切需要。列宁在十月革命胜利后明确指出："在任何社会主义革命中，当无产阶级夺取政权的任务解决以后，随着剥夺剥夺者及镇压他们反抗的任务大体上和基本上解决，必然要把创造高于资本主义社会的社会经济制度的根本任务，提到首要地位，这个根本任务就是提高劳动生产率。"①

革命的根本问题是政权问题，因为在近代半殖民地半封建的中国，不运

① 《列宁全集》（第27卷），人民出版社1984年版，第235页。

用暴力革命的手段，难以完成反帝反封建的任务，解决中国的独立、统一、民主、富强问题。中国共产党采取先夺取政权、后建设社会主义的革命路线，由于政权是社会主义建设的前提条件，也是确保新社会克服资本主义各种不合理现象的依仗，因此新生的社会主义对政权的安全性保持高度警惕，确保国家政权掌握在无产阶级手中。这种警惕是必要的，中国人民经历了长时期的比较抉择、付出了无数鲜血和生命而建立的国家只能是以人民为主体的社会主义国家，绝不允许偏离到少数人得利的资本主义道路上去。而且"不彻底解决国家政权问题，就很难彻底解决国民经济的社会主义的发展方向，人民不真正当家作主，就很难有真正的社会主义的国有化"①。然而社会主义制度的建立，意味着剥削阶级和剥削制度作为一个阶级和旧社会制度已基本上被消灭，虽然巩固政权的斗争仍然存在，表现为一方面要同外来的威胁和侵略进行斗争，另一方面要同国内公开的、隐蔽的敌人的破坏进行斗争，但这种阶级斗争已不是两个完整的敌对阶级之间的斗争，而只是阶级斗争的残余。因此，除非发生了大规模的外敌入侵，阶级斗争已经不再是国内工作的重点。对于国内还残存的极少数的反革命分子和敌特分子、破坏社会主义秩序的犯罪分子，完全可以运用政权和法律的力量去解决；对于建设中党员、党的干部、包括一些高级干部中出现的种种蜕化变质的阴暗面，可以依靠党纪、政纪和法制来解决。另外，政权虽然必须通过革命才能夺得和建立，但之后的巩固要依靠党和国家正确的指导方针、政策，依靠高度的民主和法治，依靠经济、科学、文化的高度发展，尤其是靠经济基础的构建和发展。没有经济的现代化，没有雄厚的物质基础，人民的物质和文化生活没有得到逐步改善和提高，国家不能逐步繁荣富强，社会主义制度的优越性就无从发挥和显现，人们对社会主义的信念就会动摇，无产阶级政权就会因为

① 李泽厚：《中国近代思想史论》，人民出版社 1986 年版，第 343 页。

缺乏坚实的基础、人民的拥护而被动摇。因此,社会主义制度建立之后,党和国家的工作重心必须转到经济建设上来,这既是广大人民群众的要求,也是保护社会主义政权的需要。

（二）生产力的发展水平和发展速度

生产力是一个自然的、不以人的主观意志为转移的历史产物,每个时代所创造的新生产力都只能建立在前人所创造的生产力的基础之上。马克思在1846年就指出:"人们不能自由选择自己的生产力——这是他们的全部历史的基础,因为任何生产力都是一种既得力量,是以往的活动的产物。可见,生产力是人们的应用能力的结果,但是这种能力本身决定于他们所处的条件,决定于先前已经获得的生产力,决定于他们以前已经存在,不是由他们创立而是由前一代人创立的社会形式。后来的每一代人都得到前一代人已经取得的生产力并当作原料来为新的生产服务。"[①]由此看出,生产力水平的提升是一个客观的积累过程,有快有慢,但不可能凭空拔高。落后的生产力向先进的生产力的发展过程,是一个基于科技水平、管理水平、集约水平、劳动者的素质等诸多因素共同作用下逐步提高的过程。后发国家具有利用已有的先进技术实行赶超的优势,但也只能缩短工业化、现代化、机器化的时间。如德国和美国后来者居上,在19世纪后期赶超了英法两个老牌的资本主义国家。在生产力的发展中,人是最具有能动性的关键因素,其作用主要表现在通过发明创造、提升科技水平、组织高效模式、充分吸收其他国家的先进经验等方式来加速生产力的发展,人的意志、热情在其中发挥了一定的作用,但这种作用并不是无限的,必须依赖于当时的客观生产条件。

对生产力水平的正确判断是处理好生产力与生产关系的首要问题,也是确定中国国情的决定性标志。新中国承继的是旧中国遗留下来的生产

① 《马克思恩格斯选集》(第四卷),人民出版社1995年版,第532页。

力，这份遗产中既有社会化大生产的成分，也有手工的成分，是一个复杂、立体的生产力结构，整体而言是比较落后的。毛泽东多次强调中国的特点是"一穷二白"（穷，就是没有多少工业，农业也不发达；白，就是文化水平、科学水平都不高），明确提出要通过生产力发展程度和人民富裕的程度来确定社会主义的不同发展阶段。[①] 在这样的条件制约下，中国共产党清醒地认识到，中国要"赶上和超过世界上最先进的资本主义国家，没有一百多年的时间，我看是不行的"[②]。这是一个比较理智的认识，既看到中国与发达国家之间巨大的差距，又认识到缩小这个差距是一个艰难的客观发展过程。然而从50年代中期开始，由于中国革命和建设取得一连串的胜利，使党内的骄傲情绪急速膨胀起来，这种骄傲情绪同人民强烈要求尽快改善落后面貌的愿望及国外帝国主义的轻视和压迫结合在一起，催生了在生产力发展和经济建设上急于求成的情绪和做法。过急，就容易头脑发热，做出非理性的决策，不按经济规律办事。在这种情绪的支配下，党在八大二次会议后轻率地发动了大跃进运动，提出了各种不切实际的高指标。农业总产值的增长速度由党的八大预定的6.1%提高到16.2%，工业总产值的增长速度由10%提高到百分之33%；钢铁工业酝酿1958年的产量要比1957年翻一番，1959年超过三千万吨，1962年要达到八九千万吨以上，相对于党的八大确定的1962年钢产量达到1050万到1200万吨的计划量翻了几番。按照大跃进想象的发展速度，原来设想的在以钢铁为主的几个工业产品的产量15年赶超英国，被认为不用三年就可实现。在各种高指标的要求下，浮夸虚报之风吹遍了各地区各行业，各种不可置信的奇迹频频见诸报刊，如，小麦亩产达到7320斤，旱稻亩产达到36900斤，一时间，"人有多大胆子、地有多大产"，"只

① 参见《毛泽东文集》（第八卷），人民出版社1999年版，第116页。

② 中共中央文献研究室：《毛泽东著作选读》（下册），人民出版社1986年版，第828页。

要我们需要，要生产多少就可以生产出多少粮食出来”等唯意志论的错误口号喧嚣一时。“大跃进”不按经济规律办事，而是按政治意志办事，无限夸大人的意志和能力的作用，严重违背客观规律和客观事实，最终导致积累与消费、工农业、行业及社会购买力和商品可供量的比例严重失衡，使社会主义经济遭到了重大损失，人民生活受到了很大的影响。1959 年我国出现了严重的缺粮现象，山东、安徽、江苏等 15 个省区缺粮的人口达 2517 万。大城市居民蔬菜供应困难，北京市区居民有一个时期每天只能吃一两蔬菜①，不少地区甚至出现饿死人畜的现象。如果说在前期中国共产党仅在生产力的发展速度和发展方式上有分歧、有争论、有反复，那么到“文化大革命”时期“左”倾发展到极致，“钱就是资本主义，富就是修正主义，穷才是社会主义”，将收入、生活的合理差距都看作是资本主义复辟，将生产力的发展和富裕与社会主义完全割裂开来，进入全盘否定生产力的误区，使得社会主义认识与生产力脱节，社会主义公平正义的属性也难以显现。

（三）生产力和生产关系的平衡

中国独特的国情使得现实中的生产力与生产关系之间比之社会主义理论中呈现出更为复杂更难把握的情形。一方面，社会主义制度的公正性要求社会主义所有制为之保驾护航，而多层次的生产力水平则需要不同的所有制与之相匹配；另一方面，社会主义制度并不是在全面的社会化、现代化的生产力的基础上建立的，但社会主义优越性的充分发挥却必须依赖于整个社会生产的现代化程度。如何认识社会主义制度建立后生产力和生产关系，如何在不同阶段处理好生产力和生产关系？在社会主义建设时期，从整体上讲，中国共产党对生产力和生产关系辩证关系的把握并不是始终、一贯理性的。以农村生产力与生产关系的变迁为例。

---

① 参见当代中国研究所：《中华人民共和国史稿》（第二卷），人民出版社 2012 年版，第 80 页。

新中国的建立使中国人民从帝国主义、封建主义和官僚资本主义的压迫下解放出来,使中国人民从被奴役、被侮辱的地位翻过身来,清除了发展生产的旧社会障碍,使中国已有的生产力获得解放和继续发展,不再受内部和外来的野蛮势力的破坏。但从本质上来说这不是生产力阶段性的提高,只是原有生产力的正常发展,不可能很大程度提高人民的生活水平。广大的农民从封建压迫中解放出来,实现了"耕者有其田"的梦想,解放了被压抑的农村生产力,然而整体经济仍然处在小农经济阶段。自然经济的特点是"三年耕,有一年之蓄",土地改革后农民也有同样的表述:一年够吃,两年添置用具,三年有富余。农业基本靠天吃饭,易受天灾影响,年年丰收或连续几年无灾几无可能(1953 年、1954 年我国农村就连续两年遭受严重的灾害),而且农业地力、人力是有限的,其生产力水平整体上仅仅能维持农民的基本温饱。经过社会主义改造,农村通过合作化这种"半社会主义性质的经济形式",依靠统一经营形成新生产力,较为顺利地实现了私人所有制向集体所有制的转变。这种转变能实现农业生产的规模化,却没有实现农业机械化。这样的生产组织方式变革虽然能在一定程度上提升农业生产力水平,但是不能突破小农经济自身的局限性。小农经济即使是穷尽地力、人力达到了"自我剥削"的最大值(如,农民互助合作后平均产量提高 15%—30%),也难以与现代化的平均水平相比较,这样的生产力也承担不起大工业化所需要的生产资料和全国人民所需要的充足的消费资料。社会主义的实现必须以农业的现代化为基础,对于这一点我们党是认识到的。

农村的土地所有制从土地改革时农民私有化又迅速转向集体化,有些人是有疑问的,认为这有违"耕者有其田"的初衷,转变过快。从农村的发展历史来看,土地所有制由农民私有制向集体所有制转变有着历史必然性。土地私有制能在一时实现"耕者有其田"的愿望,却不能保证这一权利的存续。人类历史发展显示,土地私有制如果任其自由发展不加以管束,势必走上土地兼并、农民贫富分化之路,“富者田连阡陌,贫者无立锥之地”。事实上,在土地改革后短短的几年间农村的阶层分化现象就重新露头:一部分富裕农民靠着资金、农具、劳力等方面的优势,经济地位上升很快,其中少数人通过雇工或放高利贷发展为新富农;少数农民由于生产和生活困难等多方面原因,不得不重新借高利贷,甚至典让土地、出卖土地,当雇工和租种土地维护生活。1952 年 9 月华北局向中央报告的河北、山西、察哈尔三省新富农占比已达到总农户的 2% 强。[①] 这样的结果显然不符合中国共产党进行土地改革的初衷,也是与社会主义制度的目标相违背的。农村土地的集体化保证了每一个农民对土地的所有权,使得“耕者有其田”的愿望得到根本的保障。这里要指出的是,土地的集体化并不等于农业生产经营的集中统一化、劳动集体化,所有权与使用权是可以分离的。

农业的现代化是社会发展的必然趋势,也是社会主义发展的必然要求。农业现代化以生产的机械化、电气化和规模化为表征,势必挤压出大量过剩的农业人口,失地的农民或进入城市成为无产者,为社会化的大工业所吸收,成为资本的剥削品,或者流离失所,成为流民乞丐。这样的图景在各个资本主义国家初期都曾上演过。在中国农民占人口总数的 80% 以上,半殖民地半封建的中国如果走资本主义道路,势必有大量的人口被迫离开农村,而城市的大工业由于发展不足又难以吸收和消化巨量的人口,势必造成大量的无业流民,整个国家就会处于激烈的斗争和社会动荡状态。这样的状态在资本主义成分进入中国之后在部分地区已经有所显现,社会主义的道路的选择正是为了避免这种资本主义道路而产生的后果。在落后的农村地区,生产力和生产关系如何协调,才能既保证全体农民的利益、避免两极分

① 参见中共中央党史研究室:《中国共产党历史》(二卷上),中共党史出版社 2011 年版,第 128 页。

化，又促进生产力的发展，对这条道路的探索中国共产党走得并不顺利。

社会主义制度建立后，农村的土地集体化只有所有制的变革，没有生产方式的根本变革，因此它无法促进生产力的巨大飞跃，因而是不完善的。这是生产关系和生产力基础的部分割裂。即使是在农村所有制集体化的情况下，如果不能遵照经济规律，合理地调配生产资料、劳动力，公正地分配利益，土地规模化经营的效益也难以体现。这种弊病在不久之后的农村公社化运动中迅速暴露出来。人民公社化运动，最初是“一种建设社会主义的形式”，后期发展成为过渡到共产主义社会的基层组织试验。人民公社盛行“共产风”，合作社之间、生产队之间、社员与社员之间实行穷富拉平，穷队、穷社、穷社员共富队、富社、富社员的产；强调一大二公，著名的嵖岈山共产主义公社，共6566户，3万多人。生产队以及社员的生产资料甚至生活资料都无偿地收归公社所有，徐水县等地甚至将农民的家具、衣被等个人物品都收归公有，以至于农民说：“除了一双筷子、一个碗是个人的，其他都归公了”[①]；分配制度一般实行供给制和工资制相结合。1958年秋后，公社一般不给社员分粮食，而把粮食直接拨给公共食堂，农民凭餐证到公共食堂吃饭。据1958年10月统计，河南、山东、河北、辽宁、安徽五省共有5254个人民公社，其中实行粮食供给制（吃粮不要钱）的有842个，实行伙食供给制（吃饭吃菜不要钱）的有2151个，实行基本生活资料供给制的有590个，实行全部供给制（即衣食住行生死病死等全部由公社包下来）的有103个。由于缺乏生产力和物质基础的支持，再加上浮夸风导致的征购过头粮，这种公共食堂难以维续。在1960年的重新大跃进运动中，解散的公共食堂又重新大办起来，到1960年4月，据14个省市的统计，参加食堂的户数达到农村总户数的88.9%，人数占总人数的88.6%。这一制度到1961年夏天维持不下

① 中共中央党史研究室：《中国共产党历史》（二卷上），中共党史出版社2011年版，第499页。

去才被最终放弃。

人民公社化运动是一次生产关系变革明显超越生产力水平的尝试。马克思主义认为,生产资料私有制是资本主义剥削、压迫、两极分化等一切不公正问题的根源,无产阶级要获得解放,首要的任务就是消灭私有制。消灭剥削、避免贫富分化是中国选择社会主义的最直接的原因,消灭私有制就成为社会主义建设中自始至终最重视的任务和环节。社会主义改造将农民土地私制变成集体所有制,将手工业者和民族资本主义改造成社会主义国营制,这些都是消灭私有制消灭剥削的努力。社会主义制度建立后,急于求成的心态使中国共产党忽视了农村整体生产力水平仍处于一个低位的事实(1958 年 5 亿多农民人均年收入不到 80 元),在生产关系上犯了超越现实阶段的错误,急切地把农村小集体所有制变为大集体所有制、把集体所有制改变为全民所有制,在生产资料所有制上求纯,规模上求大,甚至急于把社会主义过渡到共产主义。不遵循生产力和生产关系相互关系的后果,造成对社会主义建设、对人民的生活水平及党的威望的极大损害。如,1958 年至 1960 年间,积累与消费比例失调,棉纱、布、食糖等主要轻工业产品的产量大幅度下降;商品奇缺,通货膨胀、城乡居民的粮油肉等消费量三年持续下降,禽、蛋等在市场上几乎绝迹,国家被迫对许多商品实行定量供应。人民群众的健康和生命受到严重危害,患病人数明显增长,死亡率显著提高。河南信阳地区 1960 年 9 个县死亡率超过 100‰,超出正常年份好几倍。[①]

既发展生产力,又同步保障社会公平正义,是现实社会主义的初衷。社会公平正义属于生产关系和上层建筑范畴,生产关系是社会公平正义最直接的表现和保证。生产关系的变革不会自发地产生,需要经过代表生产力

---

① 参见《当代中国》丛书编辑部:《当代中国的人口》,中国社会科学出版社 1988 年版,第 74 页。

发展要求的先进阶级的革命来实现，但这种作用只有符合生产力发展的要求，才能对生产力起积极作用，反之则会阻碍和破坏生产力的发展。在生产力和社会公平两个方面，社会公平的作用更为显性化，其具体表征公有制、均等分配等，容易凭借政权的力量达到；生产力的决定作用更像是后台性的，看似不显，却是制约性因素，不能凭主观意愿生造。一旦生产关系不符合生产力的实际水平，生产力决定性作用的威力就显露出来。当生产关系的变革或改变与我国实际的生产力出现矛盾时，会通过政治、经济、文化等各种矛盾的产生和发展，从各种方面和以各种形式表现出来。急于求成、超越阶段的做法明显违背了生产力和生产关系的基本关系，由之而产生的各种问题很快以各种形式暴露出来。如1954年由于粮食统购过多，合作社发展过快过粗；如牲畜折价归社，估价过低又不按期付款引发了一些地方的农民非正常的杀猪宰羊、不热心积肥和备耕等现象；1956年下半年许多城市出现了粮食、肉类和日有品短缺，农村不少地方出现闹缺粮、闹退社的风潮；人民公社运动中共产风使得广大农民恐慌，全国普遍发生瞒产私分，主要农产品收购任务完不成，干群关系紧张等问题；不切实际的高指标和错误估计下的高征购，群众放开肚皮吃和公共食堂浪费粮食严重，最终造成粮食紧张。

当每一次问题大量显现，造成社会发展缓慢和人民生活水平降低，以及由此引发各种干群矛盾时，就会引发我们党的反思和调整。1954年浙江省就针对合作社的步子迈得过大过急的问题采取整顿巩固工作，毛泽东明确指出："生产关系要适应生产力发展的要求，否则生产力就会起来暴动，当前农民杀猪、宰羊，就是生产力起来暴动。"①1958年11月到1959年7月庐山会议前，党对大跃进和人民公社化运动中的共产风、浮夸风各种问题进行了批评和纠正，强调实事求是，不要讲假话，不能务虚名而得实祸；强调农民有

① 中共中央党史研究室：《中国共产党历史》（二卷上），中共党史出版社2011年版，第232页。

产品所有权,要坚持多劳多得的社会主义原则,不要平均主义;区别了集体所有制和全民所有制,明确指出从集体所有制到全民所有制,从按劳分配到按需分配是一个很长的历史阶段;提出了价值规律是一个大学校,商品生产不能与资本主义混为一谈,要看它同什么经济制度相联系[①]等。在实践中实行了清理"一平二调",以队为基础,加强生产队的基本所有制,允许社员经营少数自留地和小规模家庭副业;坚持按劳分配原则(至少今后的二十年)、恢复农村集市等政策措施。1962 年的七千人大会再次明确提出,把平均主义和社会主义、共产主义等同是极端错误的,强调社会主义的分配原则是按劳分配,交换原则是等价交换。每一次对"左"倾错误的纠偏、对人民公社的整顿,都取得了一定成效,使得国民经济有了一些复苏和发展。但由于党内"左"倾思想始终占据主导地位,对由"左"倾思想造成的错误的严重性缺乏足够清醒的认识,加上党内民主受到削弱导致对"左"倾的错误难以形成一致的认识,这些纠"左"的措施没有触及总路线、大跃进和人民公社"三面红旗"本身,使得各种纠偏措施难以坚持和落实下去。

当生产关系阻碍生产力发展的时候,生产力的发展要求会运用各种方式去突破这种障碍,为自己的发展冲出一条道路,这个规律体现在人们对各种适应生产力发展的生产方式自发的试验和实践。因此,即使在"左"倾思想占主导地位的时期,党内、广大干部和群众仍然对发展生产力和生产关系变革进行了自发的探索和创造。自合作化以来,每当党提出调整农业集体经济组织内部的生产关系时,总有农民自发地搞包产到户,虽屡被禁止,但只要一有机会就会重新出现。包产到户作为集体经济内部的家庭经营方式,是适合当时我国农业生产力水平和农民的需要的,它是人民群众在追求更好生活的愿望下不自觉地适应生产力和生产关系原则的行为,是人的能

① 参见《毛泽东文集》(第七卷),人民出版社 1999 年版,第 439 页。

动性的正确发挥。包产到户提高了社员群众的积极性，提高了劳动生产率，增加了收益，因此很受农民群众和基层干部的欢迎，很快就在安徽、甘肃、浙江、四川、广西等十几个省大部分或部分推行开来。1961 年到 1962 年间的经济调整中，陈云、曾希圣、田家英、邓子恢等在农民自发的实践中看到包产到户在恢复农业中所起的积极作用，向中央建议施行包产到户、分田到户在内的各种形式的生产责任制和经营形式。邓小平指出："生产关系究竟以什么形式为最好，恐怕要采取这样一种态度，就是哪种形式在哪个地方能够比较容易比较快地恢复和发展农业生产，就采取哪种形式；群众愿意采取哪种形式，就应该采取哪种形式，不合法的使它合法起来。"①这是生产力与生产关系的根本原则在中国农村农业生产发展中的具体应用，是符合我国现实生产力发展水平的正确认知和举措。然而，这些正确的论断和做法在生产关系求纯的"左"倾整体氛围中没有得到认可，反而被批判为"单干风""黑暗风"，是瓦解集体经济的修正主义和自发的资本主义，各种改革试验也被迫中断。在党对生产力和生产关系的曲折探索中，由于对社会主义的教条性理解，党在整体上形成了一种将生产资料公有制、计划经济、供给制等具体模式等于社会主义的固定认知，不容否认。当一些党员干部和群众对急于求成、超越阶段的想法和做法提出反对和批评，往往被认为是泄了六亿人民的气、只讲黑暗、讲社会主义不行、"砍旗"，各种社会主义建设探索中创新性的思想观点则被扣上"没有马克思主义""反社会主义""走资本主义道路"甚至是"分裂党"的帽子。这种把探索中的正常讨论和意见分歧动辄定性为资本主义和修正主义、两条路线的斗争，导致持不同意见者很难在道义上站得住脚，也就很难在党内得到支持，"左"倾的思想越来越僵化越来严重，最终走向完全背离社会发展规律的极端。

---

① 《邓小平文选》（第一卷），人民出版社 1994 年版，第 323 页。

在社会主义建设初期十年间的探索中，党对生产力与生产关系的认识与处理一直处在正确与偏离相互交错的复杂状态，即在正确认识中夹杂着不正确的因素，在错误认知中又始终有正确的认识和探索在运行。过头和冷静、冒进与反冒进、大跃进与调整反复不已，呈现出正确与错误、挫折与成就相互交替相互纠结的复杂局面。这种状态使得社会主义建设既取得相当大的成就，又遭遇了严重的挫折。

（四）国家、集体和个人的关系

相对于资本主义强调个人自由、个人权利的个人主义，社会主义制度的公有制特征使得社会主义具有反个人主义、等同集体主义的认知。社会主义制度强调讲大局、站在高位上、从长远上看问题，这种集体主义优先的理念，其基础是集体对个体的保障、集体利益集中体现着个体利益，集体利益最终要落实在对每个个体的利益的实现和保护、每个个体都从集体利益中受益，这才是集体利益优先的根本之道。如果集体利益优先，个体从集体利益的增加中长久得不到自身利益的增殖，这样的集体优先是难以得到个体拥护的。而没有了个体的支撑，集体利益也就失去了立足之处。

在国家、集体与个人的利益关系上，新中国成立初期中国共产党始终坚持的是集体优先条件下的个体保障，这是对现实社会主义的发展战略进行急缓、先后、重轻选择的表现。优先发展重工业的工业化道路和独立的比较完整的工业体系的建立，没有社会主义制度发挥高度集中有限资源的优势是不可能的；没有社会主义的现代化、工业化，社会主义国家的强大、人民生活的提高也是难以实现的，“站起来”也无法长久得到保证。毛泽东在1953年9月中央人民政府委员会会议上说，所谓仁政有两种，一种是为人民的当前利益，是小仁政，另一种是为人民的长远利益，是大仁政。重点应当放在大仁政上。现在我们的重点应当放在建设重工业上，要建设，就要资金。因此，人民的生活虽然要改善，但一时又不能改善很多。就是说，不可不照顾，不可多照顾。不能因为照顾小仁政而妨碍大仁政。故“当目前国家需要集中主要力量建设重工业、奠定社会主义基础的时候,我们全国人民都必须把重点放在长远利益上面。我们不能够只看到眼前的利益而忽视了长远的利益。为了我们子子孙孙的幸福,我们不能不暂时把许多困难担当起来”[①]。这是社会主义具有集中力量办大事的优越性的表现,它能够完成个体所不能实现的长远的、整体的、公共的利益,而这种利益最终会反馈、体现和保证人民群众的个体利益。

对于改革开放之前的历史,有些人只看到挫折、错误和痛苦,而看不到即使是在艰难的时刻,中国共产党领导中国人民仍然取得相当的成就,其中最突出的部分就是集中力量办了大量集体的、公共的、利国利民利千秋的大事,这样的事只有在集体利益和个体利益相统一的社会主义制度下才能顺利完成。1954 年 6 月毛泽东曾形象地概括当时中国的生产力水平:“现在我们能造什么? 能造桌子椅子,能造茶碗茶壶,能种粮食,还能磨成面粉,还能造纸,但是,一辆汽车、一架飞机、一辆坦克、一辆拖拉机都不能造。”[②]社会主义制度建立之后短短的十年,中国就从零基础上开始建设完整的工业体系,奠定了国家工业化的坚实基础,大量的农田水利设施也都是在这个阶段建设的,人民的整体文化水平也是在这个阶段得到了很大的提高。《关于建国以来党的若干历史问题的决议》指出:“我们现在所赖以进行社会主义现代化建设的物质技术基础,很大一部分是这个期间建设起来的;全国经济文化建设等方面的骨干力量和他们的工作经验,大部分也是在这个期间培养和积累起来的。”邓小平同志曾说:“如果六十年代以来中国没有原子弹、氢弹,没有发射卫星,中国就不能叫有重要影响的大国,就没有现在这样的国际地位。”[③]

① 周恩来:《政府工作报告》,《人民日报》1954 年 9 月 24 日。
② 《毛泽东文集》(第六卷),人民出版社 1999 年版,第 329 页。
③ 《毛泽东文集》(第三卷),人民出版社 1999 年版,第 279 页。

集体利益优先如果度把握不好,就容易滑向集体利益压倒一切和忽视、抹掉个体的合法权益的极端集体主义理念。这种理念以人民、集体之名站在道德伦理的高位,使得个体、下位的集体难以保护自己的合法权益。在集体利益与个体关系问题上,在新中国成立初期我们党也出现了一些明显的问题。如,在劳动生产率和工资增长的问题上没有把握好度,使得工资的增长速度过分地低于了劳动生产率的增长速度,如,1955 年同 1952 年比,工业劳动生产率提高了 41.8%,职工平均货币工资只提高了 14.7%,扣除生活费用指数上涨等因素,实际只提高了 6.9%,远低于劳动生产率。在轻工、纺织两部门职工工资反而下降了。[①] 这些问题一经发现很快得到调整。随着对社会主义生产关系求纯求大的"左"倾思想占据主位,集体压倒一切、义务本位成为主流话语,个人权益逐渐被隐没在集体利益中。为了达到"大跃进"的高指标,一些地方过分强调人民群众的义务而忽视他们的权利保障,如,1958 年新华社内部材料反映,河北邯郸市的领导干部只注意生产,忽视群众生活,致使社员过度劳累,身体抵抗力下降,伤寒疫病流行。[②] 在人民公社化运动中,否认生产队的所有制和生产队、社员应有的利益,公社可以任意把生产队的财产上调到公社来;在积累与消费上,公社积累多,社员分配少。1960 年在经济建设中再次掀起的"大跃进"中,社有经济中的各种"大办"基本上是"白手起家",搞一平二调,所需的劳力、土地、工具、房屋等都从大队和生产队无偿调用,资金、粮食、工具、家具也是从大队、生产队和社员个人那里征集而来。

集体利益与个体利益的矛盾从总体来说属于人民内部矛盾,但在阶级斗争的主线下,这种矛盾往往被上升为两条路线的斗争,使得集体主义与阶

① 参见当代中国研究所:《中华人民共和国史稿》(第 1 卷),人民出版社 2012 年版,第 10 页。

② 参见中共中央党史研究室:《中国共产党历史》(二卷下),中共党史出版社 2011 年版,第 516 页。

级斗争联系在一起，造成了任何个体的权益无处容身。如，在合作化过程中出现了工作过粗过急的实际问题，一些党员干部针对合作化过快过急问题提出了合理的意见，却被看作是个人主义，是反集体主义、反社会主义的；在人民公社会运动中，富队不支援穷队、个体或小集体的任何富裕倾向都会被冠以本位主义和个人主义之名。极端的集体主义忽视了个体的权益，最终集体利益也遭到严重的损害。

（五）国家主权与对外关系

国家主权与对外关系本身是社会公正的一个重要部分，又是影响其他制度建设、政策制定和实施的重大因素。在社会主义建设初期，它对中国国内社会主义建设产生着深刻的影响。

1. 独立自主与利用外资

对一个没有主权的国家来说，社会公平正义是奢侈品。新中国的建立意味着战乱、分裂、屈辱的半殖民地时代已成为过去，中国已成为一个由中国人自己决定自己的命运的独立国家。新中国废除了旧中国残留下来的一切不平等条约，不承认旧政府同外国政府所建立的外交关系及其所缔结的一切条件，要求任何国家必须在尊重中国领土主权和断绝与国民党政权外交来往的基础上，重新与新政府进行建交谈判。这种“另起炉灶”的做法废除了帝国主义的在华特权、肃清了帝国主义的影响，极大地满足了长期被压迫的中国人的民族自尊心。新中国成立后国人挺起腰杆做人的自尊自强之心爆棚，对国家平等和权利等问题高度敏感。这种思想表现为不容许任何外来势力干涉或介入中国内部的事物，希望中国在国际上拥有与美苏等国家一样的平等地位。如，1949 年 12 月毛泽东去苏联，斯大林没有亲自到场迎接，就引起了一些国人的不满。即使是同为社会主义阵营的苏联，虽然曾经给予过中国很大的帮助，但一触碰到主权问题，我们绝不让步。因此，苏联在长波电台和建设联合潜艇舰队上的建议都被认为触碰了主权底线而遭到了拒绝。

独立自主的主权思想体现在社会主义建设中就是以自力更生为主。自力更生要求共产党人无论是搞革命或者建设,都主要依靠本国人民的力量,把立足点放在自力更生的基础上。但这绝不是说,不要利用外部力量,不要争取国际的援助,问题是把基点放在什么地方。历史经验表明,世界上最发达的国家和城市大都出现在对外交流广泛的时期和地域。新中国的现代化需要大量的资本和先进的技术,非此难以实现赶超资本主义国家的目标。然而新中国囿于自身条件,能够用于工业化积累的资本和科学技术水平相当有限,1950—1953 年,国家财政收入总计才 600 多亿元,第一个五年计划国家用于经济和文化教育建设的投资总额高达 766.4 亿元。中国又不可能走靠压榨本国人民和掠夺海外殖民地获取原始积累的资本主义工业化道路。实现工业化需要的大量资金,如果只依靠国民经济内部工业内部的积累和农业,远远不能满足需求。新中国成立初,中国的对外经济关系大多局限于社会主义阵营内,我们争取了苏联 156 个建设项目的援建,为中国建立完整的工业体系奠定了基础。但是即使苏联以优惠条件提供了 17 亿卢布的长期贷款,也仅占我国工业基本计划投资的 3% 多一点,缺少投资缺技术和技术人员,是中国经济发展的痛点,需要利用外援和外资来弥补不足。

在外援问题上当时存在两种截然相对的观点:一种是专门靠国际援助的依赖思想。如,既然以苏联为首的社会主义各国的经济日益发展,并且在社会主义各国之间出现了经济和技术的广泛合作的可能性,我国是否有必要建立完整的工业体系?一种是关起门来搞建设的孤立思想。以“既无内债、又无外债”为荣、将“不用西方国家贷款”视为国家完全独立自主的重大表现。如,新中国成立初期在引进苏联资本,实行中苏合营方面就受到相当多人的反对,一些城市甚至有学生上街游行抗议。党的八大在利用外援问题上对两种观点都进行过批评和明确回复,对于依赖社会主义国家的援助的思想给予以自力更生为主的明确回答，又明确指出关门想法是错误的，并进一步指出，不仅我国在建立起一个完整的工业体系上长时期内需要苏联和其他社会主义国家的援助，需要同其他国家发展和扩大经济技术文化的交流，而且在建成了社会主义工业国之后也不可能万事不求人。我国同世界各国在经济技术文化上的联系会一天比一天密切。中国除了跟社会主义国家进行经济贸易交流与合作，也要尽量打破资本主义对中国的封锁禁运，通过各种途径发展与日本、东南亚、法国等国家和地区的经济贸易关系，为社会主义的现代化争取更好的条件。随着中苏关系的破裂和国内对社会主义的认识日益“左”倾化，与资本主义国家的对立、对苏联大国沙文主义的抵触，使得党和人民群众对自力更生认识逐渐陷入片面化和狭隘化，忽视甚至抵触利用外来资本和同外国进行经济技术的合作与交流，发展到极左时期，一种仇视西方现代文明成果，利用外资是“引狼入室”的盲目排外思想被煽动起来。1972 年中国政府曾明确表示，中华人民共和国不允许外国人在中国投资，中国也不向外国输出资本。任何对外的交流都被认为是与自力更生原则相背离，引进外国生产线是“崇洋媚外”，引进先进技术是“洋奴哲学”“爬行主义”，出口工艺美术品被说成是“为资产阶级服务”，出口商品提价是“帮助外国商人剥削各国人民”，利用资本主义信贷被认为是“洋奴”，导致在很长一段时期内中国处于自我闭关状态，丧失了利用世界第三次技术革命发展自己的机会。

2. 战争与经济建设

一个和平的国际环境是国内经济建设的重要外部条件，对国际形势是紧张还是和平的判断直接或间接影响着经济建设这一中心任务的确立。新中国建立之后，中国面临着医治战争创伤，恢复正常生产及稳定全国政治局势的繁重任务，大规模战争已经不在中国共产党的议事日程之内。1950 年毛泽东在党的七届三中全会上的报告中指出，“帝国主义阵营的战争威胁依然存在,第三次世界大战的可能性依然存在。但是制止战争危险,使第三次世界大战避免爆发的斗争力量发展得很快,全世界大多数人民的觉悟程度正在提高”,“新的世界战争是能够制止的”。[①] 战争一关已经基本过去了。然而朝鲜战争、印度支那战争、台海危机、中印边界冲突,以中苏交恶后苏联在中苏边境屯兵百万的势态,再加上以美国为首的西方资本主义在政治上、经济上、军事上的压迫,改变了中国对国际形势的判断,认为战争不可避免,而且迫在眉睫,并提出做好“早打、大打、打核战争”的思想准备。邓小平就曾指出:“以前总是担心打仗,每年总要说一次。”[②]造成这种判断的原因,一方面是由于长久以来革命性思维的惯性延伸,一方面是外部环境的重大压迫,使得党高估了战争和革命的可能性,低估了世界转向和平发展的可能性。对外来入侵的担心深刻影响了党和国家的各种政策导向和安排,导致中国共产党一直将预防战争(积极备战)放在重要的位置,这种备战既是防帝国主义,也是防修正主义的苏联,这种紧张事态又影响了国内的经济调整步伐,间接加剧了阶级斗争扩大化,使得国家的重心难以放回经济建设和提高人民生活水平上来。

(六)社会主义建设时期的经验总结

成功的经验是我们的财富,错误的教训更是我们的财富。推进中国特色社会主义建设,不能不回顾社会主义建设初期的历史,总结这段历史发展中的经验和教训。回溯社会主义建设时期的种种错误的原因,既有主观因素,又有客观因素;既有国内因素,也有国外因素;既有党内因素,也有党外因素。主要包括以下四个方面:

---

① 中国人民共和国外交部、中共中央文献研究室:《毛泽东外交文选》,中央文献出版社 1994 年版,第 136 页。

② 《邓小平文选》(第三卷),人民出版社 1993 年版,第 82 页。

1. 对社会主义的教条化理解

社会主义建设是一个按名责实的实践过程。相对于千百年来的“均贫富”“等贵贱”“无人不饱暖”等简单、朴实的价值理想，科学社会主义第一次将这种公正理想体系化、赋名化、具象化。共产主义或社会主义不仅是理想、理论，而且是行动的指南。它是包含着一整套的关于无产阶级解放的剥削根由、斗争方式、胜利途径和革命胜利后未来社会的具体要求、主要特征和建设方式等内容的庞大体系。理论是指引、方向，同时也是限定、约束。在没有好的范例可循的条件下，将理论中的条条框框不假思索地照搬套用到社会主义实践中来，直接用马克思主义理论中关于社会主义的论述来比对现实，这是最易走的惯常路径。然而，这样机械性的套用过程并不是一个科学的过程，理论与现实之间多有差距，难以全面吻合；名与实是否相符，亦不在于逐条比对，而在于能否抓住根本。

社会主义理论是马克思恩格斯在19世纪批判资本主义的基础上构建的关于未来社会的蓝图，是根据社会发展规律和克服资本主义现实问题得出规律性、方向性的理论指南。它不可能覆盖世界所有国家的社会主义之路，也不可能对几十年后新形势新格局下进行社会主义革命的国家进行直接的指导。马克思主义的先驱德国女革命家罗莎·卢森堡早在《论俄国革命》一文中就明确指出：“社会主义作为一种经济的、社会的和法律的体系，它的实际实现绝不是一些只需要加以运用的现成的处方的总和，而是十分模糊的未来的事情。我们在我们的纲领里所有的只不过几条大的方针，它们指明应当按照什么方向寻找措施，而且这些方针主要是消极性质的……消极的东西上，即废除，是可以用命令实行的；积极的东西，即建设，却不行。这是处女地。问题上千，只有经验才能纠正错误并开辟新的道路。只有不受拘束的汹涌澎湃的生活才使人想出成千的新的形式，即兴而来的主意，保持创造力，自己纠正一切错误。”①因此，将理论用于实践，必须基于实际情况具体问题具体分析。中国革命的历史实践已经证明，教条地照搬马克思的本本，削足适履，势必对社会主义运动造成伤害。新民主主义革命时期，党的领导权一度掌握在王明、博古等苏联回国人员手中。他们都在苏联受到过马克思主义理论的深刻熏陶，理论素养不可谓不深，却犯了不顾事实、用理论裁剪实践的错误，给中国革命和中国共产党造成巨大的损失。中国共产党曾在革命时期克服了教条主义、将苏联模式神圣化的错误倾向，创造性地将马克思主义的基本原理与中国的实际相结合，走出了“农村包围城市”的独特革命道路。社会主义建设中，中国共产党却没能始终贯彻理论联系实际的原则，犯了主观化的错误，把马克思主义经典著作中的某些设想和论点加以片面化理解或教条化，提出和实施了一些脱离实际、超越阶段的思想和做法。以“五七指示”中毛泽东绘就的蓝图与马克思所预想的未来共产主义阶段为例，马克思在《德意志意识形态》一文中向世界描述了一个每个人都能全面自由发展的共产主义社会：

> 任何人都没有特殊的活动范围，而是都可以在任何部门内发展，社会调节着整个生产，因而使我有可能随自己的兴趣今天干这事，明天干那事，上午打猎，下午捕鱼，傍晚从事畜牧，晚饭后从事批判，这样就不会使我老是一个猎人“渔夫”牧人或批判者。②

1966 年毛泽东在“五七指示”中绘就的人民公社蓝图：

---

① ［德］卢森堡：《论俄国革命》，《卢森堡文选》（下卷），人民出版社 1990 年版，第 501 ~ 502 页。

② 《马克思恩格斯选集》（第四卷），人民出版社 1995 年版，第 85 页。

军队应该是一个大学校,即使在第三次世界大战的条件下,很可能也成为一个这样的大学校,除打仗以外,还可做各种工作。第二次世界大战的八年中,各个抗日根据地,我们不是这样做了吗?这个大学校,学政治,学军事,学文化。又能从事农副业生产。又能办一些中小工厂,生产自己需要的若干产品和与国家等价交换的产品。又能从事群众工作,参加工厂农村的社教"四清"运动;"四清"完了,随时都有群众工作可做,使军民永远打成一片。又要随时参加批判资产阶级的文化革命斗争。这样,军学、军农、军工、军民这几项都可以兼起来。但要调配适当,要有主有从,农、工、民三项,一个部队只能兼一项或两项,不能同时都兼起来。这样,几百万军队所起的作用就是很大的了。

同样,工人也是这样,以工为主,也要兼学军事、政治、文化,也要搞"四清",也要参加批判资产阶级。在有条件的地方,也要从事农副业生产,例如大庆油田那样。

农民以农为主(包括林、牧、副、渔),也要兼学军事、政治、文化,在有条件的时候也要由集体办些小工厂,也要批判资产阶级。

学生也是这样,以学为主,兼学别样,即不但学文,也要学工、学农、学军,也要批判资产阶级。学制要缩短,教育要革命,资产阶级知识分子统治我们学校的现象,再也不能继续下去了。商业、服务行业、党政机关工作人员,凡有条件的,也要这样做。①

两相对比,毛泽东在"五七指示"中勾勒的中国式共产主义社会显然来源于马克思对共产主义社会的设想。从形式上看两者很相似,但在本质上

① 中共中央文献研究室编著:《建国以来毛泽东文稿》(12 册),中央文献出版社 1998 年版,第 53 ~ 54 页。

细究是不同的。在马克思勾画的共产主义社会中,劳动不再仅仅是谋生的手段,不再作为人的对立面存在,而是成为生活的第一需要,成为人的自由发展的有机部分。人的自由而全面的发展是建立在高度发达的生产力水平、物质财富极大丰富和人的精神文化风貌进入极高境界的基础上,只有在这种基础上,人类才能从根本上摆脱奴隶般地服从的情形,以及异化等妨碍人的整体发展和个体自由发展的障碍,真正实现人的解放。没有社会产品大大丰富、劳动强度大大减轻、劳动时间大大缩短这些基础,就根本谈不上进入人类社会发展的最高阶段。“五七”指示描画的是毛泽东心目中的分配大体平均、自给自足、限制商品、逐步消灭社会分工、实现“人的全面发展”的中国式共产主义社会的大致轮廓,是中国共产党想要提前建成社会主义并逐步过渡到共产主义的具体探索,可以说是人民公社的进阶版。“五七指示”曾被称为建设新世界的宣言书,充分体现了毛泽东想要在中国实现共产主义社会的努力。然而,其时的中国仍属于社会主义初级阶段,连社会主义建成的目标尚且未能达到,更加不具备实现共产主义的客观条件。而且人民公社化的分配原则也不是马克思在共产主义阶段的“按需原则”,它事实上实行的是平均主义。这种平均主义否认按劳分配、多劳多得的社会主义原则,否认社与社、队与队、社员与社员之间的收入存在着合理差别,人为的将一切差距拉平。平均主义抹煞了人与人之间智力、劳力、努力程度的差别,是贡献少者对贡献多者的强占和剥削,会消泯掉生产的积极性和社会的发展活力,导致社会发展停滞。平均主义样貌看上去很公平,在一定程度上造成了人的错觉,从而掩盖了深刻的不公平的本质,它在任何时候都不是一个公正的分配制度。

社会主义所有制只能是公有制的,而且公有化的程度越高越好;社会主义也只能搞按劳分配,否则会出现不劳而获的剥削;社会主义只能搞计划经济,自由竞争会导致社会生产的无序与社会资源的巨大浪费。这些将马克思主义论著中的蓝图作为先验的绝对化的原则成为当时党和人民对社会主义基本认知。从最初的“新村”到“人民公社”再到“五七指示”，虽然名称有差异，但其中都包含纯粹公有制、计划经济、消灭商品、供给制等只适合某种特殊历史条件的东西，这些东西被视为社会主义原则不容否定不容改变的，如，公共食堂被认为是“我们必须固守的社会主义阵地”，想要触动就会被定性为“反社会主义”；而对许多在中国现实条件下有利于生产力发展的东西，如市场、商品、价值、生产责任制等，则被等同于资本主义，只要提出或实行就会被认为是资本主义复辟而加以批判。这种将个别结论、具体形式等同于社会主义本身的教条性认识，体现了党没能坚持贯彻马克思主义与中国实际相结合这一原则，对什么是社会主义、怎样建设社会主义这个问题搞得不是很清楚，最终使社会主义建设遭受到严重挫折，也使马克思主义的科学性遭到了怀疑。

2. 急于求成的心理

急于求成的心理在社会主义探索中常见多发，它直接引发了经济建设的急躁冒进和超越阶段的政策、做法，具体表现为，在建设速度上一味求快，在建设规模上一味求大，在生产关系上一味求纯，在各种体制上一味求划一，在发展道路上一味求笔直。这种被称为“左”的幼稚病、急性病不是中国独家所有的，而是共产主义运动中的一种通病，各社会主义国家都曾先后地、程度不同地感染过此病。如，斯大林曾在 1939 年和 1952 年两次提出向共产主义过渡。日本的丹藤佳纪在《读卖新闻》的一篇评论中就指出，社会主义国家“多数忽视国情，急急忙忙地实现了国有化和集体化，结果，连人类最基本的吃的权利也难以得到保障”①。急躁冒进也不只是在社会主义制度建立初期偶尔产生，而是在整个社会主义建设时期时不时地出现。急于求

① 转引自陈先奎、辛向阳：《焦点问题》，华夏出版社 1998 年版，第 76 页。

成的思想在社会主义改造时期就有所表现，如1953年就有些地方和部门在建设上冒进，不顾条件到处铺开，造成财政上的困难和巨大的人力、物力的浪费；1956年一些部门和地方在农业发展中企图把7年或者12年才能做完的事情着急到三五年甚至一两年办成，这些急于求成的偏向都被党中央及时发现和纠正。在"文化大革命"结束后的1977年，"新的大跃进"和"革命加拼命，无往而不胜"的主观主义倾向再次冒头。急于求成也并不是单个领导人的头脑发热，其他中央领导人也有，可以说是当时的党员干部中较为普遍的一种心理状态。"我们中国人，包括我在内，大概是个冒失鬼。只有九年，就起野心。"①这是"大跃进"和农村公社化运动迅速发展并扩展到全国的重要原因。邓小平在后来反思这段历史时指出："我们都是搞革命的，搞革命的人最容易犯急性病。我们的用心是好的，想早一点进入共产主义。这往往使我们不能冷静地分析主客观方面的情况，从而违反客观世界发展的规律。"②

为什么社会主义建设中容易产生急于求成的心理？

一是内部要求催发。它反映广大人民群众在社会主义制度下想到迫切地改变我国经济文化落后状况的普遍愿望，"怎样能够把国民经济的增长速度搞得更快一些，这是全国上上下下普遍关心的一个大问题"③。由于现实客观条件的限制，新中国成立后很长一段时间，人民的生活还处在于低水平的状态，中国在国际事务中常常被轻视、被压制，党和人民群众都很压抑，急切地想要改变这种不自由的状况。在发动"大跃进"时毛泽东曾说："中国经济落后，物质基础薄弱，使我们至今还处在一种被动状态，精神上感到还是

---

① 中共中央党史研究室：《中国共产党历史》（二卷下），中共党史出版社2011年版，第515页。

② 《邓小平文选》（第三卷），人民出版社1993年版，第139～140页。

③ 《我国国民经济的发展情况——余秋里副总理受国务院军委托在四届全国人大常委会第四次会议上的讲话》（摘要），《人民日报》1977年10月25日。

受束缚，在这方面我们还没有得到解放。"[①]马克思主义是关于人类社会发展和无产阶级解放的科学的理论，社会主义是一个能给人民群众带来美好生活的社会制度，这个信仰根植于中国共产党和人民群众的心目中。党员干部和群众形成了一种普遍认知：马克思主义是科学的，社会主义制度是先进的，那么只要大家齐心协力，积极肯干，没有什么事情是做不到的，社会主义制度加上群众运动无往而不胜。社会主义改造的提前完成、抗美援朝的胜利等接踵取得的成就更是强化了这种认知。心急，就容易出现不顾现实条件，不顾客观规律，将人的主观愿望和主观努力无限放大，忽视了人的意志、激情、干劲必须附着于现有的客观条件上才能充分发挥作用的事实，想要去达到当前条件所不可能实现的要求和目标；脑子热，就发生了冲天干劲和应有的科学精神相脱节，在工作中以感想代替政策，以点的情形代表面的情形，以少数积极分子的要求代表广大群众的要求。[②] 毛泽东就曾很不服气地说："我就不信，搞建设比打仗难。"[③]历史再一次用事实证明，人民群众良好的愿望只有遵循社会发展规律才能真正得到实现；没有了生产力的强力支撑，社会主义公平正义是很难落到实处的。

二是外部强大压力所致。社会主义是一个比资本主义更美好更公正的社会制度，这是中国以及其他一些社会主义国家放弃资本主义选择社会主义的原因。因此，社会主义国家普遍具有一种想要急于跟资本主义国家拼一拼、比一比，证明自己，加强自己的吸引力的念头。"你有那么多人，你有那么一块大地方，资源那么丰富，又听说搞了社会主义，据说是有优越性，结果你搞了五六十年还不能超过美国，你像个什么样子呢？那就要从地球上

① 《毛泽东文集》（第七卷），人民出版社 1999 年版，第 350 页。

② 参见中共中央党史研究室：《中国共产党历史》（二卷下），中共党史出版社 2011 年版，第 531 页。

③ 转引自郑谦、韩钢：《毛泽东之路 晚年岁月》，中国青年出版社 1994 年版，第 78 页。

开除你的球籍！”[①]新中国成立后，以美国为首的资本主义国家凭借发展多年的发达优势对中国在各个方面进行挤压，更增添了中国要争一口气的强烈心情。“资本主义国家看不起我们，社会主义国家也不给技术，憋一口气有好处。”[②]被压就容易急，急于摆脱被动，急于缩小差距，急于长自己的志气灭对方的威风，就容易催生出短时期赶超美、英、法等国家的想法和做法。从一开始提出的五六十年超越美国到二三十年再到七年的时限变化，无不显示出中国在缺乏国际话语权的不利情境下迫切想要早日改变与美国等发达资本主义对比悬殊状况的迫切愿望。

急于求成的心理还与党对社会主义自身发展历程的认识不深相关，表现在混淆了社会主义建立和社会主义实现是社会主义发展过程中的两个不同阶段。社会主义制度的建立只是意味着社会主义的基本属性的东西如无产阶级政权、社会主义公有制的主体地位等建立起来，社会主义的实现却是剥削被消灭，人民群众的愿望和需要在物质财富极大丰富的基础上得到满足，共同富裕等社会公平正义目标已经达到。从社会主义的建立到社会主义的实现是一个不断发展、逐渐成熟的渐进过程，现实的社会主义与之相比则是一个需要更长时间的发展进化的过程。它不仅要包括正常状态上社会主义发展的全过程，还要增加从不合格到合格并最终走向成熟状态这一附加过程。这样的过程不可能在短时期内就完成，需要共产党人理性地把握社会发展的节奏、力度和时限，经过长时期的艰苦奋斗才能完全。急于求成没有看到社会主义制度建立和社会主义建成之间的差别，使得我们党将共产主义阶段的属性提前到社会主义初级阶段来做，最终导致生产力遭到严重破坏。

---

① 《毛泽东选集》（第五卷），人民出版社1977年版，第296页。

② 中共中央党史研究室：《中国共产党历史》（二卷下），中共党史出版社2011年版，第558页。

3. 党的自身建设存在的问题

中国共产党，作为中国社会主义的倡导者和社会主义建设的领导者，其自身建设的好坏直接关系社会主义建设的成败得失，更关系社会主义存亡。党的建设搞得好，社会主义事业就能顺利发展，党的建设搞不好，社会主义事业必然遭受挫折。这一点在社会主义建设中非常鲜明。

马克思主义是中国共产党的指导思想，共产主义是共产党的奋斗目标。当政权在手，社会主义成为必由之路，党对社会主义的认识就成为国家建设的指导方针。社会主义是什么样的，马克思主义理论中有，苏联社会主义实践中也有。然而时移事易，中国不是马克思主义的诞生地西欧，也不是横跨欧亚大陆的苏联。中国的社会主义必须是抓住社会主义根本东西的社会主义，必然是适合中国国情的社会主义，必然是具有中国特色的社会主义。因此，马克思主义中关于社会主义的论断哪些是社会主义运动中必须坚持的普遍原则，哪些是只适合某些国家某个阶段的特定措施，这是社会主义实践者们必须厘清的东西。能否厘清这些东西，又取决于中国共产党自身的建设情况。党在新民主主义革命时期形成了一系列良好的作风，如，实事求是、理论联系实际、密切联系群众、批评和自我批评、乐于接受监督、民主集中制，等等，这些都是党能领导新民主主义革命最终取得胜利的重要原因。成为执政党后的中国共产党能否始终坚持这些优良的作风和传统，是党能否领导人民走出一条正确的社会主义道路，尽量避免失误和错误的前提条件。

在新中国成立初期和社会主义制度建立初期，党十分重视和强调民主，在重大事项上实行集体领导，高度重视党的作风建设，警惕党的地位转变后的各种诱惑和考验。也正因为此，党内和国内都呈现出一派生动活泼的政治局面，社会主义过渡时期的各项工作开展的很顺利，即使出现了一些偏差，也能及时的调整和改正。从 20 世纪 50 年代后期开始，党内的良好政治局面逐渐发生变化。一是政治生活趋于不正常。这种不正常较明显地表现在,党内一些同志对冒进的思想和做法持怀疑和否定态度,这些反冒进的观点不仅遭到严厉批评,而且被认为是举白旗,是严重的政治问题,甚至将能否完成许多脱离实际的高指标和工作任务也与政治挂钩,给党内党外都造成很大的政治压力。陈云就明确指出这种不正确的状况:“过去说,指标上去是马克思主义,指标下来是修正主义,这个说法不对。”[①]在动辄就被扣上资本主义和修正主义帽子的政治压力面前,不同意见的声音小了,支持甚至迎合的声音大了,浮夸虚报、说假话、强迫命令等不良风气滋长了。1958 年毛泽东在武昌会议上指出,现在有种空气,只讲成绩,不讲缺点,讲缺点就脸上无光,讲实话就无人听;在党的八届七中全会上又说,党内缺乏批评与自我批评的民主空气,不大批评他的缺点。在当时对社会主义的固定认知不容否定和反右倾斗争的双重压力下,一大批敢于实事求是地向党反映实际情况、提出批评意见的同志受到打击,助长了不敢坚持原则、不敢讲出真话、明哲保身、但求远祸的不良风气,给一些讲假话、见风使舵的人以可乘之机,一言党、家长制等现象在党内政治生活中得以滋长和蔓延,在很大程度上堵塞了党内的言路。党内的民主气氛日益不正常,个人专断作风逐渐严重起来,党的民主集中制和集体领导原则遭到破坏,使党难以防范、抑制,或者及时纠正后来的失误,其后果是出现了党和国家的政策决断取决于一人之手的不正常状态:当领导人的认识和决策符合客观实际时,探索和建设就比较顺利;当领导人的认识和决策出现重大失误时,党难以有效地防止和纠正。

党的建设出现问题并不是一朝一夕形成的,也不是某个单一因素造成的,更不是党内某个或某几个领导者个人因素造成的。邓小平在《关于建国以来党的若干历史问题的决议》起草中明确指出,讲错误,不应该只讲毛泽

---

① 《陈云文选》(第三卷),人民出版社 1995 年版,第 250 ~ 251 页。

东同志，中央主要负责同志都有错误。“大跃进”时期，毛泽东同志头脑发热，我们不发热？[①] 对社会主义的教条性认知在党内普遍存在，党内一些干部产生了骄傲自满情绪、急于求成的心理也不在少数。无党派民主人士张奚若曾批评党内的骄傲情绪：好大喜功，误认为社会主义就大；急功近利，强调速成，把长远的事用速成的办法去做[②]；不愿接受监督，“革命几十年都没有叫人监督，现在革命胜利了反倒要叫人监督了！”[③]监督就是“给我们找麻烦”；手握权力，许多同志处理问题时容易采取单纯的行政命令的方法，对人民内部矛盾“压”字当头，动不动就“武力解决”；居功自傲，自觉高人一等、有特权，“好像得了天下，就高枕无忧，可以横行霸道了”[④]。各种脱离群众和脱离实际的官僚主义、宗派主义和主观主义的作派产生了、滋长起来。这些不良的风气虽经党多次的整风，但由于没有制度的约束，难以得到根本性的遏制和解决。在武昌会议中毛泽东针对弄虚作假的情况指出：“现在的严重问题是，不仅下面作假，而且我们相信，从中央、省、地到县都相信，主要是前三级相信，这就很危险。”[⑤]他进一步指出，有许多假话是上面压出来的，上面“一吹二压三许愿”，使下面很难办。高高在上，不接近群众，不了解实际情况，不愿听批评的意见，党的各种决策就很难真正体现人民群众的真实意愿和要求，所做的决定就很难是正确的甚至是错误的。

党的建设没有抓好，最终还要在体制上找原因。正如邓小平后来指出的：“我们过去发生的各种错误，固然与某些领导人的思想、作风有关，但是

---

① 参见中共中央文献研究室：《关于建国以来党的若干历史问题的决议注释本》，人民出版社1983年版，第79页。

② 参见转引自当代中国研究所：《中华人民共和国史稿》（第2卷），人民出版社2012年版，第22页。

③ 转引自当代中国研究所：《中华人民共和国史稿》（第2卷），人民出版社2012年版，第22页。

④ 《毛泽东选集》（第五卷），人民出版社1977年版，第325页。

⑤ 《毛泽东文集》（第七卷），人民出版社1999年版，第446页。

组织制度、工作制度方面的问题更是重要。”①党在新民主主义革命时期形成了一整套优良的作风和传统，在执政后没有通过严格的制度确立下来；对于体制中存在的权力过分集中、领导干部终身制、个人崇拜等问题，虽然意识到有害处，但没有在实际工作中通过建立和完善领导体制加以消除和防止；对国际共运中没有正确解决领袖和党的关系以及长期封建专制主义在思想政治方面的影响，也没有制定有效的制度加以遏制；等等。邓小平在总结这段历史教训时指出：“制度是决定因素，那个时候制度就是那样。那里大家把什么都归功于一个人。有些问题我们确实也没有反对过。”②不得不说，党中央对党内的各种不良的风气和阴暗面是相当重视的，在各次党的会议中多次加以提醒和提出要求，屡屡采用整风、四清、社会主义教育等群众运动方式来克服党内的各种缺点和不良风气，因为缺乏制度的保证和制约，一些好的东西难以坚持，有害的东西难以得到清除，最终各种本意是克服缺点的运动到最后都偏离了初始的目的，走到阶级斗争扩大化的歧路上去。缺乏制度，党在解决各种问题的方式上多采用群众运动的方式，而不是采用法治的方式来解决。党及党的领导干部，对于全国性的群体运动的方法是比较熟悉的。但是群众运动并不是天然合理的，把群众运动绝对化、泛化，容易造成群众运动的无节制和暴力化。历史证明，大规模的群众运动，没有哪一次不搞扩大化，产生极左思潮的后遗症。正因为此，改革开放后，党吸取经验教训，着力于党的制度建设，注重使党内民主和国家政治生活民主制度化和法律化。

4. 国际共产主义与和平共处五项原则的冲突

国际共产主义是马克思主义的一个重要论点，也是列宁坚持的原则之

---

① 《邓小平文选》（第二卷），人民出版社 1994 年版，第 146 页。

② 中共中央文献研究室编：《邓小平年谱（1975—1997）》（下），中央文献出版社 2004 年版，第 751 页。

一，中国共产党曾是这种思想的受益者。马克思主义认为，人类解放是无产阶级的共同事业，为了实现全人类的解放，全世界所有被压迫的无产阶级和劳动者应该团结在一起，同气连枝，相互呼应，互相援助，第一国际第二国际第三国际都曾是无产阶级在国际范围的联合行动的指挥和协调中心。也正因为此，社会主义运动遭到资本主义国家普遍的忌惮，他们在镇压社会主义革命运动这件事上常常联起手，使得各国的社会主义革命不仅受到本国资产阶级的镇压，还受到其他国家资产阶级的巨大压迫。自从第一个社会主义国家苏俄诞生以来，新生的社会主义国家都希望在世界上有更多的社会主义同类，能够联合起来共同对抗强大的资本主义力量，这既是国际共产主义的理论要求，也是险恶的国际环境下的压迫所致。然而，世界历史的现实情境使得两种敌对意识形态不得不长时期共同存续于同一时空，日益全球化的趋势使得不同社会制度的国家不得不产生联系、有交往，闭关自守既不能取也不可取。作为一个独立主权的国家，国家利益要求无产阶级政党必须谋求一个和平的国际环境，来保证国内经济建设和稳步发展。这使得社会主义国家处在一个道义和现实的两难境地：在社会主义国家里，无产阶级及其政党是国家的主人；在资本主义国家，无产阶级及政党是反抗现存秩序的不稳定因素。这就产生了共产国际主义运动的整体要求和国家利益之间的矛盾、意识形态优先的思维方式和以现实利益为中心的政策考虑之间的道德困境。

新中国的外交选择，带着鲜明的阶级革命的色彩。不仅是资本主义制度敌视社会主义制度，社会主义制度同样也敌视资本主义制度。在新中国成立初期中国坚决实行一边倒的政策，鼓动各国共产主义者展开武装斗争，显示出明显的意识形态色彩和以革命的心态看待和处理国与国关系。如刘少奇 1949 年 11 月在世界工人理事会亚洲委员会会议上公开“号召亚洲——印度支那国家、缅甸、印度、印度尼西亚、马来西亚等国的工人阶级公开进行反对帝国主义的武装斗争”[①]。这种输出革命的思想和做法不利于中国的国际影响和国内建设。在朝鲜战争停战和苏联提出和平共处的外交方针后，中国也很快调整自己的外交政策，提出了不同制度的国家可以和平共处。在1954年解决朝鲜问题和争取印度支那全面停战的日内瓦会议上，中国提出划界停战的和平主张；而且中国政府向周边国家建议和平共处，公开保证不支持这些国家内部的革命运动，并采取一些措施来贯彻放弃输出革命的主张。如，要求马来西亚共产党改走和平道路，解散了在国外华侨中的华人共产党组织。和平共处五项原则的提出，意味着新中国的外交政策从强调意识形态转向较多地考虑国家利益的务实态度，给中国带来极大的好处。周边国家对中国的怀疑与害怕心理明显减少了，与中国建交的国家快速增加，对外贸易更容易了，中国开始频繁地出现在各种国际会议上。然而，这一政策的转变并没有能够坚持和发展下去。随着革命性思维和反帝反修占据主导地位，外交政策又逐步转向以意识形态考虑为主，越来越表现出“革命外交”的色彩。

和平共处主张的提出将国际共产主义和国家利益的道德困境问题现实地摆在党的面前。周恩来在柳州会议上就着重提出这个问题，和平共处主张是否与国际共产主义运动的解放印度支那的国际任务有矛盾？苏共二十大后国际共产主义运动遭到挫折，共产党的形象受损、执政合法性受到挑战。毛泽东开始对一边坚持革命的目标与理念、一边推动不同社会制度国家之间的和平共处，把意识形态与对外政策截然分开的可行性持怀疑态度。1957年11月毛泽东在中央政治局常委会会议上指出：“从外交政策和国与国的关系方面来讲，应该建立在和平共处五项原则的基础上，这是正确的。但是，作为国际共产主义运动，一个共产党对外关系的总路线，就不能只限

① 《建国以来刘少奇文稿》（第1册），中央文献出版社1998年版，第130～138页。

于和平共处。因为这里还有社会主义国家之间相互支持、相互帮助的问题，还有执政的共产党，也就是社会主义共产党支持世界革命的问题，声援资本主义国家没有执政的共产党的问题；还有支持殖民地、半殖民地独立运动的问题；还有支持整个国际工作运动的问题。总之，还有一个无产阶级国际主义的问题。所以不能把和平共处作为一个党的对外关系总路线。”①

在这种思想的指导下，中国共产党一方面想要坚持世界革命理念，站在坚决反帝的革命立场上，直接或间接、公开或秘密地支持其他国家共产党、工人运动以及民族独立运动；一方面又想同当事国政府在国家关系上和平共处，党的对外关系与国家的对外关系两者之间始终处在一个难以统一的状态，想要两全又势难两全，中国的外交呈现出强硬斗争和友好协商犹疑和变化不居的状况。到 20 世纪 60 年代中国外交工作与意识形态的目标逐渐混同起来，强调革命和冷战共处，全面走向反帝反修。1963 年 4 月毛泽东在接见朝鲜《劳动新闻》代表团时明确表态：“你们要我们援助，我们全力以赴。要我们出兵，我们出兵，要武器可以无代价供给，要财政援助我们尽可能援助。对你们为什么要有代价呢？要买，要还账，这没有道理，不是国际主义。这实际是援助，不只是援助你们。你们打了帝国主义，我们就巩固了嘛！”②据统计，1961—1962 年我国经济严重困难时期，援外支出却仍然在增加，1963—1974 年，援外占财政支出的比例逐年增加，1974 年占比达到 6.3%。这样的对外方针使得中国的对外关系遭到严重挫折。1966—1969 年，不仅没有与一个国家建交，反而还因为输出革命或激进宣传，致使总共 53 个建交或半建交国中，有近 30 个国家与中国发生过外交纠纷，印尼等四五个国家还

① 转引自吴冷西：《十年论战——1956—1966 中苏关系回忆录》，中央文献出版社 1999 年版，第 152 页。

② 《毛泽东接见朝鲜〈劳动新闻〉代表团谈话记录》，1963 年 4 月 26 日。

先后与中国断交,[①]从而使中国进入自我孤立的艰难时期。连毛泽东自己都说:“我们现在孤立了,没有人理我们了。”[②]1978 年邓小平访问新加坡时,时任总理李光耀就这个问题明确提出“中国必须停止革命输出”,邓小平代表中国共产党接受了建议,不再搞革命输出,从而大大改善了中国的对外关系,大大拓展中国的对外开放之路。

毛泽东指出:“如果不把党的历史搞清楚,不把党在历史上所走的路搞清楚,便不能把事情办得更好。”[③]在谈论改革开放前的这段历史时,人们更多地是把眼光和问题集中在生产力和经济基础上,即“社会主义不应该是贫穷的”这一命题上,对社会公平正义方面讨论的较少。其原因在于,在一个人员的流动基本处于停滞、信息极度不畅通的状况下,人们普遍贫穷且平均主义盛行,人们可比较的对象只能是身边人,是处于同一社会结构中的人,比较的结果是大家日子都不好过、都差不多,因此在横向上没有太大的不公平感受。而在纵向上,相对于新中国成立前的山河破碎、战祸连连、民不聊生,在国家独立、民族解放、社会安定、生命得到保障方面就是一大进步。比较对象的局限性使得人们对一些公平正义的问题敏感度不高,形成了对社会公平正义问题关注度不够的情况。事实上,社会公平正义恰恰是贯穿改革前段历史的主线之一,对社会主义公平正义的认识和追求直接影响着政党和国家内外政策。

共产主义或社会主义是社会公正的代名词,当人民接受并追随中国共产党为共产主义和社会主义而奋斗时,共产主义和社会主义自然而然地成为人民群众社会公正追求的制度寄托。社会主义所具有的这种象征意义,

① 参见王泰平主编:《中华人民共和国外交史(1957—1969)》,世界知识产权出版社 1998 年版,第 11 页;并见中华人民共和国外交部网站,http://www.fmprc.gov.cn/chn/lbfw/jjbiao/t19650.htm。

② 转引自中共中央党史研究室:《中国共产党历史》(二卷下),中共党史出版社 2011 年版,第 881 页。

③ 《毛泽东文集》(第二卷),人民出版社 1999 年版,第 399 页。

使它也同时具有符号化的脸谱。事实上也确实如此，新中国成立后在很多党员干部和人民群众朴素简单的思想中，只要是社会主义制度建立，美好的生活就会自动降临。社会主义制度是什么？简单地说就是公有制、计划经济加按劳分配。掌握了政权，人民民主专政、社会主义公有制、按劳分配的原则等这些社会主义的上层建筑均可由对社会有着更高期许的人们建立，然而与之相适应相配套的生产力的水平却难以在短期内单凭人的愿望和激情直接提升。没有了相应的生产力作为保证，社会主义就变成了“瘸腿”的社会主义，马克思主义预测的社会公平正义就走了样。改革开放前的实践再一次证明，社会公正要求的满足，社会公正层次的提升，必须具备一定的物质基础，仅有良好的愿望是无济于事的。没有物质基础的支撑，再平均的分配也只是共同贫穷。

从社会公正的角度去回顾改革开放前这段历史，并不是单纯地强调或者是想要拔高社会公平正义在社会主义中的地位，而是想要用这段活生生的历史现身说法，当生产力成为生产关系的附庸，更能从反面角度看清生产力与生产关系的规律性作用。事实上，这段历史中的挫折恰恰证明了生产力在社会公平正义实现程度上的决定性作用。同样，我们也不能因为曾经忽视生产力而超越地想要实现社会公平正义，就否定社会公平正义在社会主义的本质属性地位，如果抛弃了社会公平正义这个更具显性的标志化属性，社会主义也难说它比资本主义优越、先进，毕竟资本主义在发展生产力方面还是很有一套的。历史的经验证明，经济发展和社会公平正义是社会主义的一体两面，不可偏废。如何使两者在动态发展中达到平衡仍然是中国共产党进一步探索的根本问题。

四、改革开放以来中国特色社会主义的再探索

马克思恩格斯在对未来进行预测的同时,保持了辩证唯物主义的客观态度。恩格斯明确指出:“无论如何,共产主义社会中的人民自己会决定,是否应当为此采取某些措施,在什么时候,用什么办法,以及究竟是什么样的措施。”[①]因为“‘社会主义社会’不是一种一成不变的东西,而是应当和任何其他社会制度一样,把它看成是经常变化和改革的社会”[②]。马克思主义经典作家给中国探索自己的社会主义道路提供了基本方法论和观点,要求中国共产党人根据中国的具体情况,把马克思主义的基本原则与中国的实际相结合,探索出一条既坚持社会主义的基本原则,又有鲜明的中国特色的社会主义道路。这条道路是社会主义一般与个别的统一,是社会主义发展规律在中国的特殊体现。

社会主义是什么样子的?中国走向何方?1978 年中国共产党人站在一个重大历史关口。自 1956 年社会主义制度建立以来,已有 22 年,中国仍然处于一个贫穷落后的状态,这不能引起中国共产党和人民群众的深深思索。是社会主义实现方式的不对,还是社会主义本身的问题?这样的疑惑如果不能解除,对社会主义的认识不能清晰,社会主义道路就很难顺利地向下走,更有甚者,能不能走社会主义道路都是问题。现实危机和信念危机都要求对社会主义进行再思考再认识,对社会主义建设的具体道路进行再探索。

(一)社会主义建设情境的变化

与新中国成立后社会主义建设面临的情况相比,改革开放之初的社会

---

① 《马克思恩格斯文集》(第十卷),人民出版社 2009 年版,第 455 页。
② 《马克思恩格斯文集》(第十卷),人民出版社 2009 年版,第 588 页。

主义建设有了很多有利的因素。1978 年 9 月邓小平在东北三省视察时指出，我们现在要实现四个现代化，有好多条件，毛泽东在世的时候没有，现在有了。[①] 这些条件包括：

1. 和平因素逐步增长

相比于新中国成立初期，注定要走社会主义道路的中国在国际上面临资本主义阵营的赤裸裸的敌视、封锁、禁运，不时地面临着各种战争的威胁，改革开放前的国际局势要和缓得多。从世界整体上来看，战争的威胁仍然存在，但世界和平的力量超过了战争力量的增长。和平的主要力量，人口占世界的四分之三的第三世界的是不希望战争的，因为任何的战争最后受害最深的都是第三世界国家；美苏两个超级大国的全球性战略部署都受到了挫折，军事军备竞赛都不程度地拖累了本国的发展，由于都拥有毁灭性的核武器，哪一方也不敢轻易地发动大战；1971 年中国恢复在联合国的合法席位，1972 年中日邦交正常化，尤其中国与美国这个资本主义超级大国关系的破冰及建交，使得一些持观望态度的国家开始注重与中国的关系。

粉碎了“四人帮”后国内政治局面实现安定，中国共产党抛弃过去以意识形态为先看待其他制度国家的外交导向，也不再以自己的经验为标准去衡量和看待其他社会主义国家的政党，为进一步改善和开拓中国共产党与外国及国外政党的交往创造了条件。20 世纪 70 年代以来，中国与周边许多国家恢复或建立了外交关系。邓小平根据国际环境和周边环境的变化，改变了原来认为战争的危险已迫近的看法，明确指出：“大战打不起来，不要怕，不存在什么冒险的问题。以前总是担心打仗，每年总要说一次。现在看，担心得过分了。我看至少十年打不起来。”[②]1980 年邓小平再次指出，我

① 参见中共中央党史研究室著：《中国共产党的九十年（改革开放和社会主义现代化建设新时期）》，中共党史出版社、党建读物出版社 2016 年版，第 654 页。

② 《邓小平文选》（第三卷），人民出版社 1993 年版，第 25 页。

们的对外政策，就本国来说，是要寻求一个和平的环境来实现四个现代化。对世界格局的判断由最初的“至少十年打不起来”到“争取二十年的和平环境是可能的”①再到“可以争取到五十年左右的和平环境”②，显示了党敏锐地捕捉到了新时期世界格局的和平趋势，也表明了党期望在一个和平条件下专心于经济建议的强烈愿望。“没有这个判断，一天诚惶诚恐的，怎么能够安心地搞建议？更不能搞全面改革。”③世界和平有可能得以长久维护，中国的对外关系由自我封闭向在独立自主的基础上坚持和平共处五项原则转变，恢复和加强与世界各国的联系的交往，为我国致力于经济建设、提高人民的生活水平提供了良好的环境和更多的可能性，也为开展和扩大对外经济交流合作奠定了基础。

2. 世界经济一体化趋势加快

以信息技术为核心的工业社会发展到了高级阶段，世界经济日益成了一个利益相关的共同体。新技术革命极大地促进了各资本主义国家经济的快速发展，世界市场由生产导向转向消费导向，消费不足成为各发达国家发展的主要障碍。20 世纪 70 年代，各主要资本主义国家普遍面临市场萎缩、生产过剩、资金过剩、开工不足的问题和摆脱经济萧条、调整产业结构、开辟新的市场的需要，仅欧洲就有 5000 亿美元的游资没有出路。发达国家的资金要寻找投资点、技术要找市场、商品要找销路；中国需要资金、技术和商品，中国这个大市场再次成为各资本主义国家寻求经济技术合作的重大目标。在中日签订了长期贸易协定后，各国从中看到与中国进行合作的现实

① 中共中央文献研究室编：《邓小平年谱（1975—1997）》（上），中央文献出版社 2004 年版，第 621 页。

② 中共中央文献研究室编：《邓小平年谱（1975—1997）》（上），中央文献出版社 2004 年版，第 1148 页。

③ 中共中央文献研究室编：《邓小平年谱（1975—1997）》（上），中央文献出版社 2004 年版，第 522 页。

可能性，都有向中国投资或同中国合作的愿望。

1978 年前后，党和国家领导人纷纷走出国门，大规模地对世界各个国家进行访问和交流，通过日益增多的对外交往，对国际形势的上述特点有了更加直接和全面的了解，更加认识到关起门搞建设是很难实现社会主义发展目标的。邓小平指出："我们派了许多代表团到欧洲和日本去考察，发现我们可以利用的东西很多，很多国家都愿意向我们提供资金和技术，条件也不苛刻，从政治、经济角度对我们都有利，为什么不干呢？国际条件有利，国内条件也有利，只要下决心干，就可以加快建设速度。"[①]后发国家要想实现赶超的目标，必须要借鉴世界先进的科学技术和文化，没有哪个国家在落后的基础上可以关起门来实现赶超的。差距要求中国学习外国先进的技术和经验，获取现代化建设所需要的各种资源，缓和的国际局势给我们引进国外先进技术和资金提供了条件，开放势在必行。党中央首先作出了充分利用国外的先进技术、设备、资金和组织经验来加快建设的决策。这是改革开放的先声，也是改革开放自上而下的动力之源。

3. 社会主义亟待变革

改革开放前夕，社会主义建设已有二十余年，中国却依然没有摆脱贫穷落后。其一，人民的生活水平堪虞。1978 年，全国人均粮食占有量只略高于 1957 年，许多地方的农民口粮不足，有些地方口粮严重不足，全国仍有 2.5 亿绝对贫困人口没有解决温饱问题。1977 年，时任安徽省委第一书记的万里到安徽各地调研："农民的生活水平这么低啊，吃不饱，穿不暖，住的房子不像个房子的样子。淮北、皖东有些穷村，门、窗都是泥土坯子，连桌子、凳子也是泥土坯的，找不到一件木器家具，真是家徒四壁呀。我真料不到，解

① 中共中央文献研究室编：《邓小平年谱（1975—1997）》（上），中央文献出版社 2004 年版，第 329 页。

放几十年了,不少农村还这么穷!”[①]这种情况并不是个别现象。城镇中,1978 年失业青年有 2000 万人,实际城镇失业率高达 19% 左右,许多日常生活消费品供应不足,需要凭票购买。生活的压力激起了广大人民群众要改变现状的强烈愿望,安徽凤阳小岗村的十八户农民以悲情意识用签订生死状的悲壮行动开始了民众自我探索增产救穷的道路,这只是广袤大地上亿万农民自发行动的一个缩影。这样的愿望和行动就是生产力发展的要求,是人民价值追求和规律性的自动统一。

其二,与发达国家的差距不减反增。中国社会主义建设没能达到应有的成就的二十年间,却是发达资本主义国家经济发展的第二个“黄金时代”。美国、欧洲等西方资本主义国家及日本、韩国等中国周边的一些国家和地区,在新科技革命浪潮的推动下实现了经济科技的迅速发展。1952—1972 年西方国家工业生产的年平均增长率为 6.1%,中国 1952 年到 1978 年中国 GDP 实际年平均增长率只有 4.7%;1978 年,中国的 GDP 总额为 3010 亿元,占世界总量的比重仅为 1.8%,美国、日本、联邦德国、法国、英国分别是中国的 11.01、5.08、3.33、2.46、1.61 倍;中国的发展和人民生活水平的大多数指标都排在世界国家和地区 170 位以外,处于联合国有关部门和世界银行等组织划定的贫困线之下。科技水平上,除了某些军事工业技术外,其他方面自主的科学技术落后发达国家 40 年左右,落后于韩国、巴西等国家 20 年左右。

1978 年,一些党的高级干部走出国门,立刻被世界现代化程度发展之快的现实情况强烈震憾了,他们认识到中国同发达国家在经济科技管理等方面正在拉大的差距,不能不痛心疾首于落后的现实:“我们太落后了,五亿吨煤,用二百六十万人。美国七亿吨煤用了多少人? 十九万人。”[②]大家的一个

---

① 田纪云:《万里:改革开放的大功臣》,《炎黄春秋》2006 年第 6 期。

② 房维中:《在风浪中前进——中国发展与改革编年纪事》(第一分册),2004 年 11 月初,未刊,第 128 页。

共同的感觉是，“相比之下，实在觉得我们太寒碜了”[①]。在社会主义初创时期，我国跟资本主义社会相比存在着的巨大差距，可以归之于战争、归之于历史因素。然而在社会主义建设进行了20多年之后，差距不仅没有缩小，反而扩大了，这势必使社会主义的优势性受到国内国外的各种质疑。咄咄逼人的差距带来的震撼，党内干部和人民群众的疑惑使得党的领导层强烈感受到了改革落后状况的必要性和紧迫性，“我们太穷了，太落后了，老实说对不起人民”[②]，这些年耽误的时间太长了。1978年9月，邓小平在东北三省视察时指出：“外国人议论中国人究竟能够忍耐多久，我们要注意这个话。我们要想一想，我们给人民做了多少事情。”[②]党的领导层在内外的现实对比面前深深地认识到，党再不调整政策，另寻出路，奋起直追，真是愧对人民、愧对民族，愧对时代、愧对社会主义这个词了。

4. 赶超资本主义国家的信心增强了

落后的社会主义中国一直有着超越资本主义国家的强烈愿望，这既反映了中国人民对于社会主义制度的优越性和先进性进行证明的迫切要求，也是近代以来中国人民积极探索求富求强、救国富国之路的内在要求。只是由于没有采取符合自身实际情况和客观规律的政策措施，过急过快，导致超越的愿望不仅没能实现，反而成为“左”的错误思想的诱发因素。中国的社会主义建设遭受了挫折，但赶超的愿望和要求本身并没有错，能不能赶超、如何赶超成为压在中国共产党人身上的一幅沉甸甸的重担。

要赶超，光有愿望和意志是不够的，还要有科学的道路和方法。人类历史上，一直存在着后发国家利用“后发优势”快速地实现现代化的事例。如19世纪的中后期，落后于英法的孱弱的德国后来者居上，一跃成为欧洲大陆

---

① 邓力群：《日本经济情况》，《经济研究参与资料》(45)，1979年3月21日。

②③ 中共中央文献研究室编：《邓小平年谱(1975—1997)》(上)，中央文献出版社2004年版，第380页。

头等强国。“后发优势”指落后国家可以通过引进、消化、学习、吸收先进国家的技术和现代化经验,汲取其教训,在自身发展的基础上进行改革创新,这样能大大减少技术和制度进步、创新的成本和时间,实现后发先至的目的。在中国自我封闭的二十年间,周边的亚洲“四小龙”利用科技革命实现快速的发展,成为发达的国家和区域,它们的发展给中国提供了一个赶超的典范。以日本为例,1950 年前后,二战后的日本经济非常困难,仅可满足温饱。1955—1976 年间,日本国民生产总值增长了 4.8 倍,1978 年达到近 1 万亿美元,仅次于美国,居世界第二位。随着经济的调整发展,国民生活有了很大改善。日本工人平均实际收入 22 年间增长 2.1 倍,平均每人每年增长 6%。全国平均每两户有一辆汽车,95% 的家庭有电视、电冰箱等耐用消费品。农民的物质生活条件与工人差不多,即使生活最差的农民,一年也可以有 150 万日元的收入。这样活生生的身边实例让中国共产党看到了赶超真实可靠的样板,“出去的同志回来了,自信心更强了。原来认为 23 年很快就过去了,一考察,日本搞现代化只有 13 年,德国、丹麦也是几十年。今年我们起来是 3000 万吨钢,日本起步时只有 2200 万吨钢。我们有优越的社会主义制度,有九亿人口,资源丰富,有正反两方面经验,只要路线、方针、政策正确,安定团结,调动各方面积极因素,可以赶上去”[①]。中国人看到了超越的希望和可能性,重新树立起了超越的信心。

(二)什么是社会主义——否定基础上的社会主义再认识

“我们有两种经验,错误的经验和正确的经验。正确的经验鼓励了我们,错误的经验教训了我们。”[②]“文化大革命”结束后,中国社会主义建设仍处于徘徊的阶段。由于长期以来“左”的观念在人民心目中根深蒂固的影

① 房维中:《在风浪中前进——中国发展与改革编年纪事》(第一分册),2004 年 11 月初,未刊,第 128 页。

② 《毛泽东文集》(第八卷),人民出版社 1999 年版,第 338 页。

响，单一的公有制、计划经济、阶级斗争导向等不符合中国实际情况的认识和做法仍然占据着主导地位，难以动摇。而对于符合中国实际发展情况的社会主义应该是什么样的，我们党也还没有准确的、清晰的认识，只能边建设边探索。历史是最好的教科书，“文化大革命”成了全国人民的大课堂。一些严重违背自然规律的、明显错误的认识和做法窒息了人民群众的积极性和创造性，严重阻碍了社会主义的经济发展和人民生活的改善，为党内一些干部和人民群众所强烈反对。新时期的探索就从拨乱反正开始，从对明显不属于社会主义的东西的否定开始。正确地运用马克思主义和毛泽东思想这个强大的思想武器，澄清被林彪、“四人帮”等颠倒、破坏、歪曲的理论是非、思想是非、路线是非、政策是非，将不属于社会主义本质的东西清理出去，从否定上生出肯定，厘清属于社会主义本质性的东西，为新时期社会主义的探索奠定理论基础。由真理标准问题大讨论作为导火索，以解放思想、实事求是为思想引导，以邓小平同志为核心的第二代中央领导集体号召全党不要将马克思主义理论看成僵死不变的教条，敢于去触及禁区、敢于去弄清是非，破除了“两个凡是”对人们思想的禁锢，冲破长久以来左倾错误思想在人们头脑中的精神桎梏，用批评与自我批评的方法清理“左”的错误思想，开始了社会主义认识的重塑过程。

1. 社会主义不是穷的是富的

社会主义是穷的还是富的，这是事关社会主义本质的首要问题。社会主义是富裕的，本不是一个问题。因为马克思恩格斯预测的社会主义是建立在发达资本主义国家基础之上的，发达的生产力和雄厚的物质基础是题中之义。因此，马克思恩格斯并没有另外去谈论共产主义、社会主义的富裕性问题，而是将重点放在如何实现公平的分配上。在社会主义建设的头十年，党对发展生产力和提高人民生活水平的愿望也是确定的，只是因为急于求成和对于社会主义认识过多地放在生产关系的求公求纯上，导致在生产关系的变革中采用超越社会发展阶段的认知和政策，最终损害了经济发展，使得国家和人民陷于贫穷状态。将社会主义与贫穷挂钩，将任何求富的做法视为资本主义是“左”的思想发展到极致的“文化大革命”时期。由于对马克思提出的按劳分配仍是“资产阶级法权”的理解出现了偏差，毛泽东对按劳分配带来的劳动报酬方面的差距一直持担心和防止态度，认为商品经济、按劳分配、八级工资制都是一种与资本主义有着密切联系的不平等的“资产阶级法权”，小生产会经常地、每日每时地、自发地和大批地产生着资本主义和资产阶级，会导致贫富悬殊、两极分化，甚至产生特权阶段。这种思想在“文化大革命”时期被一些人利用，发展成了否认一切的收入差距，搞物质刺激、利润挂帅、奖金挂帅是修正主义路线，自留地、家庭副业、集市贸易都属于应该割掉的“资本主义尾巴”，“穷过渡”“穷光荣”“宁要社会主义的草，不要资本主义的苗”等明确违反社会主义要求的荒谬观点借势而生，压抑了人民群众发展生产力、提高生活水平的正常愿望。对社会主义认识上的极端偏差直接导致了政策方针上的严重错误，在“无产阶级全面专政”指导思想的笼罩下，各种限制“资产阶级法权”、限制“小生产”，铲除资本主义土壤的措施出台，使生产力的发展受到严重的伤害。“文化大革命”的 10 年中有 5 年经济增长不超过 4%，其中 3 年负增长；1967、1968、1976 年分别为 -5.7%、-4.1%、-1.6%。仅 1974 年到 1976 年，全国就“损失工业总产值 100 亿元，钢产量 2800 万吨，财政由入 400 亿元，整个国家经济几乎到了崩溃的边缘。”①

如果社会主义比资本主义社会穷，社会主义优越性又体现在哪儿？人们有必要舍资本主义而选择社会主义吗？党的第二代领导核心邓小平深刻

① 华国锋：《团结起来，为建设社会主义的现代化强国而奋斗——1978 年 2 月 26 日在第五届全国人民代表大会第一次会议上的政府工作报告》，《人民日报》1978 年 3 月 7 日。

认识到厘清社会主义穷富问题的重要性，多次对各种“穷”社会主义的观点提出了强烈的质疑：“‘四人帮’鼓吹宁要贫穷的共产主义或社会主义，也不要富裕的资本主义。这是一种谬论，是对社会主义的歪曲甚至污辱，向穷的方向发展，这不能叫社会主义。”[①]“究竟什么叫社会主义？有没有穷的社会主义？这些问题过去我们解决得不好。‘文化大革命’中甚至讲穷的共产主义。共产主义社会是‘各尽所能，按需分配’，要是很穷，拿什么东西来分配？”[②]“什么叫社会主义？它比资本主义好在哪里？每个人平均六百几十斤粮食，好多人饭都不够吃，28 年只搞了 2300 万吨钢，能叫社会主义优越性吗？”[③]“社会主义要表现出它的优越性，搞了 20 多年还这么穷，那要社会主义干什么？”[④]党的各级干部在各种会议上纷纷对“钱就是资本主义，富就是修正主义、穷才是社会主义”的荒谬观点进行了驳斥。1978 年 11 月在中央工作会议上，西南组代表就尖锐地指出，如果农民富了就会产生资本主义，那我们只有世世代代穷下去，那我们还干什么革命呢？老百姓养几只鸡、种几棵树，怎么就能搞出资本主义？个体农民靠自己劳动进行家庭副业，不剥削别人，这叫资本主义吗？让农民搞点家庭事业能出资本主义吗？[⑤] 对于“社会主义是穷的”批判是人民群众的强烈呼声的集中反应，也是我们党重新思考和探索“什么是社会主义、在中国怎样建设社会主义”的强有力的信号。社会主义必须消灭贫穷，实现全民富裕的最终目标，这是马克思主义对

① 中共中央文献研究室编：《邓小平年谱（1975—1997）》（下），中央文献出版社 2004 年版，第 724 页。

② 中共中央文献研究室编：《邓小平年谱（1975—1997）》（下），中央文献出版社 2004 年版，第 1142 页。

③ 中共中央文献研究室编：《邓小平年谱（1975—1997）》（上），中央文献出版社 2004 年版，第 277 页。

④ 中共中央文献研究室编：《邓小平年谱（1975—1997）》（上），中央文献出版社 2004 年版，第 384 页。

⑤ 参见曹普：《当代中国改革开放史》（上卷），人民出版社 2016 年版，第 131 页。

社会主义的构画。在否定的基础上重新确立马克思主义的社会主义观，是将社会主义道路的探索引回正确道路上来的前提基础。“我们讲不能有穷的社会主义，穷不能体现社会主义的优越性，搞社会主义就是要使国家和人民一步一步富起来。”①

社会主义是富裕的，这是社会主义与资本主义比拼的资本。社会主义的富与资本主义的富有本质的区别。“我们讲的致富不是你们讲的致富。社会主义的原则，第一是发展生产，第二是共同致富。我们允许一部分人先好起来，一部分地区先好起来，目的是更快地实现共同富裕。我们政策是不使社会导致两极分化。我们不会容许产生新的资产阶级。”②社会主义的一个含义就是共同富裕，这是社会主义的不能动摇的基本原则。失去了这个原则，社会主义也就与资本主义没有什么不同。因此，社会主义既要强调富裕，通过各种合理方式实现富裕，还要保证共同富裕，是一个人人共同享有社会发展成果的富裕社会。这是新时期社会主义发展的根本要求。

2. 中国处于并将长期处于社会主义初级阶段

任何一个社会都在不断发展、演变，从量变到质变，最终跃迁到更高的社会阶段。从社会主义发展到共产主义阶段，也必须要经过不同水平的量变阶段的积累，才能最终创造出向共产主义社会过渡所需要的物质文化基础。马克思恩格斯在构想共产主义社会时认为，从发达的资本主义社会进化到共产主义需要经历过渡时期、共产主义的第一阶段或低级阶段和高级阶段。现实的社会主义不同于马克思恩格斯的预想，必然在变化发展过程呈现出更多更细的阶段性特征。列宁在探索苏联社会主义道路的实践中提

---

① 中共中央文献研究室编：《邓小平年谱（1975—1997）》（下），中央文献出版社 2004 年版，第 1143 页。

② 中共中央文献研究室编：《邓小平年谱（1975—1997）》（下），中央文献出版社 2004 年版，第 1133 页。

出了在社会主义向共产主义社会发展的过程中，会经历“初级形式的社会主义”“发展的社会主义”等阶段。但他同时指出，社会主义不是一种僵死的、凝固的、一成不变的东西，社会主义的生产力将以什么样的速度向前发展，最终实现共产主义，这都是我们所不知道而且也不可能知道的，“因为现在还没有可供解决这些问题的材料”①。1959—1960 年间，毛泽东在读苏联《政治经济学教科书》时，从中国的特殊国情出发对中国社会主义的发展阶段问题进行思考，认为：“社会主义这个阶段，又可能分为两个阶段，第一个阶段是不发达的社会主义，第二个阶段是比较发达的社会主义。后一个阶段可能比前一个阶段需要更长的时间。”②不发达的社会主义基本准确地概括了我国社会主义发展阶段的基本特征，可惜毛泽东没有坚持正确的国情判断，犯了急性病，主观地缩短了各个发展阶段的时间，想要跑步进入共产主义，于是各种不符合中国实际的口号产生了，“共产主义在我国的实现已经不是遥远站起来的事情”“共产主义的前夜”“立即进入共产主义”“已经建成共产主义”，各种超越阶段的政策和实践实施了，最终因为违背了生产力和生产关系之间的基本规律，使得中国社会主义发展遭受了挫折。1982 年邓小平指出：“我们以往的错误常常是过急，‘左’的东西多，不是量力而行，而是超过客观条件。”③

重新认识中国的社会发展阶段，是新时期社会主义建设各项方针政策制定的前提。要正确认识中国的国情，必须将中国放在世界格局去比较，才能不重犯夜郎自大的错误。中国在形式上是个大国，在经济上却远远不是强国。1977 年邓小平对中国之大进行了切实的说明：“人们都说中国是个大

① 《列宁专题文集（论社会主义）》，人民出版社 2009 年版，第 35～39 页。

② 《毛泽东文集》（第八卷），人民出版社 1999 年版，第 116 页。

③ 中共中央文献研究室编：《邓小平年谱（1975—1997）》（下），中央文献出版社 2004 年版，第 795 页。

国,其实只有两点大,一是人口多,二是地方大。就发展水平来说,是个小国,顶多也是个中小国家,连中等国都算不上。”[①]1978 年,时任广东省副省长的王全国走出国门感受到中国与世界发达国家的差距时,大为感慨:“闭关自主,总以为自己是世界强国,动不动就支援第三世界,总认为资本主义腐朽没落,可走出国门一看,完全不是那么回事,你中国属于世界落后的那三分之二?”[②]

落后不可怕,可怕是落后而不自知,妄自尊大。这种情况在中国近代开端的时候在封建王朝里出现过,在国门被枪炮打开时被迫从迷梦中惊醒。1978 年以来,在实事求是的思想路线的指引下,中国共产党开始了对中国国情的定性认识过程。中国已经是社会主义,无论是中国共产党还是中国人民都不允许中国走回资本主义的道路上去,那样就枉费无数共产党人和革命先烈的艰苦奋斗和流血牺牲。然而,新中国成立以来,我国社会主义建设虽然有相当的发展,但人口多,底子薄,人均国民生产总值仍居于世界后列,生产关系和上层建筑等还不成熟不完善。这样的事实表明,中国的社会主义显然没有达到社会主义的合格标准,因而还不是够格的社会主义。1979 年叶剑英首先对中国的发展阶段进行说明,指出中国社会主义制度“还不完善,经济和文化还不发达”,因此“还处在幼年时期”。[③] 党的十一届六中全会在总结新中国成立以来党的历史经验教训的基础上进一步指出,我们的社会主义制度还处在初级阶段,我们的社会主义制度由比较不完善到比较完善,必然要经历一个长久的过程。党的十二大重申了我国的社会主义正处在初级发展阶段的论断,并指明了物质文明不发达是初级阶段社会主义的

① 《邓小平文选》(第三卷),人民出版社 1993 年版,第 203 页。

② 宋晓明、刘蔚主编:《追求 1978——中国改革开放纪元访谈录》,福建教育出版社 1998 年版,第 543 页。

③ 中共中央文献研究室编:《三中全会以来重要文献选编》(上),人民出版社 1982 年版,第 295、300 页。

根本特征。党的十三大提出了完整的社会主义初级阶段理论,明确指出,我国社会主义脱胎于半殖民地半封建社会,生产力水平远远落后于发达的资本主义国家,决定了我们必须经历一个很长的初级阶段,去实现别的许多国家在资本主义条件下已经实现了的工业化和生产的商品化、社会化、现代化。社会主义初级阶段论断包括两个层次的含义:其一是说我国已经是社会主义社会,我们必须坚持而不能离开社会主义道路;其二是说我国的社会主义还处在初级阶段,我们必须从这个实际出发,而不能超越这个阶段。

从跑步进入共产主义到社会主义不够格的初级阶段理论,表明党对本国的国情从头脑发热到清醒客观的认识过程。在社会主义初级阶段理论的定性过程中,并非没有异议。如有人提出,我国目前是处于共产主义初级阶段,而非社会主义初级阶段。这个判断高估了我国的社会发展阶段。共产主义初级阶段一般指社会主义阶段,依据马克思恩格斯的论述,共产主义初级阶段应该是建立在发达资本主义的生产力基础上,具有现代化生产力水平的社会主义阶段,只是由于旧制度的残余,还只能实现按劳分配的原则。中国的社会主义初级阶段指共产主义的初级阶段的初级阶段,它有自己的专门的定义,特指我国在生产力落后、商品经济不发达条件下建设社会主义必然要经历的特定阶段,这个阶段从20世纪50年代生产资料私有制的社会主义改造基本完成开始,到2035年基本实现社会主义现代化,至少需要上百年时间的发展,这才算得上进入共产主义的初级阶段。承认中国的社会主义还是不合格的社会主义,确立社会主义初级阶段理论的系统理论,体现了党坦率又具胆识的精神。

社会主义初级阶段理论的建立为生产力的发展和社会公平正义的实现程度提供了最基本的遵循。社会主义既要快速发展,又不能以不切实际的速度发展;既不能超越初级阶段去强求难以实现的社会公平正义,又要及时地根据阶段性发展要求调整公平正义的实现程度。它为中国的改革开放、为中国特色社会主义理论建构和实践探索提供了根本依据和现实性支撑。新时代以来，以习近平同志为核心的党中央多次重申“我国仍处于并将长期处于社会主义初级阶段的基本国情没有变”，要求全党“牢牢把握社会主义初级阶段这个基本国情，牢牢立足社会主义初级阶段这个最大实际”，[①]并根据中国改革开放以来四十多年发展的实际情况发展了这一论断：在全面建成小康社会、实现第一个百年奋斗目标之后，我们要乘势而上开启全面建设社会主义现代化国家新征程、向第二个百年奋斗目标进军，这标志着我国进入了一个新发展阶段。“新发展阶段是社会主义初级阶段中的一个阶段，同时是其中经过几十年积累、站到了新的起点上的一个阶段。新发展阶段是我们党带领人民迎来从站起来、富起来到强起来历史性跨越的新阶段。”[②]新发展阶段的论断是对社会发展变化更精微的把握，是社会主义主义初级阶段的发展和完善。它进一步表明，不仅社会主义社会是一个动态的、阶段性的发展过程，每一个发展阶段在不同时期会表现出不同特征。社会主义初级阶段也不是一个自发、被动、不用费多大气力自然而然就可以跨过的阶段，而是一个动态、积极有为、始终洋溢着蓬勃生机活力的过程，是一个阶梯式递进、不断发展进步、日益接近质的飞跃的量的积累和发展变化的过程。它要求我们必须根据社会主义初级阶段的发展变化不断改革和调整建设社会主义的举措，使我们最终能达到合格的社会主义。

3. 生产力中心位置的回归

马克思明确指出，物质生产状况决定自由的程度：“人们每次都不是在他们关于人的理想所决定和所容许的范畴之内，而是在现有的生产力所决

① 习近平：《决胜全面建成小康社会 夺取新时代中国特色社会主义伟大胜利——在中国共产党第十九次全国代表大会上的报告》，人民出版社 2017 年版，第 12 页。

② 《习近平在省部级主要领导干部学习贯彻党的十九届五中全会精神专题研讨班开班式上发表重要讲话》，《人民日报》2021 年 1 月 12 日。

定和所容许的范围之内取得自由的"[①]。中国社会主义要实现社会公平正义的愿望和理想,最终要取决于现有的物质经济条件。中国社会主义基本制度建立之后,聚精会神、集中力量发展社会生产力,这本来是党和国家工作的题中应有之义。然而1957后,由于国内国外的各种因素的影响,党的八大上确立的党和国家的重点任务是经济建议这个论断和相关决策发生动摇,逐渐被否定和抛弃,"文化大革命"时更是被批判为"唯生产力论",使得谈论生产、经济发展成为一个理论禁区。

让生产力回归到中心位置上来包括两个方面的内容;一是明确发展生产力在党和国家的工作中心位置,让生产力复位;二是确立生产力的决定性作用,改变同生产力发展要求不适应的生产关系和上层建筑,恢复生产力应有的发展速度。这是两个相互关联的问题,前一个问题是基础,没有这个基础,一切符合生产力发展要求的改革政策措施就难以提出和实施;后一个问题是前一个问题的实现和保障。如果不能运用正确的方式和途径发展生产力,使得生产力不仅得不到发展,反而阻碍了生产力的发展,生产力的中心地位也只是徒有虚表。在现实中,在生产力地位回归过程中出现了将两个方面割裂的现象,即相当一部分领导干部同意前一个方面,却在改革旧有的不适应生产力发展的生产关系和上层建筑方面持反对态度,使得在发展生产力上的拨乱反正呈现了曲折和复杂的局面。

粉碎"四人帮"后,集中力量发展经济,改善人民的生活水平,这是党内党外广大干部群众的强烈愿望和集中呼声。经济学界首先运用马克思主义来打破"四人帮"设置的结界,对"唯生产力论"进行批驳,"抓生产力就是唯生产力吗?否!"[②]"在社会发展中,生产力的发展起决定作用,是第一性的,

① 《马克思恩格斯选集》(第四卷),人民出版社1995年版,第174页。

② 《把"四人帮"破坏生产的损失夺回来!》,《人民日报》1976年11月1日。

理所当然可以称之为‘唯生产力论’。‘唯生产力论’是马克思主义的历史唯物主义中的一个重要观点,这本来就不错。”①通过恢复生产力问题上的马克思主义面目,放开手脚、理直气壮地抓经济,经济思想领域的思想解放为生产力回复中心位置打开了一个重要的缺口。“以阶级斗争为纲”在很长一段时间里取代发展生产力的中心位置,并且在党员干部和人民群众探索生产力发展新思想和新路径的实践中扮演了“打人的棍子”的角色,是社会主义建设遭受挫折的重要源头。要实现生产力中心位置的回归,首先要否定“以阶级斗争为纲”“无产阶级专政下继续革命”的错误思想,将“以阶级斗争为纲”从党的工作中心位置上剔除出去。“以阶级斗争为纲”是毛泽东晚年错误的基石,在 1957 年后一直作为党的基本路线的核心。在长久的“左”倾氛围下,人们已经把“以阶级斗争为纲”当作天经地义的,再加上“两个凡是”的思想禁锢,要否定“以阶级斗争为纲”就必须具有很大的政治和理论勇气。在党的十一届三中全会以前,党内一些同志一直采用各种方式淡化和否认“以阶级斗争为纲”的说法,从《毛主席关于“纲”论述》入手将纲作为一个策略来分析,提出“以阶级斗争为纲”的提法也不是不可以改变的。② 1977 年 11 月,胡乔木就“无产阶级专政下继续革命”的口号提出疑问,认为口号含义不清,没有科学根据,逻辑上讲不清,批评一些同志形成一种心理,似乎党内的任何斗争不提到路线斗争的高度上来,就没有重要意义,就像吃饭没有吃饱似的,总不过瘾。③

一边是对“以阶级斗争为纲”的否定,一边是重新树立了发展生产力和经济建设的中心任务的努力。从强调发展生产力是马克思主义的根本要

① 于光远:《我承认自己是“唯生产力论”者》,载《1978:我亲历的那次历史转折》,中央编译出版社 2008 年版,第 300 ~ 301 页。

② 参见傅颐:《围绕“两个凡是”的交锋和“纲”的转移》,《百年潮》2001 年第 1 期。

③ 参见中共中央文献研究室编:《三中全会以来重要文献选编》(上),中央文献出版社 2011 年版,第 41 ~ 42 页。

求,“马克思主义归根到底是要发展生产力,贫困不等于马克思主义”[①],到反思二十年来基本路线上的错误,“毛主席最大的弱点是在社会主义建设中忽视生产力的发展”[②]。“以阶级斗争为纲”逐步被清出政治舞台,经济建设逐步成为党的工作的实际重点。最终,党的十一届三全中全会以振聋发聩的气势决定,从1979年起把党的工作重点和全国人民的注意力转移到社会主义现代化建设上来,这项决策从根本上解决了1957年以来没有解决好的工作重点转移问题。党的十一届六中全会在对新中国成立以来党的历史进行总结的基础上再次强调了经济建设中心不容转移,“今后除了发生大规模外敌入侵,绝不能再离开这个重点。党的各项工作都必须服从和服务于经济建设这个中心”[③]。在坚持四项基本原则的基础上,集中力量发展生产力。这是社会主义最根本的拨乱反正。

生产力的发展最终要遵循生产力和生产关系两者的辩证关系,新时期要提高生产力的发展水平,不能再走急于求成的道路,而是根据生产力发展的不同阶段的要求,及时地调整不适应生产力发展的生产关系、具体体制和管理形式。在粉碎“四人帮”后,党已经认识到发展经济的重要性,想使经济发展得快一些,但由于没有对新中国成立以来经济工作中“左”的错误思想进行深刻反思、系统清理和纠正,使得经济工作又回到了“文化大革命”前的急于求成、“大跃进”的老路上去,使得那两年经济处于徘徊不前的局面。事实证明,不仅要重视生产力发展,还要采取适合生产力发展的方式方法,才能真正发展生产力。这个方面就是遵循经济客观规律,就是生产力决定生

---

① 中共中央文献研究室编:《邓小平年谱(1975—1997)》(下),中央文献出版社2004年版,第791页。

② 中共中央文献研究室编:《邓小平年谱(1975—1997)》(下),中央文献出版社2004年版,第741页。

③ 中共中央文献研究室:《关于建国以来党的若干历史问题的决议注释本》,人民出版社1983年版,第63页。

产关系,生产关系必须适应生产力的发展和变革的根本规律。党的十一届三中全会同步指出,大幅度地提高生产力,就必须要求多方面地改变同生产力发展不适应的生产关系和上层建筑,改变一切不适应的管理方式、活动方式和思维方式。这是对“左”倾思想的纠偏,打破了长久以来坚持的公有制越大越公越好、计划经济、平均主义等对于社会主义的教条和空想的认识,将中国社会主义的发展回转到遵循生产力决定生产关系这一基本规律的正确轨道上来。改革开放以来的实践以事实不可辩驳地证明了,马克思主义社会发展基本原则的真理性。从 1978 年到 2020 年,我国国内生产总值从 3600 多亿元增长到 100 万亿元,占世界经济比重从 1.8% 跃升至约 17%,全国居民人均可支配收入由 171 元增加到 32189 元,社会主义中国愈来愈显示出生产力高速发展的先进性。

4. 社会主义本质论的提出

运用马克思主义的基本原则对社会主义是富裕的、社会主义的发展阶段、恢复生产力的中心任务这一系列的问题进行是非澄清,这是党重新思考和探索“什么是社会主义、在中国怎样建设社会主义”的前奏曲。厘清前人囿于历史条件带有空想因素的个别论断,剔除对马克思主义的教条式理解和附加到马克思主义名义下的错误观点,恢复了属于马克思主义原理和社会主义原则却被错误当作修正主义或资本主义批判的正确思想,保留社会主义的原则性要求,改革开放的总设计师邓小平最终将社会主义的本质概括为言简意赅的五句话:解放生产力,发展生产力,消灭剥削,消除两极分化,最终达到共同富裕。社会主义本质论跳出了原有的先验制度规定性的老套,深入社会主义功能性的层面上,注重社会主义的实效性,以朴实的语言刻画出了社会主义的根本属性,同时也将中国特色社会主义的现实性鲜明地表达了出来。

生产力是人类社会发展的决定性因素,也是社会主义所必需的物质条件。虽然对于社会主义的生产力是以什么速度发展，难以得出精确的数值，这个速度会根据人类社会发展不断的进行调整，但是社会主义具有让生产力从旧制度下解放出来、得到蓬勃发展的本质属性，这是毋庸置疑的。“解放生产力，发展生产力”一举抓住了生产力这个社会主义的决定性因素，将社会主义发展生产力的基本性质确立下来，使得社会主义恢复了本来的面貌。“社会主义不发展经济，还叫什么社会主义！革命就是要解放生产力。社会主义比资本主义不只是名词好听，而是生产力发展速度要超过资本主义。”①“社会主义的任务很多，但根本一条就是发展生产力，在发展生产力的基础上体现出优于资本主义，为实现共产主义创造物质基础。”②将解放生产力和发展生产力分开来界定，是因为解放生产力和发展生产力是既相互联系又相互区别的两个步骤。解放生产力更多的将加于现实生产力身上的枷锁解放开来，使生产力能在原有的水平得到充分发展。如，农村的土改政策使得小生产力的水平得到充分发展；改革开放初期，家庭联产承包责任制也是解放生产力的一种表现。“并没有增加机器，也没有增加投资，但政策对头，农民收入确实成倍的增加。”③解放生产力只是原有生产水平的释放，却不能实现生产力的飞跃。发展生产力要求不断实现生产力发展的跃迁，使得人类社会发展进入一个更高质量的发展阶段。在小生产的基础上是建立不起社会主义的，社会主义的实现必须建立在生产力现代化的基础上。“社会主义的第一个任务是发展社会生产力。1949 年取得了全国政权后，解放

---

① 中共中央文献研究室编：《邓小平年谱（1975—1997）》（下），中央文献出版社 2004 年版，第 876 页。

② 中共中央文献研究室编：《邓小平年谱（1975—1997）》（下），中央文献出版社 2004 年版，第 1069 ~ 1070 页。

③ 中共中央文献研究室编：《邓小平年谱（1975—1997）》（下），中央文献出版社 2004 年版，第 787 页。

了生产力，但如何发展生产力，这件事做得不好。”[①]发展生产力不仅要求改革旧的束缚生产力发展的生产关系和上层建筑，还必须在学习、引进、创造新的生产力的基础上，探索更高层次生产力发展的新方法新途径。如果只拘泥于旧生产力的发展，那么不可能获得比资本主义更高的发展速度，更难以与已进入发达阶段的资本主义进行比较和抗衡，社会主义的优越性也无法显现出来。因此，将解放生产力和发展生产力作为社会主义本质的表述，既表现了抓生产力这个共同点，又体现了中国特色社会主义在落后的基础上既要恢复生产力又要发展生产力的并联式发展道路的特征，是党对社会发展规律和社会主义本质更深刻、更符合实际的认识。

社会主义的优越性不仅表现在生产力发展上，还深入人心地体现在社会公正的价值要求上。生产力是基础，共同富裕是目标。“我们为社会主义奋斗，不但是因为社会主义有条件比资本主义更快地发展生产力，而且因为只有社会主义才能消除资本主义和其他剥削制度所必然产生的种种贪婪、腐败和不公正现象。”[②]“消灭剥削，消除两极分化，最终达到共同富裕”是社会主义公平正义的规定性要求。剥削压迫和两极分化是剥削制度不公正的集中体现，因此马克思主义明确提出，要消灭阶级剥削和压迫，消除贫困和两极分化，实现“以每个人的全面而自由的发展为基本原则的社会形式”[③]。自社会主义诞生以来，消灭剥削和消除两级分化始终与对社会主义的认知和理解紧密联系在一起，成为社会主义公平正义的主要目标和根本标志。这种认知是如此得清晰和深刻，使得各个社会主义国家在实践中都将消灭剥削和消除两极分化放在衡量社会主义性质的位置上，甚至将之凌驾于生

① 中共中央文献研究室编：《邓小平年谱（1975—1997）》（下），中央文献出版社 2004 年版，第 1184 页。

② 中共中央文献研究室编：《邓小平年谱（1975—1997）》（下），中央文献出版社 2004 年版，第 1078～1079 页。

③ 《马克思恩格斯全集》（第 23 卷），人民出版社 1972 年版，第 649 页。

产力这个决定性因素之上。全然消灭私有制,实行按劳分配,从生产关系上根本上铲除剥削的根源和土壤,两极分化就不会产生,这是社会主义国家的普遍之道。从道理上来讲这种选择没有错,从现实来讲却不合时宜。因为剥削和两极分化固然不会存在,但是缺乏发达生产力的支撑,共同富裕只能是镜中花、水中月。消灭剥削、消除两极分化作为社会主义的本质并没有错,但消灭剥削、消除两极分化本身不是目的,其目标是最终实现共同富裕。

社会主义的实践是人类社会发展的实践历程中的一个阶段,它仍然要遵循社会发展的客观规律性原则。实现消灭剥削、消除两极分化这一目标必须基于中国社会主义的实际来进行。社会主义初级阶段的国情局限性决定着消灭剥削、消除两极分化、最终达到共同富裕不能一蹴而就,只能是一个不断趋近的过程。在这个过程中,会有手段和方式的灵活运用,比如引进市场经济,也会出现一些与资本主义形似的现象和事物,如资本参与分配、雇工、剥削。在由小生产力向社会大生产力进化的过程中,在中国还不得不广泛地利用国外的资金、技术的对外开放过程中,中国的社会主义不得不允许一些剥削现象的存在,但这种剥削现象的存在是在社会主义制度的控制之下,不会影响社会主义的大局,其收益大头是为了发展社会主义的生产力,而不是落入某些少数人或某个阶级的腰包。在改造开放初期对于中国的广东、福建等地兴办特区吸收外资的做法,国内外都普遍存在中国是不是要放弃社会主义改走资本主义道路的疑问。美国人曾直接问邓小平,中国这样搞会不会变成资本主义?邓小平不无风趣地指出,我们赚的钱不会装进华国锋同志和我们这些人的口袋,我们是全民所有制,社会主义变不了资本主义。[①]"我们欢迎外国来中国投资、设厂,这里面有剥削,但这只是作为社会主义经济的一种补充。西方有人认为我们放弃了基本立场和信仰,这

① 参见中共中央文献研究室编:《邓小平年谱》(下),中央文献出版社2004年版,第506页。

不确实。”[①]“无论怎样开放，公有制经济始终是主体。同外国人合资经营，也有一半是社会主义的。合资经营的实际收益，大半是我们拿过来。不要怕，得益处的大头是国家，是人民，不会是资本主义。”[②]社会主义制度要保证的是“走向共同富裕”，这一目标和方向绝不能改变，“社会主义的目的就是要全国人民共同富裕，不是两极分化”[③]。

社会主义本质论是中国特色社会主义建设的基本指引。它包含的五句话是一个整体，全面地概述了社会主义的最根本、最深层的东西。在理解和把握社会主义本质论时要防止任何将其进行分割性认识和运用的倾向和做法，否则要么会歪曲到资本主义道路上去，要么就重新陷入共同贫穷的老路上去。

（三）改革开放以来社会主义实践的突破性探索

中国特色社会主义意味着中国走的是一条非常规的社会主义道路，非常规就必须在坚持社会主义本质的基础上，打破一些固定的认识和套路，根据中国的具体国情进行突破性的创新，非此难以闯过社会主义建设的难关。社会主义建设时期的经验让中国共产党深刻认识到，对于现实的中国来说，构建一个绝对公正的社会目标或希冀达到马克思主义所预想的“按需分配”的共产主义社会是不现实的，根据我国社会发展的具体阶段和国家的实际生产力水平提出适宜的公正目标，并将之细化为各个领域、层面上的具体目标才是重中之重。难题在于，在社会主义初级阶段的现实条件制约下，生产力能发展到哪种程度？公正能实现到何种程度？经济发展与社会公正之间

① 中共中央文献研究室编：《邓小平年谱（1975—1997）》（下），中央文献出版社2004年版，第791页。

② 中共中央文献研究室编：《邓小平年谱（1975—1997）》（下），中央文献出版社2004年版，第1008页。

③ 中共中央文献研究室编：《邓小平年谱（1975—1997）》（下），中央文献出版社2004年版，第1032～1033页。

的平衡点在哪里？中国特色社会主义道路并不是一个自然而然的发展过程，而是一个中国共产党人在借鉴国内外先进成果和社会主义建设经验教训基础上不断能动创新的过程。

1. 社会主义和市场经济——社会主义经济发展的新模式

社会主义市场经济是改革开放以来中国推进社会主义建设最重要的实践场域。社会主义市场经济建立的意义绝不只限于经济领域，而是中国特色社会主义发展生产力和促进公平正义的一个微观缩影。

(1)市场是一种手段

市场经济从根本上来说是经济发展的手段和途径，它产生于资本主义社会，兴盛于资本主义。在资本主义社会产生以前，自然经济的生产形式决定了农业是根本，自给自足是主要的生产生活方式，虽有商品和市场，但不是生产方式的主流，更没有形成市场经济。农为邦本，本固邦宁，前资本主义社会普遍的重农轻商，是与该阶段的生产力与生产方式相适应的。市场经济只能诞生于那个有了大工业的社会发展阶段，在那个阶段，生产者和自己的产品割离开来，生产不再是为了供生产者自己消费，而是为了进入市场交易。随着市场经济的发展，尤其是市场经济的世界化，生产者与产品的关联度越来越小，每一个生产者和产品都只是世界大工厂里极其渺小的一个节点，市场机制是联结无数个节点的最有效的方式。市场经济兴起于资本主义，壮大于资本主义，而且迄今为止仍是资本主义国家坚守的基本经济模式，因此市场经济往往被视为资本主义的所有物。

马克思恩格斯在其经典著作中对资本主义最先发展的西欧等国家进行分析的基础上，指出了崇尚自由竞争的市场经济必然带来经济危机的周期性爆发、贫富两极分化、无产阶级的日益贫困等固有的弊病，并在未来社会的构画中用计划来克服市场无政府状态的经济缺陷。由于将马克思对市场经济经济的批判简单理解为否定，各社会主义国家纷纷将市场经济视为是资本主义的原则并将之放在了社会主义的对立面,大多都照抄了马克思主义经典著作中的论断,采取了计划经济的管理模式,排斥市场经济。由此,市场经济被彻底地贴上了资本主义的标签,计划经济成为社会主义的基本特征,“市场资本主义”和“计划社会主义”分别成资本主义和社会主义的指称。这样的理解不仅广泛存在于社会主义国家中,也存在于资本主义国家中。

(2)社会主义市场经济体制

中国在社会主义建设时期,照搬了苏联的经济发展模式,也采用高度集中的计划经济体制,并在很长的一段时间内否认商品、价值、市场的存在合理性,在整个社会氛围形成了将社会主义等同于计划经济的固定认识。计划经济体制在一定时期发挥了积极作用,却无法长期满足中国庞大而复杂的生产力的发展要求,最终成为生产力的发展障碍。在改革开放的大政策下,商品、市场、价值规律等在事实上存在着、发展着,利用市场经济的有效手段来发展社会主义经济,逐渐成为中国社会主义发展生产力的重要选项。市场经济的引入无论在国内还是国外都引起了巨大的震动。在传统的认知中计划经济姓“社”、市场经济姓“资”的固化观念使得很多人本能地对将市场经济与社会主义联系在一起持强烈的反对态度。如,在改革之初提到商品经济(市场经济的另一个表述),有学者就明确表示,“社会主义经济的本质只能是计划经济……把社会主义降格为‘商品经济’,当然只能是历史上的倒退。事实上,如果没有计划经济,也就没有什么社会主义可言了”①。1990 年 12 月 17 日《人民日报》刊发的一篇名为“社会主义必定代替资本主义”的文章将市场经济与社会主义对立起来,提出搞“市场经济,就是取消公有制,这就是说,要否定共产党的领导,否定社会主义制度,搞资本主义”②。

① 陶大镛:《是计划经济,还是商品经济?》《光明日报》1982 年 6 月 26 日。

② 《社会主义必定代替资本主义》,《人民日报》1990 年 12 月 17 日,转引自曹普:《当代中国改革开放史》(下卷),人民出版社,2016 年,第 422 页。

“左”的惯性思想将市场经济与否定社会主义直接挂钩,很容易从根本上杜绝市场经济进入社会主义的道路,从而使得以市场为导向的改革难以推行下去。事实上也是如此,因为担心被扣上走资本主义道路的帽子,20世纪80年代末90代初改革开放的工作放缓下来了,甚至在一些地方和领域出现了停顿和倒退。旧思想之所以能在一定程度引起部分党员人民群众的疑虑和响应,不仅在于人头脑中的惯性认识,还在于市场经济的自由发展一定会导致贫富两极分化、周期性的经济危机,这已是为马克思主义所证明的必然规律。将市场经济引入社会主义,会不会在中国形成贫富分化的局面,最终改变社会主义制度的根本性质呢?这种疑问在很长一段时间里都存在着,甚至在市场经济被确立20年之久后,依然常常被用来作为怀疑中国的社会主义性质的重要问题。不冲破旧的思想的束缚,不回答好遏制市场经济的负面效应问题,市场经济就难以在中国立住脚。

要想市场经济在中国立足,首先要搬开姓“社”与姓“资”拷问的拦路虎。1991年邓小平针对沸沸扬扬的姓“社”姓“资”争论明确指出:“不要以为,一说计划经济就是社会主义,一说市场经济就是资本主义,不是那么回事,两者都是手段,市场也可以为社会主义服务。”①“计划多一点还是市场多一点,不是社会主义与资本主义的本质区别。计划经济不等于社会主义,资本主义也有计划;市场经济不等于资本主义,社会主义也有市场,计划和市场都是经济手段。”②邓小平的讲话剥离了市场身上的资本主义标签,彻底打破了加诸市场经济身上的意识形态框框,使得市场经济在中国特色社会主义中拥有了合法性的位置,为大步推进市场化改革铺平了道路。1992年召开的党的十四大明确了中国经济体制改革的目标是建立社会主义市场经济体

① 《邓小平文选》(第三卷),人民出版社1993年版,第367页。
② 《邓小平文选》(第三卷),人民出版社1993年版,第373页。

制,并进一步规定性地指出,“社会主义市场经济是同社会主义的基本制度结合在一起的”[①],意指中国是在社会主义的前提性条件下建立和实行市场经济的。社会主义与市场经济不是一个层面的概念,社会主义是中国社会制度属性的根本性规定,它包括着生产力的发展和社会公平正义两方面的规定性;市场经济只是一种经济发展的有效方式和具体体制,本身并无社会制度属性,只是生产方式下一种经济发展模式选择。社会主义处于根本性的控制和支配地位,市场经济是从属于、附属于社会主义的,社会主义有能力在充分利用市场经济的高效率的同时遏制住市场经济的负面作用。

在社会主义中引入市场成分,并不是一件新鲜事。早在20世纪二三十年代,西方学术界的“社会主义论战”中就产生了市场社会主义理论,波兰旅美经济学家兰格(Oskar R. Lange)提出了通过计划机关模拟市场定位的“竞争解决法”:由中央计划机关来模拟市场,它根据供求情况调整价格,企业根据价格信号决定生产什么和生产多少,从而解决效率问题。由此所诞生的市场社会主义的基本意图是,既具有生产资料公有或集体所有这一社会主义的主要特征,又利用市场作为资源配置的手段,最终达到公平与效率的双赢。20世纪60至80年代,苏联和东欧一些社会主义国家先后进行了“市场社会主义改革”,均未达到想要的效果,最终陷入了“国有经济改革陷阱”。苏联和东欧诸国进行的“市场社会主义改革”并不是建立真正的市场,而是在保留国有制的统治地位和计划机关统筹全国经济条件下引进某些市场机制。苏联及东欧诸国的改革虽未成功,但将社会主义与市场结合起来的思想并未完全遭到抛弃。如,分析马克思主义哲学家罗默认为:“从资本主义到社会主义的长期目标之间存在着一个比某些类型的市场社会主义更好的

① 《中国共产党第十四次全国代表大会文件汇编》,人民出版社1992年版,第22页。

阶段吗？我认为没有。”[①]《正义论》的作者罗尔斯也认为社会主义与市场经济的结合具有可行性：“虽然市场经济在某种意义上是最佳体系这一观念是由所谓资产阶级经济学家仔细考察的，但自由市场与资产阶级的这种联系实属一种历史的偶然，因此至少从理论上说，一个社会主义政权本身也能利用这种体系的优点。这些优点之一就是效率。”[②]

中国社会主义市场经济并不同于市场社会主义，市场社会主义的市场是由计划机关模拟出来的，价格是在计划机关的调控管制之下形成的，并不是一个真正的市场经济模式；中国社会主义市场经济中的市场，却是真正的市场，它的价格要在自由竞争中形成。事实上，像中国这样大规模地尝试把计划经济和市场经济结合起来的改革是之前世界上没有任何国家尝试过的，真正是一个没有前例可循的全新试验。因此，中国的社会主义市场经济体制改革是一个边探索、边改革、边调整的过程，国内外都抱着一种怀疑和等着瞧的态度来看待这个过程。对于中国的社会主义市场经济改革，美国学者巴恩斯表示出比较乐观的态度，“较之美国，中国有两个优势：其一，中国加入自由市场游戏的时间较美国短，尽可能吸取我们的经验教训；其二，中国政府尚未像美国那样已被强大的私有企业所垄断。这意味着，中国可能有机会为其经济发展另辟蹊径，从而在享有市场经济要义精髓的同时，避免资本主义的弊病”[③]。

中国社会主义引入市场经济，是遵循生产力决定生产关系根本原则的表现。作为一个生产力整体水平低下、大工业生产力严重不足的社会主义国家，中国没有经过一个市场经济充分发展的阶段，在经济基础薄弱和科技

---

① ［美］约翰·罗默：《社会主义的未来》，余文烈等译，重庆出版社 1997 年版，第 107～108 页。

② ［美］约翰·罗尔斯：《正义论》，中国社会科学出版社 1988 年版，第 262 页。

③ ［美］彼得·巴恩斯：《资本主义 3.0——讨回公共权益的指南》，吴士宏译，南海出版社 2008 年版，第 8 页。

水平低下、技术人员短缺的条件下难以在短期内单凭一己之力实现国家的全面现代化目标。世界经济发展的历程和中国社会主义建设的实践表明，在由低水平的生产力向高水平的生产力发展演进中，市场经济仍是最有效的手段。社会主义市场经济的实践不是一个单独的经济运行机制的确立和完善过程，而是与生产关系、交换关系和分配关系的改革紧密联系在一起的，是随着生产关系、分配制度的调整而逐步确立起来的。即使经过了20多年社会主义的建设，改革开放前中国的生产力结构仍然是多层次的，处于顶端的高科技的大工业为数不多，而且在僵化的计划体制下缺乏创新性和生产积极性，基本上只是执行行政意志的生产机构，而非具有自主权、竞争性的经济主体；处于最下层的仍然是八亿多停留在自然经济形态下的农民，由于僵化的体制，温饱都不能完全保证。这样的经济结构决定了原有的单一、纯粹的公有制和计划经济运行体制不能适应复杂生产力的发展要求。改革的重大目标就是遵循经济发展的客观规律，改革不适应生产力发展要求的生产关系和上层建筑，解放发展力和发展生产力。由最初的允许少量的个体经济的存在到承认个体、私营经济、外资经济成分的存在，再到以公有制为主体、多种经济成分共同存在，社会主义的基本经济制度依据经济规律不断地进行调整，与各种经济成分的运行和发展相适应的商品经济、市场经济也随之确立和完善起来。改革开放以来的社会主义实践证明，以市场为导向的改革开放使得蕴藏在中国社会主义制度中的生产力极大地解放出来、发展起来，中国取得了经济建设的巨大成就，人民的生活水平由最初解决温饱提高到小康、富足的阶段，各项保障人民群众权利的制度和措施因为有了物质支持快速发展和得到切实的实施。

（3）政府与市场

社会主义与市场经济结合的本意是既发挥市场经济促进经济发展的长处，又发挥社会主义制度维护公平正义的优越性，使得经济发展与社会公正在动态平衡中共同发展。能否达到社会主义引进市场经济的初衷，关键在于处理好政府和市场的关系，这是改革开放以来历次经济体制改革的核心问题。

要处理好市场和政府的关系问题，首先要了解市场与社会公正之间的关系。市场经济与社会公正并不是绝对对立的。放任的市场经济必然会产生贫富两极分化的结果，在人们头脑中种下市场经济和社会公正是不相容的认知，这种观点是片面的、偏颇的。市场经济是在现有生产力水平条件下配置资源、发展经济最具效率的方式，它本身并无社会公正的属性，它更像是一种程序。市场经济的正常运行对于包含资格平等、机会平等、规则平等、公开原则等在内的一系列程序公正原则有着严格的要求，非此市场难以发挥其作用。罗尔斯就指出过："市场体系还有另一个更有意义的优点，即在必要的背景制度下，它是和平等的自由及机会的公正平等相协调的。"[①]从这个意义上说，市场经济的正常运行是形式公正或程序正义的一种重要表现形式。在社会公正原则体系中，市场经济只与结果公正或实质公正是不相容的。市场经济具有促进、调节经济发展的天然优良属性，以资本为核心的生产要素在求得最大利润的诱惑下，在全国、全球范围内流动。资本逐利的本性使得它不具备关注结果分配是否公平的特性，这个特性只要市场经济存在就必然存在，不因社会制度不同而改变。市场机制从提高效率出发，所注重的是市场运作过程中竞争的公平、均等、自由，而并非关心收入分配方面的公平、均等、正义，以及由此带来的实质公平问题。程序公正并不一定产生结果公正，市场经济只是这种矛盾的最突出的表现形式。

政府的作用在于弥补市场经济的不足，遏制它的负面效应。由市场经济鲜明的优缺点可以看出，政府的主要职能主要包括两个方面：一是为市场

---

① ［美］约翰·罗尔斯：《正义论》，中国社会科学出版社1988年版，第263页。

经济的运行提供程序公平的保证条件。阿马蒂亚·森指出,市场的整体成就深深地依赖于政治和社会安排,“如果机会不均等,对运用市场交易不足,毫无约束的信息藏匿和缺乏法制管制,就完全可能使得强势者利用非对称的优势来牟利”[①]。公平竞争是市场经济的核心,只有竞争环境公平,才能实现资源有效配置和企业优胜劣汰。政府必须从经济法律上保证各经济主体在竞争中的平等地位、规则平等、过程平等等原则,为市场中的经济主体营造一个公平竞争的环境,使得市场体系能按照效率最大化来发挥作用。如,加强市场的立法和市场监督,以防止市场垄断等不利于市场正常运行的情况出现。二是对市场经济造成的结果不平等进行后期的干预管控。市场经济不会自动导致社会的公平正义,如果不干预一定会产生两极分化和社会的不平等。对于这种“市场失效”,政府应当而且必须有所为,需要通过制定公平合理的税收政策,以税收政策为杠杆,调节高收入;建立全面系统的社会保障体系,加强对低收入者的保护。这里要强调的是,政府的这个作用是外在于市场经济的具体运行过程的,政府不能干涉微观经济领域中的市场运行。一旦政府介入市场过程中,极易导致寻租和腐败的产生。阿马蒂亚·森指出,某些政府管制体制赋予官员以相机处理的权力,“这样的安排实际上鼓励了腐败”。“过度管制的经济(在印度这种体制被称作‘颁发许可证的官府’)是腐败的温床”。[②]

市场经济进入中国并不一帆风顺,可以说,市场经济是政府主导、政府强力引入的,这样的一种现实使得中国的市场经济从一开始就在计划体制、政府的控制之下,由小范围的、局部的试验逐步向大范围、全国推广。政府

① [印]阿马蒂亚·森:《以自由看待发展》,任赜、于真译,中国人民大学出版社2002年版,第135页。

② [印]阿马蒂亚·森:《以自由看待发展》,任赜、于真译,中国人民大学出版社2002年版,第272页。

的这种监控和干预在一定程度上是合理的。因为不论是按照马克思所分析的放任自流的市场经济所必然带来的整体社会化大生产的无政府状态（这一点业已由资本主义发展中出现的危机和困境得到了证明），即便是资本主义国家也不得不突破传统的“守夜人”的角色，以及对市场经济的后果进行干预和调节的历史事实，还是社会主义的本质要求都给了政府必须予以市场干涉提供了合理性证明。事实的发展确实如此，但出现问题的恰恰也在这个环节。政府如何管控市场经济或者说政府应该监控市场的哪些方面、放开哪些方面才能既充分利用市场经济发展生产力的优点，又保证社会主义的公平？对这个问题的解答和实践存在着很多的不足之处，由此产生的不公正问题却越来越凸显，引发了广大人民群众的强烈反应。

中国社会主义市场经济的建立是一个政府和计划从微观经济领域逐步退出，市场逐步进入、扩大并全面覆盖的逐步调整过程，其间存在一个计划体制与市场经济双重体制并行的“半市场、半统制”的过渡性体制阶段。双轨制的存在能够为市场化改革减少阻力、增加助力，在保持经济稳定增长的条件下实现从计划经济到市场经济的平稳过渡。同时，双轨制的存在又造成了一种利用公共权力牟取私利的制度环境，为寻租提供了条件。由于现代市场经济不可或缺的法治基础没有跟上市场经济推进的步伐，市场经济体制运行在很长一段时间里处于一种缺乏规则和权力多方干预的原始状态，各级政府和政府官员拥有很大的自由裁量权，他们通过直接审批投资项目、设置市场准入的行政许可，管制价格等手段对企业的微观经济活动进行频繁的干预。权力对于经济活动的广泛干预造成了普遍的寻租环境，使腐败活动不可扼制地蔓延开来。诺贝尔经济学奖获得者 M. 弗里德曼（Milton Friedman）在 1987 年就指出：“中国现在对许多产品实行双重价格体制是对腐败和浪费发出的公开邀请。"①双轨制下体制内与体制外各种生产要素的剪刀差及贷款审批等成为一些有权力者或靠近权力者发家致富的手段,这些"官倒"利用政府计划分配调拨物质的权力来进行牟利,拿到批条就是白花花的银子,这样轻松的赚钱之道为一些人赚到第一桶金。而更要命的是,这样的权与钱的交易由于处于一个灰色地带,并没有得到有效遏制,于是权钱互相转化、互相利用,在相当长的一段时间内成为一些部门、一部分人攫取巨额利益的主要方式,一些掌握权力的部门、个人借机明目张胆收取各种不合理的费用、索贿受贿,"各自动用经济的或行政的手段介入分配。如果是企事业单位,处于垄断行业的,便会在极力维持垄断地位的同时,把其所获垄断租金的一部分分配给其职工。未处垄断地位的人,则会通过各种合法和非法甚或'打擦边球'的途径,尽可能多地攫取收入并将其所获收入的一部分分配给其职工。……于是,伴随着各个单位(部门)围绕抢占收入分配制高点而展开的竞赛,不同单位(部门)职工之间的收入分配差距由此形成并拉大了"②。经济学家杨小凯在《百年中国经济史笔记:中国的经济改革(1978—2002)》中指出:双轨制"造成了大规模的腐败","产生了与无效率结合的非常不平等的收入分配"。有学者估计,仅仅是在20世纪90年代的前几年,中国金融机构流失的利差约为3000亿元;房地产,主要土地批租中流失国家应得的差价收益为4000亿元;基建工程、项目审批、进出口批文倒卖及一些采购中行贿等,造成国家、机构、法人的收益或资产流失约为5000亿元。③ 据经济学家王小鲁的研究,2005年中国的灰色收入规模达到4.8亿元,2008年达到5.4万亿元,中国租金总额占国内生产总值的比率高达

---

① 转载马国川、吴敬琏:《重启改革进程》,生活·读书·新知三联书店2013年版,第130~131页。

② 高培勇主编:《收入分配:经济学界如果说》,经济科学出版社2002年版,第7页。

③ 参见张道根:《中国收入分配制度变迁》,江苏人民出版社1999年版,第5页。

20%～30%。巨额的租金总量对中国社会的贫富分化加剧和基尼系数的居高不下产生了决定性的影响。可以说，腐败的泛滥正是政府与市场关系没有得到正确认识、及时调整所带来的副产品。不是靠诚实劳动，也不是靠合法经营，而是靠钻了政策的漏洞、靠腐败致富，这是市场经济建立过程中最让人民群众愤愤不平的公平问题。因为它同时违背了市场经济本身所必须的机会平等原则、程序平等原则和社会主义要求的结果公平原则。市场机制和政府职能兼容适应过程中的这种漏洞迄今为止都不能说是被完全堵上了，这在党的报告中屡次强调的处理好政府与市场之间的关系中得到体现。

既要充分利用市场经济的自由竞争、灵活应变的重要作用，又要利用国家的力量遏制其本身不可免的两极分化、恶性循环的天然缺点，这种努力当前的社会主义国家和资本主义国家都在做。早在启蒙时期，就有资产阶级学者认识到市场经济的“恶”，如，黑格尔将市场机制联结起来的“市民社会”看作是私利的战场，力图通过国家的整合力量克服市场可能具有的分裂性和非正义性。然而资本主义是建立在自由平等的基础上的，其对个体权利的保护、突出个人的特点深入人心，政府与市场分属两个互不干涉的领域已成为难以动摇的原则，因此“最弱意义的国家”“政府只是守夜人”的论调在资本主义国家一直都有着广泛的基础。资本主义的制度属性决定了无论是早期启蒙学者的观点，还是资产阶级政府在后期运用各种手段调节分配、完善各项社会保障制度等都由于不能触碰私有制，只能有限缓解，而绝不能根本性解决市场经济自带的效率与公平之间的矛盾。由罗尔斯等一大批学者主张“作为公平的正义”“平等优先”的观点一经提出，就遭到各种攻击。从资本主义国家采取的各项措施遭到质疑、多次反复就明显可以看出，这种矛盾终资本主义制度一生都无法克服。从社会发展的客观规律来看，只要资本主义的制度没有根本改变，马克思对资本主义的“两个必然”的科学判断就不会发生改变，结果公正或实质公正就不可能真正实现。社会主义的本质决定了，它以市场经济为手段发展经济，对市场经济带来的恶果从一开始就必然要予以考虑并加以遏制。事实的发展也如此。如在市场逐步引入过程中，市场经济内生机制所必然带来的贫富两极分化问题刚一冒头就引起党和人民的警觉。邓小平明确提出："社会主义的目的就是要全国人民共同富裕，不是两极分化。如果我们的政策导致两极分化，我们就失败了；如果产生了什么新的资产阶级，那我们就真是走了邪路了！"[①]提出要采取一系列措施来遏制这种贫富分化现象，充分体现了中国共产党在预防市场经济的负面效应上有防范的认识。

在社会主义市场经济体制改革的进程中，政府必须紧密跟进的另一个重要职能——社会保障明显滞后了。市场经济从来只强调平等竞争，并没有对社会成员的基本权利进行保障的义务，"优胜劣汰"的竞争机制必然会导致一部分被淘汰者陷入生存困境，这需要社会再分配和其他调节保障措施到位，以确保每个人的生存权、健康权和发展权。由此，市场经济的引入要伴随着各种社会保障机制的同步建立。然而20世纪90年代唯经济发展、唯生产力标准已成为喧嚣一时的标准，社会公平正义退了一箭之地。在旧有单位保障机制实际上已被废除，退出了历史舞台的同时，新的保障制度却没有及时地确立起来或者没有起到保障作用，导致国有、集体企业改革下岗潮中被骤然抛向社会的职工陷入困境。仅1998—2001年，国有企业有2550万名职工下岗，约占中国国有企业职工总数的四分之三。在市场经济的发展中，改革代价的承受者主要是占社会人口大多数的普通工人、农民，它们在各种改革中不仅丧失利益，而且由于缺乏普惠性社会保障，有的甚至生活陷入困顿。20世纪90年代的企业改制引起的下岗潮以及由此引起大量的

① 中共中央文献研究室编：《邓小平年谱（1975—1997）》（下），中央文献出版社2004年，第1032～1033页。

激化矛盾仍然让人不堪回首。21世纪以来，随着党对公正问题日渐重视，各种保障制度建立并逐渐地完善起来，这个问题所带来的矛盾得到了缓解。

在市场逐步引入过程中，最让人揪心的是市场经济不仅在经济领域内成为最主要的手段，而且侵入了社会生活的各个角落。桑德尔在《金钱不可以买什么》中对市场经济和市场社会做了区分：市场经济是组织生产活动的一种工具，并且是有价值且高效的一种工具，而市场社会则是一种生活方式，意味着市场价值渗透到人类活动的方方面面。市场经济扩张成为市场社会，必然会导致形态各异的社会不平等。这种不平等会从经济领域侵蚀到社会生活的各个角落，导致严重的机会不平等、身份不平等以及政治不平等，最终让底层人民彻底丧失生活的希望与生命的尊严。教育、医疗卫生、养老等基本公共服务的领域始终不能让广大人民群众满意，其中重要的影响因素就是在一段时间内政府将一些公共领域的地盘让给了或部分让给了市场经济，使得各种用钱来衡量一切的观点浸润到社会生活的各个角落，积重难返，导致现在这些领域的改革举步维艰，困难重重。

中国社会主义市场经济体制建立以来，生产力得到快速而长足的发展，经济面貌焕然一新，任何一个明眼人都不可能再对这个问题进行置疑。然而市场经济建立和完善过程中所产生、所挟带而来的各种不公正的问题成为关注的焦点。有些人据此认为，今日中国的各种现象，上至道德真空，下至社会不公，都是自由市场和资本主义惹的祸。客观地说，在转型时期各种社会不公问题的出现或加重是各种因素共同作用的结果，有些问题恰恰是市场经济没有充分发挥作用的结果，让市场经济充当了唯一的“背锅侠”，为所有出现的不公正问题背负责任，这是显失公允的。市场经济作为一个在资本主义社会已经运行了几百年的体制，其客观存在的缺点不仅为马克思主义经典作家所深刻剖析过，而且在几百年的实践中显露无遗。因此，在社会主义中国决定要采用市场经济这一手段来发展生产力、发展经济时，就可以而且应该预料到没有干预、调节的市场经济所带来的负面的影响。因此，让市场经济来为所有的不公正问题负责，显然是一种推卸责任的论调，更有可能被既得利益集团拿来当作阻碍进一步推进深化改革的挡箭牌。

进一步处理好政府和市场的关系，实际上就是要处理好在资源配置中市场起决定性作用还是政府起决定性作用这个问题。政府干预微观经济活动，使权力而不是市场成为资源配置的主导力量，使得失去自由竞争这个核心要素的市场成为一个“伪市场”；市场经济的改革不到位，旧体制下资源浪费、效率低下、生产力水平低等顽疾得不到消除，经济发展模式的转变也难以成功，引进市场经济的初衷就难以充分实现。社会主义市场经济的完善一方面要求政府必须淡出对微观经济活动的干预，使我国的市场经济真正成为在规则基础上的现代市场经济；另一方面要求政府行使好自己的职能，起到弥补市场缺陷、保障结果公平和实质公平的作用。随着党对市场规律的认识、驾驭能力的提高和经济体制改革的不断推进，党对政府和市场的关系认识进一步加深，对政府与市场关系的调整和定位日益清晰化和科学化。1997 年党的十五大提出：“使市场在国家宏观调控下的资源配置中起基础性作用”，2002 年党的十六大提出：“在更大程度发挥市场在资源配置中的基础性作用”，2007 年党的十七大提出：“从制度上发挥市场在资源配置中的基础性作用”。2012 年党的十八大提出：“更大程度更大范围发挥市场在资源配置中的基础性作用”。

新时代以来，中国共产党对政府与市场关系有了突破性的进展。习近平总书记在关于《中共中央关于关全面深化改革若干重大问题的决定》的说明中明确指出：“市场经济本质上就是市场决定资源配置的经济。健全社会主义市场经经济体制必须遵循这条规律”，“市场经济在资源配置中起决定性作用，并不是起全部作用”，“更好地发挥政府作用，不是要更多地发挥政府作用，而是要在保证市场发挥决定性作用的前提下，管好那些市场管不了管不好的事情”。[①] 该决定对市场与政府的职能作出了明确清晰的划分：市场在资源配置中起决定性作用，政府的职责和作用主要是保持宏观经济稳定，加强和优化公共服务，保障公平部分，加强市场监管，维护市场秩序，推动可持续发展，促进共同富裕，弥补市场失灵。决定把原来定位的市场在资源配置中的“基础性作用”修改为“决定性作用”，使得市场经济的地位和作用更加突出，对过去政府这只“看得见的手”伸得太长、越位太多的情况进行了严格的限制；对于政府的职能也没有停留在过去空泛的“更好地发挥政府作用”的原则上，而是提出了明确的要求。党的十九届五中全会将市场与政府的关系更向前推进了一步，提出了“充分发挥市场在资源配置中的决定性作用，更好发挥政府作用，推动有效市场和有为政府更好结合”的新的思想。有效和有为是对市场和政府角色作用的精准定义。它进一步要求，政府该放给市场和社会的权一定要放足、放到位，该政府管的事一定要管好、管到位，充分用好市场“看不见的手”与政府“看得见的手”两方的作用。新时代的这些谋划与举措，进一步推动更加系统完备、更加成熟定型的高水平社会主义市场经济体制的建成，为促进发展模式转变、构建新发展格局，促进生产力的发展，实现共同发展共同富裕的目标创造了良好的条件。

(4)公有制和市场经济

在社会主义与市场经济的相关问题上，除了政府与市场，还有一个重要的问题就是如何处理好公有制企业和市场经济的关系问题。“社会主义有两个非常重要的方面，一是以公有制为主体，二是不搞两极分化……如果导致两极分化，改革就算失败了……我们的社会主义政策和国家机器有力量

---

① 中共中央文献研究室编：《十八大以来重要文献选编》（上），中央文献出版社2014年版，第499～500页。

去克服这些东西。”[①]社会主义制度下的保证，一是国家的上层建筑，主要是中国共产党的领导和人民民主专政的政权，“依靠无产阶级专政保卫社会主义制度，这是马克思主义的一个基本观点”[②]，这是政治保证；一是公有制的主体地位，这是经济保证。“实行对外开放政策，搞计划经济和市场经济相结合，进行一系列的体制改革，这个路子是对的。这样做是否违反社会主义的原则呢？没有，因为我们在改革中坚持了两条，一条是公有制经济始终占主体地位，一条是发展经济要走共同富裕的道路，始终避免两极分化。……吸收外资也好，允许个体经济的存在和发展也好，归根到底，是要更有力地发展生产力，加强公有制经济。只有我国经济中公有制占主体地位，就可以避免两极分化。”[③]在某种程度上公有制是社会主义的象征和代名词。公有制经济成分由于直接掌握在代表人民的政党和国家手中，可以更具效率、更加直接、更加公平地增进国民的福祉，实现社会公平正义。它对社会主义性质的重大保证作用主要体现在，对其他经济成分的主导作用；为社会主义国家集中力量办大事提供坚实的物质基础和物质条件；承担保障民生、服务社会、提供公共产品和服务等任务。公有制经济成分的这种作用并非直接可见，而是常常隐身于经济运行、国家税收及其二次分配的制度化运行中。

马克思恩格斯设想，未来社会消灭了私有制，生产资料归全社会所有、支配，劳动者在同生产资料直接结合的条件下进行联合劳动，成为国家和企业的真正主人。社会主义国家基本照搬马克思恩格斯的论断，建立起公有制包天下的所有制结构。在社会主义建设时期公有制经济曾经为中国的国

① 中共中央文献研究室编：《邓小平年谱（1975—1997）》（下），中央文献出版社 2004 年版，第 1069 ~ 1070 页。

② 中共中央文献研究室编：《邓小平年谱（1975—1997）》（下），中央文献出版社 2004 年版，第 1344 页。

③ 中共中央文献研究室编：《邓小平年谱（1975—1997）》（下），中央文献出版社 2004 年版，第 1091 页。

民经济发展、工业体系和整个国民体系的建立，满足人民群众的需要，提供了强大的经济技术和物质基础。但是计划经济下的公有制企业基本等于一个经营性的政治机构，一切由政府控制和作主，也一切都由政府兜底，旱涝保收。这样的公有制企业养成了不能想事、不用想事的经营理念，成为行政机构的附属。改革初期，公有制企业采取的“扩大企业自主权”和“放权让利”的改革模式由于没有改变计划经济和国有制主导的格局，反而形成对“行政协调”和“市场协调”的双重依赖。随着市场经济的逐步推进，公有制经济的改革成为市场经济能否顺利推进的重要影响因素。

公有制经济成分与市场经济单纯从经济形式上而言，一个是市场中正常运行的经济主体，一个是经济运行模式。公有制以一种市场主体的形式存在时，应该遵循市场经济的主体平等、公平竞争等基本规则，即公有制企业在市场竞争体系中不应该有任何高于其他主体的特权，事实上却难以做到。在公有制经济成分中，国有企业是主要和重要的表现形式，也是事关公有制与市场经济能否有机整合的关节点。国有企业由于其国有资产的性质，在整个经济形态中一直具有超然于其他企业形态之上的独特地位。公有制企业属于国家队成员，这种特殊的身份使国有企业无论在经营领域、市场份额还是资本来源等各个方面都有着政府的护持。不用竞争、不会竞争的惯性经营理念使得国有企业在市场化改革中很快就暴露出难以适应市场经济运行模式的短板，出现了经营不善、大面积亏本的状态。20 世纪 80 年代末，国有企业的亏损面达到 20%，90 年代初，国有企业出现盈亏“三三制”，即 1/3 亏损，1/3 虚盈实亏，只有 1/3 还盈利。到 90 年代中期，整个国有部门出现了全行业的净亏损。

党的十四大以后，我国社会主义市场经济体制进入全面攻坚阶段，其主要问题就是各种所有制成分在市场经济体制中的平等地位问题，这个问题的焦点就在于公有制成分尤其是国有企业在市场经济中的定位问题，事实上也是一个国有企业的改革问题。改革开放以来,国有企业与市场经济之间的关系呈现出难以辨清的状态,一方面它既在市场之内,又在市场之外,这种形态既干扰了市场经济平等竞争的原则,使得市场经济无法充分发挥它在资源配置中的基础性作用;另一方面国有企业难以发育成为一个具有自主权、自负盈亏的市场主体,也就失去了竞争力,普遍性地面临着难以维持下去的局面。国有企业的倒闭就意味着国有资产的流失,国有企业大面积倒闭会不会影响社会主义的经济基础进而影响社会主义的性质? 国有企业身上背负的巨大政治压力使得哪一级政府都不敢轻易地对国有企业的改革下论断。又是一个十字路口,还是走社会主义和走资本主义道路的之争,这次是国有企业改革的闯关,也是社会主义市场经济体制完善的关口。国有企业不改革就难以为继,没有竞争力的国有企业只能成为政府的负累,也无法担负遏制两极分化保证社会主义制度的重任;改又面临着姓"公"和姓"私"的疑问:围绕国有企业如何改造、对国有企业股份制改革如何定性等问题,各种"左"的论调再次泛起。国有企业的股份制改革被认为是搞私有化,国有企业"抓大放小"是挖社会主义墙角;有人把公有制的主体地位等同于国有制主体地位,宣称公有制主体地位要表现在任何地区、任何产业中,公有制经济成分要纯而又纯;有人认为私有制的发展已对我国社会主义经济基础的性质产生了严重影响,威胁我国经济基础的安全等等。围绕国有企业改革问题表现出来的"左"倾思潮,再一次严重束缚了社会主义市场经济改革的思想和行动,成为改革开放进一步深化的障碍。

国有企业能否成为独立的市场主体? 在各种所有制共同存在发展的所有制结构中,公有制经济的主体地位如何表现? 公有制如何实现其遏制两极分化的作用? 一系列相关的问题横亘在改革者的面前。1997 年党的十五大报告首先在所有制经济层面,在公有制经济的主体地位上进行了突破性的探索,确立了"公有制为主体、多种所有制经济共同发展"的基本经济制度，同时指出，公有制经济不仅包括国有经济和集体经济，还包括混合所有制经济中的国有成分和集体成分；公有制的主体地位主要体现为公有资产在社会总资产中占优势，国有经济控制国民经济的命脉，对经济发展起主导作用，主要体现在控制力上。在这个前提下，国有经济比重少一些，不会影响我国的社会主义性质；公有制实现形式可以而且应当多样化，一切反映社会化生产规律的经营方式和组织形式都可以大胆利用，要努力寻找能够极大促进生产力发展的公有制实现形式；股份制是现代企业的一种资本组织形式，资本主义也可以用，社会主义可以用，不能笼统地说股份制是公有的还是私有的，关键看控股权掌握在谁手中。这些新观点和新创见，排除了一段时间以来由姓“公”姓“私”争论造成的思想观念障碍，突破了“国有制是公有制的高级形式和社会主义必须追求的目标”的固定认知，为调整和完善中国经济的所有制结构、进一步推进国有经济的改革、推进社会主义市场经济体制的完善提供了强有力的理论支持。党和政府主动收缩国有经济过长的战线，将国有经济从非战略性部门、一般竞争性领域退出，只控制关系国民经济命脉的重要行业，通过各种形式的资产重组和结构调整，集中国力加强重点，提高国有经济的整体素质。2003 年 3 月，国务院成立国有资产监督管理委员会，改变过去政府直接管理企业的职能，实现政企分开、政资分开，为国有企业的所有权和经营权的分开开拓了道路。新时代以来，以习近平同志为核心的党中央进一步推进国有企业的改革，明确指出国有企业，特别是中央管理企业是国民经济的重要支柱，是中国特色社会主义的重要物质基础和政治基础，是我们党执政兴国的重要支柱和依靠力量，强调要理直气壮做强做优做大国资央企，通过发展国有企业壮大国家综合实力，保障人民共同利益。2015 年，全国的国有资产总量达到 64.3 万亿元，相当于 1978 年 4488 亿元的 143 倍，年复合增长率达 14.3%。

随着国有资本规模不断壮大、经济效益的提升，它维护社会公平正义的力量也不断加大。中国取得抗震救灾的成功、脱贫攻坚战的胜利完成、2020年中国能全国一盘棋地紧急调度医疗及其他各种保障物质取得抗疫战争的胜利等都离不开国有资本的重大保障作用。不仅如此,国有资本对社会公平正义的保障作用日益显性化。据财政部的消息,截至2020年末,符合条件的中央企业和中央金融机构划转部分国有资本充实社保基金的工作已全面完成,共划转93家中央企业和中央金融机构国有资本总额1.68万亿元,为促进建立更加公平、更可持续的养老保险制度提供了有力保障。划转部分国有资本充实社保基金,将国有企业的发展成果与事关全民福祉的公共事业直接挂钩,充分地将国有企业,特别是央企的全民属性直接呈现在大众面前,体现了国有企业全民所有、发展成果全民共享的社会主义属性,表明了我们党坚持全民共享发展成果的制度化安排。

2. 效率与社会公平——如何实现两者的动态平衡

公平与效率之争显于近代,这并非说近代之前没有公平和效率,而是公平与效率在近代之前属于互不关联的两个话题。近代之前,生产力水平在上千年的时期里基本上保持稳定状态,只有量的扩张,没有生产率的大幅度提升,因此效率并没有成为社会的中心话题。只有到了资本主义社会,资本财富成为衡量人的价值的基本原则,在市场经济机制下,资本的利润获得必须是建立在效率基础之上,效率开始拥有了显赫的地位。由此可以看出,经济效率的重要价值要到人类社会发展到市场经济阶段才能充分地展现,经济的决定性作用从此显性化。公平正义则不然,它在各个年代各个地区都是中心话题,但古代的公平正义多立足于道德批判,与经济功用和效果没有多大关联。近代以来,当等级制从历史舞台上退位,效率成为社会发展的主导因素,经济的决定性作用日益显露出来,公平正义问题从纯道德领域转为以效率为历史背景的考察衡量,从此公平与效率联系在一起成为人们普遍争论的话题。

现代社会中的公平与效率之争，首先必须厘定公平的界限和范围。公平的内涵和外延宽广，从逻辑顺序上而言，分为起点公平、程序公平和结果公平等，从运用领域来分，分为政治公平、经济公平、文化公平、生态公平等。不同领域其公平适用标准不同，不能混用。而且起点公平和结果公平、政治平等和经济平等、形式正义和实质正义、生产正义和分配正义、资格平等和结果平等，许多逻辑上相联、发展中继起的公平概念在当前的历史条件下往往会走向背离的道路。因此，如果不是在特定的语境下，空泛地谈公平与效率容易造成各说各话、大家均有理的局面，难以触及公平与效率矛盾性的本质。

公平与效率从社会发展规律讲可以说是生产关系和生产力之间的矛盾运动，从社会发展状况来说，可以表现为经济发展与社会公平之间的关系；从社会发展的具体方式来说，可以细化为市场机制与政府调控之间的关系；从政策的具体设定来说，也可以表现为鼓励先富与达到共富之间的关系。

(1)让一部分地区一部分人先富起来

改革开放之初，效率与公平关系最初是以鼓励先富与最终实现共富的政策表现出来的，这个政策的出台可以说是“效率优先、兼顾公平”原则的前导。历史和社会主义建设的经验教训告诉我们，平均发展、同步发展是不可能的，搞平均主义、吃“大锅饭”只会带来共同落后、共同贫穷。为了改变中国生产力发展停滞不前和贫穷落后的状况，必须冲破平均主义对生产力的束缚，允许人们在收入上存在差别，让有能力有条件的人和地区通过恢复效率、提高效率，合法合理地先富裕起来。这是讲求效率和效率优先的表现。1978 年 12 月 13 日，邓小平在《解放思想，实事求是，团结一致向前看》中提出了一个“大政策”：允许一部分地区、允许一部分企业、一部分农民，由于辛勤努力成绩大而收入先多一些，生活先好起来，一部分生活先好起来，就必然产生示范作用，带动其他地区，就会使整个国民经济波浪式地向前发展，使全国各民族人民都能较快地富裕起来。[①] 这一政策的提出,既是对谈富色变的“左”的社会主义观念的否定,也是对长久以来实际存在的平均主义分配方式的颠覆。这一政策的提出同时带来了一系列需要认定的东西,让哪部人先富起来?根据什么规则先富?怎样带动其他人共同富裕?党的十一届三中全会指出的先富原则是“辛勤努力成绩大”;1983 年提出“勤劳致富是正当的”[②];1984 党的十二届三中全会提出了要让一部分地区和一部分人通过“诚实劳动和合法经营”先富起来;1988 年 9 月邓小平提出“两个大局”的战略构想,即“沿海地区要加快对外开放,使这个拥有两亿人口的广大地带较快地先发展起来”[③]。可以看出,先富规则最初只是按劳分配原则的恢复和实施,党的十一届三中全会明确提出了要克服平均主义,认真执行按劳分配、多劳多得的分配原则,“人民公社、各级经济组织必须认真执行按劳分配的原则,多劳多得,少劳少得”[④]。伴随着个体经济的发展和私营经济的产生,“诚实劳动和合法经营”共同成为先行富裕的准则,意味着除劳动之外的其他分配方式被承认。1987 年 10 月召开的党的十三大确立了除劳动以外其他生产要素可以参与收入分配的原则。除此之外,沿海地区由于处于开放前沿区先行与外界接轨,率先采取与市场经济相适应的各种分配方式,以取得更高的收入,达到先富的目的。回看先富规则的演变过程,它是我国生产关系适应生产力发展的自适应和改革过程。由全面的公有制到允许个体经济的存在,私营经济的自发形成,城乡集体经济的诞生,无不反映了当禁锢松动后,适应不同层次生产力发展需要的生产关系自然而然地诞生并发

① 参见《邓小平文选》(第二卷),人民出版社 1994 年版,第 152 页。

② 中共中央文献研究室编:《邓小平年谱(1975—1997)》(下),中央文献出版社 2004 年版,第 882 页。

③ 《邓小平文选》(第三卷),人民出版社 1993 年版,第 277 页。

④ 《中共中央关于加快农业发展若干问题的决定(草案)》,载于《新疆林业》1979 年第 S1 期,第 4 页。

展起来,这是经济客观发展规律的必然结果。

先富只是手段,“鼓励一部分地区、一部分先富裕起来,也正是为了带动越来越多的人富裕起来,达到共同富裕的目的”[①],“大政策”“两个大局”的最终目的,讲求的是公平。在如何带动其他人共同富裕方面,我们党已有一些初步的构想和时间安排:“发展到一定的时候,又要求沿海拿出更多力量来帮助内地发展,这也是个大局。那时沿海也要服从这个大局”[②],可以由沿海每一个省包内地一个省或两个省,也不要一下子负担太重。开始时可以做某些技术转让;先富起来的地区多交点利税,支持贫困地区的发展,到一定程度,国内也好,地区也好,集体也好,就要调节分配,调节税要管这个。[③]1992 年邓小平在南方谈话中提出转变的时机:“可以设想,在本世纪末达到小康水平的时候,就要突出地提出和解决这个问题。”[④]先发展再解决公平问题,这是先富后富论明显的题中之义。

先富后富论是改革开放初期党中央为了打破僵化的分配方式对生产力、效率的束缚做出战略性决策,它极大地促进对不合理的生产关系和上层建筑的改革,使发展生产力和求富成为社会发展的主导因素。同时,先富后富论的政策也存在隐患。中国改革走的是一条渐进性的边际调整道路,先富后富本身就是不平衡的发展战略,不同行业不同地区改革开放程度和力度不同,享受的政策优惠和市场机遇也不同。一部分人一部分地区的致富之道除多劳多得外,更多的是受先行先试政策之惠,如沿海地区除了本身的区位优势,它的快速发展是建立先行开放、与市场先接轨等优惠政策之上,

① 中共中央文献研究室编:《邓小平年谱(1975—1997)》(下),中央文献出版社 2004 年版,第 1078 ~ 1079 页。

② 《邓小平文选》(第三卷),人民出版社 1993 年版,第 278 页。

③ 参见中共中央文献研究室编:《邓小平年谱(1975—1997)》(下),中央文献出版社 2004 年版,第 1317 页。

④ 《邓小平文选》(第三卷),人民出版社 1993 年版,第 277 ~ 278 页。

这本身就包含机会优先的重大因素。而且一步先步步先，这种由机会之先带来的优势会逐渐扩张为发展中的其他优势，让后发地区难望其项背；除此之外，在本来的构想中，第二步骤先富带动后富是先富者的“义务”，在国家层面和地区层面上可以通过政策部署强制性统一实施，如党在20世纪90年代中期开始强调区域协调发展，实施西部大开发战略、对口支援等，但在个人层面上要求先富者主动承担带动和帮助后富者则很难落到实处。整体来说，先富后富政策实现了解放生产力、发展生产力的目标，使得讲求效率逐渐成为社会发展的主导因素；同时我们很客观地看到，它也给不公平的产生和发展提供了契机和条件。

（2）分配领域效率与公平关系的演变

在经济领域，特别是收入分配领域的公平状况是社会公平的最直观的表现，直接影响社会成员对公平状况的感受与评价。因此，分配领域被认为是社会公平正义最鲜明的“晴雨表”。马克思主义指出，不是分配决定生产，而是生产决定分配。生产力的水平通过决定生产关系来决定生产分配，从直接表现上来看，生产关系与收入分配是配套的。我国所处的社会主义初级阶段，与马克思设想的共产主义的第一阶段，无论是生产力的发达程度还是生产关系的完善程度都有相当的差距。社会主义初级阶段，个人收入分配还不能实行单一的按劳分配，而要根据生产力的发展要求构建一个与生产关系的现实结构相适应的收入分配体系。效率与公平的问题出现在分配领域，其变化反映了所有制结构和分配制度的变化，也映射了整个社会公平正义的发展变化。

效率与公平关系的论断最初是在党的十三大报告中被提出。彼时，在先富论的支撑和解决就业问题的压力下，个体经济首先获得了身份证并迅速地发展壮大，私营经济、城乡合作经济等相继产生并得到了一定的发展，所有制结构已形成了以公有制为主体，个体经济、私营经济、外资经济和其他经济为补充，多种经济成分共同发展的局面。1987 年 10 月召开的党的十三大确立了以公有制为主体，个体经济、私营经济、外资经济和其他经济为补充，多种经济成分共同发展的所有制结构及以按劳分配为主体、其他分配方式为补充的分配制度，明确了社会主义初级阶段的分配政策要有利于个人先富起来，既要合理拉开收入差距，又要防止贫富悬殊，坚持共同富裕的方向，“在促进效率提高的前提下体现社会公平”①。这样的论述已经包含着效率优先于社会公平的含义，它实际上是对先富后富论在分配制度上的原则性表述。1993 年 11 月召开的十四届三中全会通过的《中共中央关于建立社会主义市场经济体制若干问题的决定》首次明确提出分配制度要坚持“效率优先、兼顾公平”的原则，“国家依法保护法人和居民的一切合法收入和财产，鼓励城乡居民储蓄和投资，允许属于个人的资本等生产要素参与收益分配”②。让资本参与收入分配，这本身就是对传统收入分配理论的一个重大突破，效率优先、兼顾公平正式成为收入分配的指导方针。

“效率优先、兼顾公平”的提出有其特定的时代背景。长期固化的“左”的观点，使得改革开放的每一步推进都面临着极大的阻力。尤其是在 20 世纪 80 年代末 90 年代初，国际共运遭遇重大挫折，国内发生严重政治风波，改革开放过程中一些深层次的矛盾和问题的暴露、发展中遇到暂时困难时，相当一部分干部和群众在思想上产生了困惑，改革陷入停滞的状态。一股“左”的思潮乘势而起，否定改革开放，否定以经济建设为中心，否定市场经济，想要走回改革开放前的老路上去。1992 年邓小平南方谈话明确了判断改革、政策的标准主要看“是否有利于发展社会主义社会的生产力，是否有

① 《十三大以来重要文献选编》(上册)，中央文献出版社 1991 年版，第 32 页。
② 《十四大以来重要文献选编》(上册)，中央文献出版社 1996 年版，第 534 页。

利于增强社会主义国家的综合国力,是否有利于提高人民的生活水平"[①],为进一步推进改革开放指明了方向。"效率优先、兼顾公平"的确立意味着将发展生产力和经济建设作为中心的基本路线不会改变,有助于冲破计划体制和平均主义的束缚,推动社会主义市场经济的建构,是我们党在众多的质疑和困惑中坚定推进社会主义市场化改革取向的一种表现。此后,"效率优先、兼顾公平"的原则一直沿用到党的十六届三中全会都没有改变。党的十六大报告将"效率优先、兼顾公平"的分配原则更加具体化,将效率与公平分别置于初次分配和再分配的两个层面、市场与政府两个领域,提出"初次分配注重效率,发挥市场的作用,鼓励一部分人通过诚实劳动、合法经营先富起来。再分配注重公平,加强政府对收入分配的调节职能,调节差距过大的收入"[②],由市场来主导效率,政府负责公平。由于对发展和效率的突出重视,中国迎来了经济持续高速增长时期,1978—2012 年,我国实际国内生产总值年均增长率达到 9.86%,人均国内生产总值从 1978 年的 385 元增长到 2012 年的 39874 元。其中 1993—1996 年年国民生产总值增长速度分别为 13.5%、12.6%、10.5%、9.7%,年平均增长 11.6%,"八五"时期成为我国历次五年计划中经济增长最快的五年。

"效率优先、兼顾公平"与先富后富政策一样,本身存在一定的局限性,效率有了之后,如何兼顾公平?社会发展自有它自身不可扭转的趋势性,按劳分配中劳动积累会转化为资本,比如,私营经济发展并壮大起来后引起的"雇工问题"之争。资本一旦成为分配的标准之一,资本的增殖速度远远大于劳动所得增长的速度,它所占的收入份额远远不是按劳分配所能比拟的,势必造成劳动所得相比资本所得悬殊的结果。我们可以通过分配率(即劳

① 中共中央文献研究室编:《邓小平年谱(1975—1997)》(下),中央文献出版社 2004 年版,第 1342 页。

② 《十六大以来重要文献选编》(上册),中央文献出版社 2005 年版,第 21 页。

动报酬总额占国内生产总值的比重）和经济增长率、财政收入增长率和居民收入增长率的三者间的比较来进行判断。从分配率看，1978—2006 年全国劳动报酬占国内生产总值的比重平均在 12% ~16% 之间，如果再加上工资额 30% 的福利，则在 15% ~20% 之间。在成熟市场经济国家，分配率普遍都在 54% ~65% 之间。[①] 其间，我国国内生产总值年均增长 9.7%，而居民收入年均增长只有 7%，国家财政收入年均增长 17.1%，国内生产总值和国家财政收入增长均大大高于居民收入增长。数据说明，国民收入分配存在向国家、企业倾斜，资本所有者所得畸高、劳动所得持续下降的局面。[②] 国富民穷的现象也显示出积累与消费、集体与个人之间关系的不合理。而且改革开放以来一直担心和预防的两极分化问题终于发展成为一个大问题。2000 年中国的基尼系数达到0.40，首次突破国际警戒线，2003 年，我国基尼系数达0.479，不仅超越国际警戒线，而且逐年攀升，2008 年达到了 0.491。以城乡发展差距、区域发展差距、群体收入差距不断扩大为主要表征的社会公平正义问题日益严峻起来，成为人们强烈关注的中心话题。

社会主义公平正义并不否定差距的存在，而是主张存在合理的差距，反对两极分化。邓小平在改革开放之初就指出："不同地区总会有一定的差距。这种差距太小不行，太大也不行。如果仅仅是少数人富有，那就会落到资本主义去了。要研究提出分配这个问题和它的意义。到本世纪末就应该考虑这个问题了。"[③]鼓励资本大有作为和适当限制资本所得，并不矛盾，前提是政府要更好地发挥作用。种种迹象表明，当公平问题凸显出来引起社

---

① 参见赵振华：《关于提高初次分配中劳动报酬比例的思考》，《中共中央党校学报》2007 年第 6 期。

② 参见马秀贞：《社会分配：效率与公平关系及其有效处理》，《国家行政学院学报》，2008 年第 4 期。

③ 中共中央文献研究室编：《邓小平年谱（1975—1997）》（下），中央文献出版社 2004 年版，第 1357 页。

会巨大的反应时,“效率优先、兼顾公平”的提法已难以适应社会形势发展的需要。刘国光明确指出,这个提法只适用于社会主义初级阶段的一段时期,不适用于初级阶段整个时期。他进而对“初次分配注重效率,再分配注重公平”的说法提出了质疑:“难道初次分配社会公平问题就不重要?垄断行业和非垄断行业的畸高畸低的个人收入,不是初次分配问题?有些部门、企业高管人员与普通职工的畸高畸低收入,不是初次分配问题?一些外资、内资工厂,把工人(特别是民工)工资压得那么低,而且多年不怎么涨,过量剥削剩余价值,不是初次分配的问题?还有说不清道不明的许多不合理、不合法、不规范的黑色收入和灰色收入,不是初次分配中产生的?初次分配秩序混乱,初次分配中的社会不公问题难道不需要重视、处理、解决?还要等到财税等再分配杠杆来调节,这在中国是远远不够的,是解决不了分配不公问题的。”[①]由此可以看出,即使在收入分配领域中的效率与公平,其含义也必须随着改革的深入不断发生变化,层次不断增多。人们的要求由最初的控制收入差距向保证机会和规则平等转化,由关注收入结果向调节职能和调节过程扩散。

政策的预期安排和公平形势的紧迫性都要求党对“效率优先、兼顾公平”的说法进行调整。2004 年党的十六届四中全会停止使用“效率优先,兼顾公平”一说,强调要更加注重社会公平,并明确指出,要“合理调整国民收入分配格局,切实采取有力措施解决地区之间的部分社会成员收入差距过大的问题,逐步实现全体人民共同富裕”[②]。2007 年 10 月党的十七大提出:“初次分配和再分配都要处理好效率与公平的关系,再分配更加注重公平。逐步提高居民收入在国民收入分配中的比重,提高劳动报酬在初次分配中

① 刘国光:《把“效率优先”放到该讲的地方去》,《经济参考报》2005 年 10 月 15 日。

② 《十六大以来重要文献选编》(中册),中央文献出版社 2006 年版,第 278 页。

的比重。”①党的十七大在初次分配和再分配的不同层次上都强调了公平的重要性，跳出了过往意义上单纯以收入结果公平界定经济公平的局限性，将公平还原为包括机会公平、规则公平、结果公平等在内的经济公平体系。收入分配的公平性不仅要通过政府的转移支付、税收调节、社会保障方面的调节来实现，更要从规范经济秩序这个根子上入手，打破行业垄断，构造包括机会平等、程序平等在内的合理、有序的分配秩序，从本源上扭转收入分配差距扩大趋势。党的十八大继续坚持“初次分配和再分配都要兼顾效率和公平，再分配更加注重公平”的观点，在坚持“提高两个比重”（逐步提高居民收入在国民收入分配中的比重，提高劳动报酬在初次分配中的比重）的同时又增加了“两个同步”（努力实现居民收入增长和经济发展同步、劳动报酬增长和劳动生产率提高同步）。“两个同步”“两个提高”保证了劳动在收入分配中的合理份额，把经济发展水平的提高和劳动者收入水平有机结合起来，体现了社会主义劳动生产率的提高必须有益于全体劳动者的社会主义本质要求，它是走向共同富裕的基础性举措。党的十八大以后，分配制度的调整取得了明显的效果，人民生活水平有了稳步的提高。2017 年国内生产总值为 827122 亿元，比上年增长 6.9%，全年全国居民人均可支配收入为 25974 元，比上年增长 9.0%，扣除价格因素，实际增长 7.3%，全国居民人均可支配收入中位数为 22408 元，增长 7.3%。按常住地分，城镇居民人均可支配收入达 36396 元，比上年增长 8.3%，扣除价格因素，实际增长 6.5%。城镇居民人均可支配收入中位数为 33834 元，增长 7.2%。农村居民人均可支配收入为 13432 元，比上年增长 8.6%，扣除价格因素，实际增长 7.3%。农村居民人均可支配收入中位数为 11969 元，增长 7.4%。②

---

① 《十七大以来重要文献选编》（上册），中央文献出版社 2009 年版，第 30 页。

② 参见国家统计局：《中华人民共和国 2017 年国民经济和社会发展统计公报》，http://www.stats.gov.cn/tjsj/zxfb/201802/t20180228_1585631.html。

(3)公平正义作为社会主义本质属性的回归

公平在中国特色社会主义建设中可以表现为基本价值观和具体政策层面两个方面,从基本价值观来说它是社会主义的本质属性,是一个包含着政治、经济、文化等各个方面的整体性价值要求,其最终目标是实现全民共建共享、人的全面发展;从具体政策方面上它属于某一领域或某一环节的要求,各个领域和环节的公平标准是不同的,不能混用,更不能将作为政策策略上的公平泛化到其他领域,否则容易导致作为社会主义本质特征的社会公平与经济发展之间存在矛盾的错误导向。改革开放之初,我国提出了"效率优先、兼顾公平"是在分配制度的语境下谈论的,在政治、经济、文化的大范围内并不曾有过这种提法。当公平演变成为中心话题,公平问题的产生已不再限于分配领域,而是政治、经济、文化等各个方面存在问题的综合性结果,单靠分配领域的改革已难以解决公平问题,必须从更高层次、更深的根源上加以防止和阻断。公平与效率之争的问题突破了分配领域,公平上升到社会建设,再到社会主义本质的高度上是中国特色社会主义实践演进的必然。

社会公平问题成为中心话题既是预料之内,也在预料之外。预料之内,指先富后富政策本身就含有经济发展到一定程度再来集中解决公平问题的意向,"共同致富,我们从改革一开始就讲,将来总有一天要成为中心"。预测的这个时间在"在本世纪末达到小康水平的时候,就要突出地提出和解决这个问题"[①]。中国特色社会主义发展的趋势大体上符合党的工作重点和进度安排。预料之外,指公平问题复杂程度、广度和深度大大超过原本的预期,用邓小平的话来说:"过去我们讲先发展起来。现在看,发展起来以后的

① 《邓小平文选》(第三卷),人民出版社1993年版,第277~278页。

问题不比不发展时少”，而且“解决这个问题比解决发展起来的问题还困难”。[①] 除了预计会出现的收入差距不断加大外，法治建设的落后、防止两极分化的配套政策跟不上、政治体制改革的滞后、权力的大范围异化等超出了收入领域范围内的因素，加大、加宽、加速了不公平问题的产生。在各色公平问题中，人民并不要求结果的平等，最不满的也不是收入差距过大本身，最“引发不满的是体制外的灰色收入、法制外的黑色收入以及体制内由法律不健全政策不完善造成的非规范收入”[②]。城乡二元结构、市场经济主体的不平等、党员干部的腐败、公共服务的不均等这些老百姓反映强烈的问题无不跟权利平等、资格平等、机会平等、程序平等没有建立起来或者遭到破坏直接或间接相关。社会不公问题的大面积产生造成人民内部矛盾的激化，群体性事件聚集性发生。据统计，全国群体性事件的数量从 1994 年的 1 万多起上升到 2004 年的 7.4 万多起，增加了 6 倍多，参与人数从 1994 年的 73 万人次上升到 2004 年的 376 万人次，增加了 4 倍多。[③] 群体性事件涉及社会的方方面面。从行业分布来看，几乎涉及工业、农业、商业、教育、医疗、卫生、环保等各个行业；从地理分布上看，农村和城市不同程度的群体性事件都时有发生；从参与主体看，包括工人、农民、城市居民、个体业主、退伍军人、退休人员、教师、学生等各阶层人员。群体性事件是涉事群众对改革受益与负担分配极度不合理的一种激烈反映，从反面显示出公平已上升为社会整体层面上的中心问题。

由分配领域内的讨论到社会主义整体性层面的问题，反映了社会主义的公平正义由最初的不证自明到须努力才能实现的变化过程。长久以来人

---

① 中共中央文献研究室编：《邓小平年谱（1975—1997）》（下），中央文献出版社 2004 年版，第 1364 页。

② 参见刘国光：《进一步重视社会公平问题》，《经济学动态》2005 年第 4 期。

③ 参见梅志罡：《构建和谐社会要有好的利益表达机制》，《中国改革报》2007 年 4 月 27 日。

们认为建立了社会主义就实现了公平正义，这种认识在改革开放后的一段时间由于惯性和分化度不大仍然拥有一定的群众基础。改革开放之初，整个社会承续了社会主义建设时期的结构，经济结构单一，社会结构固化，人的生产生活都附属于某一组织，除了升学、工作分配，基本没有流动的可能性，只有在收入方面有些微的差距。这样一个固化的、相对平均的社会，难有公平与否的感受。再加上物质的匮乏、生存的压力，使得民众都在为温饱这样低水平的生存目标而奋斗，无暇去顾及公平与否。随着社会主义市场经济的建立和逐步推进，所有制结构和分配结构都发生了重大的变化，新的经济成分和运行方式的出现和发展打破原有凝滞不动的社会结构，使整个社会呈现流动、变动不居的状态，社会利益结构也随之重构。人由“单位人”或“农村人”变成社会的人，有了更多的选择机会，可以有多面向的生产生存状态。社会发展和生活变化催生了新感受、新想象和新诉求，人们对公平的追求不再囿于收入公平，而更多关注资格平等、机会平等、规则平等与否。毕竟，在社会主义市场经济体制下，资格、机会、规则等公平与否成为制约结果公平与否的关键因素。在温饱问题基本解决后，对更多的话语权、更好的生活、更多的尊重等更高层次的要求产生了。随着生产力的提高而提高的社会公平正义要求相应的社会制度、体制的变革和调整，这是生产力和社会公平正义在发展中达到动态平衡的必然要求。社会公平正义成为核心议题，并不是指从此我们要牺牲生产力来实现社会公平正义，而是不再偏废任何一方，在做大蛋糕的同时分好蛋糕，实现两者的有机统一。

随着社会公平问题成为人民群众反映强烈的问题，党中央调整了政策的重心。2005 年 2 月胡锦涛在中央举办的中共省部级主要领导干部提高构建社会主义和谐社会能力专题研讨班的开班式上的讲话中，明确将公平正义作为社会主义和谐社会的六大特征（民主法治、公平正义、诚信友爱、充满活力、安定有序、人与自然和谐相处）之一，并明确提出：“维护和实现社会公平和正义，涉及广大人民的根本利益，是我们党坚持立党为公、执政为民的必然要求，也是我国社会主义制度的本质要求”。要求全党“在促进发展的同时，把维护社会公平放到更加突出的位置，综合运用多种手段，依法逐步建立以权利公平、机会公平、规则公平、分配公平为主要内容的社会公平保障体系，使全体人民共享改革发展的成果，使全体人民朝着共同富裕的方向稳步前进”，“从法律上、制度上、政策上努力营造公平的社会环境”。[①] 从此，社会公平正义成为党代会的核心议题。此后，以人为本、公平正义是社会主义的核心价值观之一、实现社会公平正义是发展中国特色社会主义的重大任务、科学发展观的提出，均体现了党的政策导向由生产力维度向人的维度的转变，社会主义构建由偏重经济发展向经济和社会公平共同推进转变。党的十八大以来，以习近平同志为核心的党中央更加注重社会公平问题的实际解决，将其作为社会主义制度的根本价值融入党和国家的整体发展战略，使社会公平正义的要求贯穿于中国特色社会主义事业的方方面面。2012 年 11 月党的十八大在提出“全面建成小康社会”的战略目标的同时，进一步强调公平正义是中国特色社会主义的内在要求，明确要求发展成果要更多更公平，惠及全体人民，朝着共同富裕方向稳步前进；党的十八届三中全会提出，全面深化改革要“以促进社会公平正义、增进人民福祉为出发点和落脚点”[②]；2015 年 10 月召开的十八届五中全会提出了“共享发展”理念，倡导以“共享”这一新视角推动和解决社会公平正义问题；党的十九大报告在改革开放近四十年之际，提出了“中国特色社会主义进入新时代，我国社会主要矛盾已经转化为人民日益增长的美好生活需要和不平衡不充分的发展之间的矛盾”的新论断，党的工作目标是实现更高质量、更有效率、更加公

① 《十六大以来重要文献选编》（中册），中央文献出版社 2006 年版，第 711 ~ 712 页。
② 《十八大以来重要文献选编》（上册），中央文献出版社 2014 年版，第 512 页。

平、更可持续的发展，让改革发展成果更多更公平，惠及全体人民，朝着实现全体人民共同富裕不断迈进。[①] 新时代社会主要矛盾的变化显示出中国共产党在确保社会主义经济建设持续、快速发展的优越性的同时，将党的政策方针的着力点更多地转向实现和维护社会公平正义上来，凸显了新时代公平与效率关系回归到社会主义的本质层面上——坚持效率和公平有机结合才能更好体现社会主义的优越性和先进性。党和国家在经济、政治、文化、社会、生态等各个具体领域采取积极措施推动和保障社会公平建设，加强政府的有为职能，全面建设社会保障体系，推进基本公共服务均等化，实施精准扶贫、精准脱贫方略，开展全面从严治党等，将实现和维护社会公平正义真真切切地落到老百姓关注的利益实处。

3. 打赢脱贫攻坚战——新时代社会主义公平正义的伟大实践

贫困是人类社会发展最大的敌人，摆脱贫困是社会主义公平正义的一项重大任务，是中国特色社会主义走向“共同富裕”的基础性工程。党的十八大以来，以习近平为核心的中国共产党将消灭绝对贫困作为社会主义公平正义的标志性目标，打响了一场集全党和全国人民之力摆脱贫困的伟大斗争。2021 年 2 月 25 日，在全国脱贫攻坚总结表彰大会上，习近平总书记庄严宣告：“在迎来中国共产党成立一百周年的重要时刻，我国脱贫攻坚战取得了全面胜利，现行标准下 9899 万农村贫困人口全部脱贫，832 个贫困县全部摘帽，12.8 万个贫困村全部出列，区域性整体贫困得到解决，完成了消除绝对贫困的艰巨任务，创造了又一个彪炳史册的人间奇迹！”[②]中华民族千百年来的绝对贫困问题历史性地画上句号，这是世界反贫困史的浓墨重彩的一笔，更是中国共产党人在新时代推进和实现社会公平正义最具震撼力

① 参见《决胜全面建成小康社会 夺取新时代中国特色社会主义伟大胜利——习近平同志代表第十八届中央委员会向大会作的报告摘登》，《人民日报》2017 年 10 月 19 日。

② 《习近平在全国脱贫攻坚总结表彰大会上的讲话》，《人民日报》2021 年 2 月 25 日。

和说服力的伟大实践，是社会主义向世界证明公平正义本质属性的一次辉煌的战役和序曲。

(1)摆脱贫困是人类社会生产力和生产关系共同演进的必然结果

贫困，是一个历史的范畴，在一般意义上指生存资料匮乏的状态，是人的基本生存得不到保障的表现。认识贫困、解释贫困并最终摆脱贫困，必须将之放置于人类社会发展的历史长河中，从生产力决定生产关系这一社会发展规律的角度对之进行分析，才能真正探寻到贫困的根源，找到消除贫困的根本途径。

第一，消除贫困自古以来就是人类梦寐以求的理想。人类社会发展的历史，就是一部与贫困不懈斗争的历史。自人猿揖别以来，人类就开始了通过不断提升生产方式以摆脱贫困的奋斗历程。生产方式是生产力和生产关系的辩证统一体，摆脱贫困从一开始就与生产力与生产关系的客观演进和相互作用紧密相关。“不足贫困”是原始社会的具体表征，人们为了生存必须组成群落抱团取暖，与低下的生产力水平相适应的是氏族、部落等原始公有制的共同体生产关系，同一共同体内的人们相互协作，共同生产、共同消费。在这样的生产方式下，生产力水平的每一次提高都是共同体内的所有成员生存的进一步保障，摆脱贫困是一个集体的共识和行动。

随着生产力水平的不断提高，分工出现了，私有财产出现了，人类社会逐步分化为两个对立的阶级，一部分人的生活消费建立在对绝大多数人的剥削的基础上。自此，摆脱贫困与社会发展整体水平的提高逐渐没有了必然的正相关关系，“由于文明时代的基础是一个阶级对另一个阶级的剥削，所以它的全部发展都是在经常的矛盾中进行的。生产的每一进步，也就是被压迫阶级即大多数人的生活状况的一个退步”①。人类社会出现的景象是

① 《马克思恩格斯选集》(第四卷)，人民出版社 1995 年版，第 177 ~ 178 页。

一小部分统治阶级占据社会的上层，穷奢极欲，与之相对立的是占人口大多数的底层民众的生活难以脱离贫困状态。贫困是生产力水平低下的必然产物，但脱贫与生产力水平的提高却并不一定成比例发展，这是社会进化的逻辑使然。从奴隶社会起，贫困与生产关系的关联度超越与生产力之间的关系成为人们关注的重点，摆脱奴役成为受剥削阶段的更强烈的呼声，对不平等的生产关系的反抗成为这个阶段反贫困的主要诉求。

第二，"过剩贫困"是阶级社会的悖论形态。随着人类不仅生产出供自身生存的消费资料而且还有剩余，过剩开始成为贫困和匮乏的源泉，贫困的表征便由"不足贫困"转变成"过剩贫困"。空想社会主义者傅立叶一针见血地指出："在文明时代，贫困是由过剩本身产生的。"[①]在资本主义社会之前，自然经济的水平在正常状态勉强温饱，人口的大量增长、天灾人祸及战争都很容易破坏这种低级的"过剩"，使之返回到"不足贫困"状态，如此周而复始循环不已。对于广大的劳动者来说，自从劳动与劳动所有权分离，劳动就从财富的源泉变为贫困的渊薮，劳动和所有权的分离和解体过程就是贫困不断积累和传递的过程。奴隶社会和封建社会，占社会绝大多数的劳动阶级由于丧失或部分丧失人身权利，其劳动及劳动所有之间的分离清楚明白，地位、权利的不平等表现为贫困的直接因素。人们很容易认为，只要消灭等级制度就能摆脱贫困。以"人人生而平等"为标杆的资本主义是阶级社会最后最隐蔽的社会形态，它消除了明显不公平的等级制度，在形式上实现人与人在政治上的平等权利。资本主义使得生产力的发展已经到了近于疯狂的地步，巨大的财富积累却没有带来贫困问题的解决和人们普遍的幸福，富有和贫穷的对立由于社会结构的简化，资产阶级和无产阶级两大阶级的矛盾更加鲜明和尖锐化了。"在一极是财富的积累，同时在另一极，即在把自己的

① 《马克思恩格斯选集》(第二卷)，人民出版社1995年版，第611页。

产品作为资本来生产的阶级方面，是贫困、劳动折磨、受奴役、无知、粗野和道德堕落的积累。”[①]“过剩贫困”的悖论在资本主义经济危机中暴露无遗；一边是生产过剩所引起的普遍商品的滞销，另一边是劳苦大众因为购买能力不足的忍饥挨饿和死亡。

贫困的根源在哪里？怎样才能消除贫困？在很长的一段时间，这些问题都没找到正确答案。在“做一天公平的工作，得一天公平的工资”[②]的表象下，早期的资本主义贫困理论将贫困归因于个体或家庭的品格缺陷、不当的行为模式及异常的价值观等因素，因为穷人懒惰、不思进取、好逸恶劳、不知俭省，所以将其视为“上帝的弃民”，相应地在极其有限的反贫困政策导向上主张使用强制性工作，以及对个体品性的培养与精神改造等方式。这些理论由于没有触碰贫困的根本致因，济贫减贫政策只能起到隔靴搔痒的作用，改变不了资本的生产力越来越强大、无产阶级越来越贫困的事实。

第三，马克思主义为消除贫困提供了根本指南。“过剩贫困”的悖论到了马克思那里才找到根源和解决方式。马克思认为：“贫困从现代劳动本身的本质中产生出来。”[③]“现代劳动”的本质特征就是“异化劳动”，“异化劳动”使得“工人必然会变得贫穷，因为他的劳动的创造力作为资本的力量，作为他人的权力而同他相对立。他把劳动作为生产财富的力量转让出去；而资本把劳动作为这种力量据为己有”[④]。因此，“工人生产的财富越多，他的产品的力量和数量越大，他就越贫穷”[⑤]。“异化劳动”是资本主义雇佣劳动制的最初的表达方式，其意指生产资料与劳动者的分离。马克思进一步通过剩余价值规律和资本积累规律以精密的经济分析揭示出，劳动力的使用

---

① 《马克思恩格斯选集》（第三卷），人民出版社1995年版，第625页。
② 《马克思恩格斯全集》（第21卷），人民出版社2003年版，第211页。
③ 《马克思恩格斯文集》（第一卷），人民出版社2009年版，第124页。
④ 《马克思恩格斯全集》（第30卷），人民出版社1995年版，第266页。
⑤ 《马克思恩格斯选集》（第一卷），人民出版社1995年版，第40页。

价值是资本的“酵母”，也是工人阶级致贫的根源，从而探求到了贫困的本源性致因——雇佣劳动制（私有制）。

私有制是过剩贫困产生的基础和原因。只要存在私有财产，就会存在“异化”现象，就会存在人们在财富的生产、占有、分配和消费方面的权利和财富的差距，贫困现象就必然存在。一个社会里占统治地位的阶级对生产资料和产品的占有，必然导致对政治统治、教育垄断和精神领导的占用，从而使得被统治阶级的精神贫困成为必然。工人在私有制的奴役下，不仅陷入生活贫困，而且相应地衍生出精神贫困和文化贫困，进一步导致贫困的恶性循环和代际传递。马克思在揭示贫困根源的同时明确指明了消除贫困的根本途径：消除劳动和所有的分离，即消灭生产资料私有制，建立一种生产资料归劳动者所有的共产主义制度，实现劳动能力的可能性与劳动条件的现实性的统一。只有根除了私有制这个病灶，“把生产发展到能够满足所有人需要的规模，结束牺牲一些人的利益来满足另一些人的需要的状况……使所有人共同享受大家创造出的福利”①，贫困问题才能在最终意义上得到彻底解决。

（2）脱贫攻坚战略是社会主义本质属性和中国国情双重制约下的必然选择

中国是一个社会主义国家，“消除贫困，改善民生，逐步实现全体人民共同富裕，是社会主义的本质要求”②。社会制度的本质属性时刻提醒着、要求着中国特色社会主义必须将消除贫困放在自己的任务清单的重要位置上。同时中国尚处于社会主义的初级阶段，消除贫困不可能在短期内达到，只能是一个循序渐进的过程。“社会主义中国为什么会有贫困人口的存在”“什

① 《马克思恩格斯选集》（第一卷），人民出版社1995年版，第243页。

② 《习近平扶贫论述摘编》，中央文献出版社2018年版，第3页。

么时候我们能够消灭贫困”“我们怎样消灭贫困”，这些疑问始终贯穿在中国特色社会主义建设过程中，并在中国特色社会主义走向现代化的进程中逐步得到解答。

第一，中国贫困人口的存在是一个历史性范畴。任何一个新的社会制度的诞生都是在旧制度的基础上，必然带有它所代替的那个社会制度的痕迹，受到所继承的政治、经济、文化、社会条件的制约。新中国接手的是一个一穷二白的物质基础和整体水平低下的复杂生产力结构，由于连年的战乱，经济崩溃，广大人民群众连最基础的生存都成问题，整个国家普遍处于极端贫困状况。

“大机器工业是社会主义唯一可能的经济基础。”①邓小平深刻地指出：“落后国家建设社会主义，在开始的一段很长时间内生产力水平不如发达的资本主义国家，不可能完全消灭贫穷。”②因此，在社会主义初级阶段，一定时期内存在一定数量的贫困人口是中国历史发展的遗留因素。由于缺乏以大工业为经济基础的物质支撑，中国消灭贫穷的任务难以在短期内完成。如果不顾生产力的决定性作用，在低生产力水平的条件下通过平均分配来强求实现消灭贫穷的目标，只会造成整个社会的普遍贫穷，在这个方面我们有着深刻的教训。同时，社会主义制度的本质属性决定了中国不可能允许长期在大范围存在贫困人口，消灭贫困始终是中国社会主义建设的重大目标。

第二，脱贫攻坚战是中国特色社会主义在适当时机的重大战略选择。中国特色社会主义由于受生产力水平的制约，摆脱贫困不能一蹴而就，必须将之在经济社会发展的全局中统筹谋划和分段实现。过急过早难以企及，久拖不决必招致质疑。2015 年始，以举国之力实施的脱贫攻坚战并不是一

① 《列宁全集》(第 32 卷)，人民出版社 1958 年版，第 479 页。

② 《邓小平文选》(第三卷)，人民出版社 1993 年版，第 10 页。

时的头脑发热,而是中国共产党在对中国经济、社会、政党发展的具体情况进行综合研判的基础上,审慎擘画的重大战略决策。

有强劲的生产力和雄厚的物质基础为支撑。“物质生活的生产方式制约着整个社会生活、政治生活和精神生活的过程。”①生产力水平自始自终都是解决贫困问题的主导因素,没了发展和物质财富的积累,消除贫困就是一句空话。故反贫困事业的推进要与经济发展相适应。改革开放以来,党将工作中心放到经济建设、发展生产力上来,做大经济基础这个蛋糕,为消灭绝对贫困积累物质基础。经过30多年持续高速的发展,中国2010年国内生产总值破40万亿元人民币,超越日本成为“世界第二”,人均国内生产总值超过了4000美元;2014年国内生产总值突破10万亿美元,人均国内生产总值达到7595美元;而且我国经济保持着强劲发展的势头,为实施脱贫攻坚战略提供了坚实的经济实力支撑和源源不断的基础推动力。从2012—2020年,中央、省、市、县财政专项扶贫资金累计投入近1.6万亿元,其中中央财政累计投入6601亿元。如果没有经济发展和财富积累作后盾,这样大的资金投入是难以为继的。

有深入推进脱贫事业的强烈要求。脱贫攻坚既是国家意志,也是贫困群众的强烈愿望。改革开放之始,社会主要矛盾是人民日益增长的物质文化需要和落后的社会生产之间的矛盾,发展生产力、改变我国普遍贫穷的状况是人民群众关切的头等大事。党响应人民的要求,做出了改革开放的重大决策,使得中国的生产力40多年来得到持续高速稳定的发展,由经济发展带动的减贫事业也取得重大的成就。进入21世纪以来,贫富分化成为人民群众反映强烈的问题,遏制贫富差距、共同享有发展成果成为社会的主声调。从扶贫领域来看,经济增长带来的涓滴效应逐渐放缓,原有的“大水漫

① 《马克思恩格斯文集》(第二卷),人民出版社2009年版,第591页。

灌”式的扶贫方式效能不高，处在收入分配底端的贫困人口越来越难以享受经济增长的好处，贫困存在代际传递和阶层固化态势。就贫困地区贫困人口微观个体而言，贫困人口对物质文化生活的基本需要同落后的社会生产之间的矛盾仍然是主要矛盾，成为全面小康社会目标的短板。“不能到了时候我们一边宣布全面建成了小康社会，另一边还有几千万人生活在扶贫标准线以下。”①社会宏观领域和贫困微观领域的主要矛盾都对消除绝对贫困提出了强烈要求，打赢脱贫攻坚战这一国家行动正是对人民急切要求的回应。

有全面从严治党氛围造就的党的坚强有力的领导。实施脱贫攻坚战这样一场自上而下国家运动式的反贫困斗争，必须要有一个具有高度权威性的领导核心，一支组织严密、能坚决贯彻执行政治任务和具有强大动员能力的队伍。中国共产党是中国特色社会主义事业的领导核心，是中国反贫困事业的领导者和具体实施者，党的建设情况直接关系消除贫困事业的进展。党的十八大以来，以习近平同志为核心的党中央以彻底的自我革命精神推进全面从严治党，以敢碰硬、动真格的态度持续、坚决清除一切影响党的先进性和纯洁性的消极因素，扫除过去管党治党宽松软而造成党的领导弱化、组织涣散、纪律松懈的疾病，树立了以习近平同志为核心的党中央权威和集中统一领导，严明党的政治纪律和政治规矩，保证中央政令畅通、党的路线方针政策从上到下得到彻底的贯彻执行，并锻造出一支理想信念坚定、敢担当勇作为、能密切联系群众的党员干部队伍。全面从严治党形成风清气正、团结统一、充满生机活力的党内新气象，为脱贫攻坚战略的确立和实施提供了政治保证。

第三，打赢脱贫攻坚战走出了一条具有中国特色的扶贫脱贫道路。党

---

① 《习近平扶贫论述摘编》，中央文献出版社2018年版，第12页。

的十八大以来，党中央多次指出，贫穷不是社会主义，如果贫困地区长期贫困，面貌长期得不到改变，群众生活水平长期得不到明显提高，那就没有体现我国社会主义制度的优越性，那也不是社会主义，必须时不我待抓好脱贫攻坚工作。2013 年党中央提出精准扶贫理念，创新扶贫工作机制。党的十八届五中全会做出了脱贫攻坚的重大战略，打响了中国消灭绝对贫困之战。脱贫攻坚有明确的时间节点——2020 年；明确的任务要求——确保农村贫困人口实现脱贫、确保贫困县全部脱贫摘帽；明确的政治要求——没有任何讨价还价的余地，不打折扣如期完成。这是中国特色社会主义要在整体上消除绝对贫困的宣言书。为了打赢这场艰巨的战争，中国探索出了一条具有本国特色的扶贫脱贫之路。

精准扶贫精准脱贫是确保“全面小康社会，一个也不能少”的有效模式。让每个人获得发展自我和奉献社会的机会，这是社会主义的发展方向和发展要求。马克思明确指出：“每一个人的自由发展是一切人的自由发展的条件”①，“要不是每一个人都得到解放，社会也不可能得到解放”②。中国共产党将马克思主义的基本原理与中国的扶贫脱贫实践相结合，多次强调“小康路上一个都不能掉队”③，“决不能落下一个贫困地区、一个贫困群众”④。这是对全面小康社会质的规定性，更是对脱贫攻坚的明确要求。为了保证实现脱贫目标，中国共产党根据贫困的实际情况，创造性地提出精准脱贫的战略方针。

脱贫攻坚重在精准，难在精准，成败在于精准。精准与否不仅关系整个脱贫攻坚事业的公正性，还体现在扶贫脱贫政策具体实施和操作必须具有

① 《马克思恩格斯选集》(第一卷)，人民出版社 1995 年版，第 294 页。

② 《马克思恩格斯选集》(第三卷)，人民出版社 1995 年版，第 644 页。

③ 《习近平扶贫论述摘编》，中央文献出版社 2018 年版，第 19 页。

④ 《习近平扶贫论述摘编》，中央文献出版社 2018 年版，第 17 页。

公平性。精准脱贫方针的核心在于“六个精准”的要求，即扶持对象精准、项目安排精准、资金使用精准、措施到户精准、因村派人精准、脱贫成效精准，它将精准的根本要求贯穿在贫困人口识别、帮扶、管理和退出的整个流程，确保扶贫扶到最需要扶持的群众、扶到群众最需要扶持的地方、脱贫地区脱贫群众名副其实。在实践中，既有通用的精准模式，如，在贫困户识别中通过民主评议和建档立卡对贫困户进行筛选、清退、补入，保证精准瞄准；核验脱贫户，同群众一起算账、让群众认账防止“被脱贫”。各地各部门还自主探索出各具特色的措施和方法，如，贵州省威宁县总结出“一看房，二看粮、三看劳动力强不强、四看家中有没有读书郎”的“四看法”，摸清搞准扶贫对象；甘肃等地绘制了贫困地图，在检查方式上“逐户查缺补漏，逐人稳定脱贫”；河南新蔡县建立了农户临界贫困监测体系，实时掌握贫困状况等。精准脱贫的指导方针和具体实践克服了原有“整村推进”扶贫模式中的“精英俘获”和“水流不到头”的弊病，纠正了因为农村社会关系、农民阶层分化、村干部自利性需求等因素造成的识别偏差，有效解决了“谁该扶”“谁来扶”“怎么扶”的精准度问题，为实现全面消除绝对贫困目标提供了切实的保证。

脱贫攻坚战是一场以可持续发展为主基调的反贫困斗争。贫困不仅表现为缺衣少食的严重匮乏状态，在更深层意义上强调陷于贫穷状态而无法挣脱的困境。因此，反贫困本身就含有除救穷济贫之外，使贫困者从根本上摆脱困境的更深的愿景和要求。单纯“给钱给物”和“一保了之”的救济式扶贫更适用于救急纾困和老弱病残等丧失劳动能力者的底线救济，不能从根本上改变贫困的周期性和代际传递，而且还容易滋生“等靠要”的福利依赖。因此，现代反贫困的理论研究和具体实践已不再局限于简单地提供救济物资，而更注重于增强贫困地区和贫困者的内生动力和自我发展能力。如，诺贝尔经济学奖获得者阿玛蒂亚·森基于“权利”和“能力”的视角，将贫困看作“对基本可行能力的剥夺,而不仅仅是收入低下”。[①]

脱贫攻坚战略从制定时起,其着眼点就不仅局限于消灭绝对贫困人口,而更看重脱贫效果的可持续性和发展的长久性。习近平总书记多次在脱贫攻坚会议上强调:“脱贫致富终究要靠贫困群众用自己的辛勤劳动来实现。”[②]“贫困地区发展要靠内生动力,如果凭空救济出一个新村,简单改变村容村貌,内在活力不行,劳动力不能回流,没有经济上的持续来源,这个地方下一步发展还是有问题。”[③]中国特色社会主义脱贫道路的成功之处在于,立足于内源扶贫,通过外部的“输血式”方式激发、带动内源的“造血式”功能,有效地将外部帮扶的力量和内部的内生动力有机结合起来,提高贫困地区和贫困人口的自我发展能力。无论架桥铺路改善交通设施和公共基础设施,畅通贫困地区对外交流的通道,促进经济要素的流通和利用,还是帮助贫困地区贫困户发展特色产业、开展电商扶贫、实施贫困村整村搬迁和促进充分就业等方式方法,莫不是为了尽可能实现贫困地区跟现代社会的接轨,提升贫困地区的自我发展能力,实现贫困地区贫困群众跨越式发展。就贫困户个体而言,强调扶贫要同扶志、扶智相结合,注重对贫困者从精神层面和文化层面加以引导、干预,改变贫困人口的低未来预期、高度风险厌恶和严重畏难情绪,培育贫困人口的文化素质、劳动技能、市场意识和现代理念,提高贫困人口就业或兼业的机会,最终实现脱贫目标和可持续发展的双赢。据农业农村部最新统计,全国832个贫困县中,每个贫困县都形成了2~3个特色鲜明、带贫面广、有竞争力的扶贫主导产业,有条件的贫困村都建立了特色产业基地,建档立卡贫困人口当中,90%以上得到了产业扶贫和就业扶

---

① 参见[印]阿马蒂亚·森:《以自由看待发展》,任赜等译.中国人民大学出版社2013年版,第15页。

② 《习近平扶贫论述摘编》,中央文献出版社2018年版,第136页。

③ 《习近平扶贫论述摘编》,中央文献出版社2018年版,第131页。

贫支持，2/3以上主要靠外出务工和产业脱贫。[①]

脱贫摘帽不是终点，而是新生活、新奋斗的起点。2020年中国历史性地全面解决了绝对贫困问题，但并不意味着反贫困事业的终结。从社会主义发展的总方向来看，消除绝对贫困本身只是一个起点。中国走的是中国特色社会主义道路，社会主义的本质属性决定了无论过程如何艰难曲折、探索之路如何漫长，"共同富裕""全民共享"的根本方向和目标不会改变。因此，改革开放以来的反贫困工作自始至终采取以开发式扶贫为主，救济式扶贫为辅的方式。中国开展脱贫攻坚战的直接目标和近期目标是消灭绝对贫困、实现全面小康，远景目标是最终走向共同富裕。正因为此，习近平总书记在决战决胜脱贫攻坚座谈会上明确指出，脱贫摘帽不是终点，而是新生活、新奋斗的起点[②]，这一讲话为脱贫攻坚之后的工作指明了前进的方向。

打赢脱贫攻击战之后，下一步具体要怎么走？这个问题早在中国共产党的全国代表大会和中央全会上已有清晰的主线。党的十九大明确提出，我国社会的主要矛盾已经转化为人民日益增长的美好生活需要和不平衡不充分的发展之间的矛盾。党的十九届四中全会进一步明确提出，要"巩固脱贫攻坚成果，建立解决相对贫困的长效机制"[③]。与容易定性定量的绝对贫困相比，相对贫困更具主观判断性，是一个动态的概念。它是不同社会成员的生存状态之间的比较和衡量，实质上反映了消灭社会的不平等、不公平状态的要求。只要分工还存在，只要劳动还占有社会大多数成员的全部或几乎全部时间，劳动就会以一种异己的力量存在，相对贫困的问题就不可能从

---

① 参见《农业农村部：外出务工贫困劳动力90%左右返岗复工》，http://country.people.com.cn/n1/2020/0428/c419842-31691786.html，2020-04-28。

② 参见《习近平在陕西考察时强调　扎实做好"六稳"工作落实"六保"任务奋力谱写陕西新时代追赶超越新篇章》，《人民日报》，2020年4月24日。

③ 《中共中央关于坚持和完善中国特色社会主义制度 推进国家治理体系和治理能力现代化若干重大问题的决定》，《人民日报》2019年11月6日。

根本意义上得到解决。因此，相对贫困、相对落后、相对差距会长期存在。建立解决相对贫困的长效机制，意味着我国将把反贫困工作重心开始转向标准更高、人群范围更广的相对贫困问题，解决的主要问题不再是生存问题，而是发展成果的共享问题。解决相对贫困问题是社会主义社会公平正义事业的一个重要组成部分，是一个更艰巨、更长期的任务。

(3)打赢脱贫攻坚战对于中国特色社会主义和世界反贫困事业的现实意义

中国脱贫攻坚战略的胜利无疑是21世纪世界反贫困史上的重大事件之一。脱贫攻坚战略的巨大效益不只是体现在反贫困上，还体现在经济、政治、社会、党的建设等各个方面。它是中国社会主义制度集中力量办大事优势的一次生动的展示，是集体利益与个人利益相互促进、相得益彰的一种表达，是社会主义的一次卓有成效的自证。

第一，极大地促进了我国经济社会均衡充分的发展。“发展是甩掉贫困帽子的总办法”①，经济发展始终是解决贫困问题的最根本途径。中国特色社会主义进入新时代，人民日益增长的美好生活需要同不平衡不充分的发展之间的矛盾成为社会主要矛盾。不平衡突出地表现在贫困地区与富裕地区、贫困人口与富裕人群之间的不平衡，不充分集中表现在贫困地区的经济、贫困人口的劳动力没有得到充分发展和发挥。

脱贫攻坚面对的是贫中之贫、困中之困，这些贫困地区特别是连片贫困地区、深度贫困地区由于自然地理环境、交通闭塞、民族历史等因素的制约，整体的生产力水平大多停留在小农经济阶段，市场经济程度严重不足，属于经济圈层的边陲地区。小农经济基本靠天靠地吃饭，缺乏抵御自然灾祸、疾

① 《习近平在湖南考察时强调　深化改革开放推进创新驱动实现全年经济社会发展目标》，《人民日报》2013年11月6日。

病等风险的能力，单靠自身，连温饱问题都难以解决；而且小农经济与先进大工业之间的巨大鸿沟，使劳动力即使达到“自我剥削”的最大值，也无法与大工业下的平均效率相抗衡。脱贫攻坚以开发式扶贫为主，将提高贫困地区贫困村的生产力水平和贫困人口的劳动技能放在优先位置，利用脱贫攻坚宏观环境下所带来的政策、资金、技术和发展条件，调动和有效结合贫困地区的劳动要素和生产资料要素，使之汇入国家的统一市场中去充分发挥作用，从而获得持续稳定的生产要素报酬。这种开发式扶贫的重大作用在于，充分发挥了政府和社会组织的外力诱发和助推作用，引导和推动贫困地区和贫困人口融入信息化、工业化、市场化的现代文明发展中，从而在较短的时间里将贫困地区的发展水平提升到一个单靠自身自然发展难以达到的历史高度，从而实现了跨越式发展。通过这种方式，贫困地区不仅达到了脱贫的目标，而且大大缩短了与其他地区的发展差距，有效地促进了我国经济社会的均衡化发展。脱贫攻坚的实践成果显示，一些贫困县在脱贫摘帽进程中，县域经济社会发展速度明显加快，有的县在短短几年里，经济增长总量在全省排位上升了十多个位次①，从根本上扭转了长期落后的局面。

第二，检验和巩固了全面从严治党的政治成果。党是脱贫攻坚的领导者和开路人。党的建设搞得好不好，直接影响到脱贫攻坚战略是否得以有效实施。全面从严治党是中国共产党为了适应新时代的要求，以极大的政治勇气和刮骨疗伤的坚决态度在党内开展的一次全面加强党的建设的重大工作，其目标是通过扫除政治灰尘、清洁党的肌体，提高党的领导能力和执政能力、保持和发展党的先进性和纯洁性。全面从严治党的进行，要具体体现在党组织、党员、干部的实际工作和活动中；全面从严治党的成效，最终要

---

① 参见黄承伟：《中国扶贫理论研究论纲》，《华中农业大学学报》（社会科学版）2020 年第 2 期。

放到中国特色社会主义建设的实践中才能得到检验。

脱贫攻坚重大战略的制定本身就是全国从严治党的突出成果，同时全面从严治党的成效又在脱贫攻坚的伟大实践中得到检验和加强。

其一，党的全面领导得到了进一步加强。在脱贫攻坚实践中，党不断强化对扶贫工作的领导核心作用，通过建立中央统筹、省负总责、市（地）县抓落实的管理体制，省市县乡村五级书记一起抓扶贫，党政一把手负总责、层层签订责任书、军令状的责任制，保持攻坚期内保持贫困县党政正职稳定，开展扶贫专项巡视等具体的措施和要求，保证党的各项政策措施方针得到切实的贯彻执行，有效地保证和实现了党对脱贫事业的全面领导。

其二，党的基层组织的战斗堡垒作用大大提升。基层党组织是脱贫攻坚的前沿力量和最直接的执行者。党员年龄普遍老化、党支部书记难选、党组织软弱涣散一度是农村党支部建设的痛点难点问题。在全面从严治党的大环境下，以脱贫攻坚为契机，许多地区将夯实农村基层党组织同脱贫攻坚工作有机结合起来，以能否组织和带动村民脱贫致富为标准，选优配强党支部书记，整改农村党支部班子，推动农村党支部整体优化提升，增强了农村党支部的领导力、凝聚力、战斗力；同时通过选派扶贫工作队、向贫困村选派第一书记、精准选派驻村工作队、实施大学生村官计划等方式加强和督导党支部发挥领导带头作用，增强基层党组织解决贫困问题的能力。“帮钱帮物，不如帮助建个好支部”就是党的基层组织作用得到肯定和认可的重大标志。

其三，紧密联系群众的作风更实了。贫困地区大多处于条件恶劣、交通信息闭塞、基础设施落后的地区。为了实现脱贫攻坚的目标，广大的党员干部扎根在条件艰苦的贫困地区，穿门入户，与群众同吃、同住、同劳动，殚精竭虑地为贫困地区、贫困人口脱离贫困出谋划策，付出艰辛的努力甚至生命，赢得了干部群众的信任和支持。在没有硝烟的脱贫攻坚战场上，全国有

1800 多名扶贫干部牺牲。全国累计选派 25.5 万个驻村工作队、300 多万名第一书记和驻村干部，同近 200 万名乡镇干部和数百万村干部一道奋战在扶贫一线。[①] 五年的实践证明，正是有了全面从严治党的成果保驾护航，才有了脱贫攻坚政策顺利实施，脱贫捷报的频传。同时，广大的党员干部经历脱贫攻坚一线的锻炼和考验，理想信念更坚定了，紧密联系群众的作风更实了，干事创业处理复杂问题的能力明显提高了。

第三，充分彰显了社会主义制度先进性和优越性。脱贫不仅是民生问题，更是政治问题。自从马克思主义创立并在世界范围内传播和实践以来，社会主义是否比资本主义优越这个问题一直就受到各种怀疑和质疑，现实的社会主义如何体现其先进性也一直是社会主义国家始终探索的重大实践问题。贫困问题就是其中最突出的问题。如，“饿死人”这个命题在社会主义国家和资本主义国家所引发的评论和情感是截然不同的。资本主义社会将贫困的原因归结于个人因素，由此“饿死人”的事件多是引发人道主义的批评。社会主义制度国家一旦出现这种现象，很容易被上升到对社会制度的正当性、合法性的怀疑。

发达资本主义国家经过几百年时间的发展，已具备了解决贫困问题的物质条件。今天一些发达国家的绝对贫困问题没有得以解决，非不能也，在于不为、不愿为。马克思曾尖锐指出，资产阶级在“面对生产者没有什么可以消费是因为缺乏消费者这种荒谬的矛盾而束手无策”[②]，因为“工业在资本主义基础上的迅速发展，劳动群众的贫穷和困苦成为社会的生存条件”[③]。这个论断在 19 世纪是符合实际的，放在 21 世纪的现在也仍是正确的。以资本主义最典型的国家美国为例，2017 年美国有约 4200 万贫困人口，约占总

① 参见《习近平在全国脱贫攻坚总结表彰大会上的讲话》，《人民日报》2021 年 2 月 25 日。

② 《马克思恩格斯选集》（第三卷），人民出版社 1995 年版，第 632 页。

③ 《马克思恩格斯选集》（第三卷），人民出版社 1995 年版，第 606 页。

人口的13.4%,还有1850万美国人生活在极端贫困中,[①]“极端贫困的持续存在是当权者做出的政治选择”[②]。只有社会主义制度才能从根本上解决贫困问题,这是马克思主义通过社会发展规律得到科学论断,也是中国选择社会主义的重要因素。社会主义建立了以公有制为基础的社会制度,从而消灭了贫困再生的根源和土壤,使得消除贫困问题成为必然。中国历年来反贫困尤其是脱贫攻坚的成就显示,只有“以人民为中心”的无产阶级政党才有坚强的意志和巨大的勇气来消灭贫困,只有社会主义才能集中动员全党全国全社会力量完成消灭贫困的任务。巴基斯坦执政党正义运动党中央新闻书记艾哈迈德·贾瓦德评价:“中国脱贫攻坚的成功源于中国所具有的制度优势——能够将全社会中不同领域、不同阶层的人广泛动员和团结起来,为国家发展的正确方向而共同努力。”[③]脱贫攻坚是社会主义制度优越性的一次充分展示,同时更是一种政治宣言,表明了中国坚决走社会主义道路决不改弦易辙的坚定决心。

第四,揭开了人类战胜贫困消除贫困的新篇章。消除绝对贫困,是世界发展的最大难题,也是世界反贫困最紧迫的任务。2000年的联合国千年首脑会议上将消灭极端贫困和饥饿放在千年发展目标(MDGs)的首位,2015年联合国大会第七十届会议上通过的可持续发展议程的第一项指标是“消除一切形式的极端贫困”,并提出2030年全球要消除绝对贫困的目标。然而,由于世界发展的极不均衡和经济发展的成果分配不均,这个目标任务的进展极不顺利。世界银行发布的《2018贫困与共享繁荣:拼出贫困的拼图》(*Poverty and Shared Prosperity* 2018: *Piecing Together the Poverty Puzzle*)显示,世界仍然有7亿多人口生活在极端贫困(每天生活费低于1.9美元标准)之

① 参见《2018年美国的人权纪录》,《人民日报》2019年3月14日。

② 《2018年美国的人权纪录》,《人民日报》2019年3月14日。

③ 《书写全球减贫史重要篇章》,《人民日报》2020年5月27日。

中,减贫趋势减慢,原定2030年底前将全球赤贫人口比降至3%以下的目标恐怕难以实现。

2020年中国如期完成了消灭绝对贫困的目标,这意味着中国提前10年实现联合国2030年可持续发展议程确定的减贫目标。中国在减贫脱贫领域取得这一巨大成就,对于世界反贫困事业具有重大意义。首先,它极大地促进了世界反贫困事业的发展。要实现联合国2030年消除绝对贫困的目标,全球每年须减贫5000万人。中国从2015年起,在短短的六年中消灭贫困人口总数达9900多万,年平均减贫1000多万,创造了世界减贫史上的"中国速度"。中国脱贫事业的成功使世界极端贫困人口数量和贫困率大幅度下降,有力地推动了世界反贫困事业的发展进程。其次,它提振了发展中国家消灭绝对贫困的信心。"第二次世界大战结束以来,消除贫困始终是广大发展中国家面临的重要任务。"[①]中国是首个完成了消灭绝对贫困目标的发展中国家,而且是在一个原有生产力水平较低、贫困人口基数大的国家完成的。中国的实例向广大的发展中国家表明,经济高速增长与全面减贫是可以并行实现的,发展中国家只要处理好经济发展和减贫脱贫的关系,就能凭借自己的努力和其他国家的帮助完成消除贫困的目标。最后,它为消除贫困提供了中国方案和有效经验。经济增长会自然福及贫困人群的传统涓滴理论在反贫困领域受到的严重挑战。实践表明,当经济发展到一定程度时,贫困群体从经济增长中得到的收益份额逐渐减少,对贫困减缓甚至起到负向作用,而且经济增长不能"涓滴"到所有贫困人口,会加剧社会不平等和贫富差距。怎样突破经济增长益贫的瓶颈阶段和跳出"贫困陷阱",中国的脱贫攻坚提供了一个有效的范例。总之,中国有计划、有组织、大规模利用政府和社会组织力量对贫困地区贫困人口的发展进程进行干预和引导,通过投入

① 《携手消除贫困 促进共同发展》,《人民日报》2015年10月17日。

资金、技术、人才等方式盘活贫困地区贫困人口的生产要素，将落后闭塞的贫困地区贫困人口拉进现代社会生产力的发展洪流中，既缩小了贫富差距，又促进了经济发展。这种利用外部力量推动贫困区域整体发展的扶贫带动论克服了传统涓滴理论中贫困人口中被动接受经济发展和效率低下的缺陷，对于世界上其他国家的减贫和发展、充分发挥贫困援助的有效作用具有重大的借鉴价值。

4. 人类命运共同体——国际公平正义理论与实践的新发展

随着国和国之间联系日趋紧密，政治、经济、文化、生态等问题休戚相关，公平正义突破了传统国家疆域的限制，日益成为一个世界范围内的重大问题。尤其自全球化浪潮席卷整个世界以来，任何一个国家都成为世界格局中不可分割的组成部分，越来越多的国家意识到本国的发展和安全稳定与国际整体格局、与其在国际舞台上的地位密切关联。国际公平正义问题非常直观、尖锐地摆在每一个国家面前，不管是发达国家还是发展中国家都无法逃避。中国作为一个马克思主义政党执掌政权的发展中大国，始终以维护公平正义为理念，努力实现中国人民对美好生活的向往，同时也密切关注世界其他国家人民的命运，一直致力于维护世界和平、稳定和共同发展，推动形成公平正义的国际格局和世界秩序。自中国共产党第十八次全国代表大会召开以来，习近平将马克思主义的国际公平正义思想、中国的“天下大同”的文化传统、中国历史发展的经验教训与时代潮流、世界形势相结合，提出了一系列关于国际公平正义的新理念新思想新论断，为我国的外交政策提供了指南，也为其他国家解决和处理国与国之间的矛盾争端、参与国际事务提供了可供借鉴的中国方案，有力地推动了国际公平正义理念和公正合理的世界秩序世界格局的形成和发展。

(1)着眼于国际形势,从中国共产党的性质和中国发展的历史经验出发,深刻阐述了维护国际公平正义的重大意义

在当前这个时代,国际秩序国际格局是否公平正义对每一个国家来说都影响深远。当然,这并不是说以前就不存在国际公平正义的问题。在资本主义以前,由于经济上的自给自足和交通不便,国与国之间的联系、交往不是必需品,整体上呈现零碎、松散的状态。国和国、城邦和城邦之间虽有矛盾、战争,但多限于邻近的国度城邦之间,这种小区域范围内的公平正义争端由于涉及范围窄,并不能成为整个世界关注的问题。自打资本主义将它的触角伸到世界的各个角落,人类社会快步进入"世界历史进程",这一进程最初表现为资本主义强权政治横行扩张的历史,国际公平正义从此就成为各个被剥削、被压迫、被侵略国家的首要问题,一部部殖民地半殖民地国家的国家独立和民族解放运动无一不是寻求国际平等地位的公平正义史。历史的车轮辗过了4个世纪,直接的政治殖民已不再是世界不公正的主要表现形式,但是公平正义的国际格局仍然没有真正建立起来。一些发达国家利用先发优势占据国际格局的上端,利用政治、经济、文化等各种形式,直接或间接地影响、剥削、控制一些后发、落后的国家,而处于劣势的国家为争取国际公平正义,竭尽全力地抗争,这种的斗争一直未曾停止过。在全球化趋势不可逆转的今天,实现和维护国际公平正义对于中国、对于世界上每一个国家的重要性更是不言而喻的。维护公平正义,推动形成公正合理的国际秩序国际格局既是时代发展的必然要求,也是中国从自身历史发展的惨痛教训中、从执政的中国共产党的根本性质中得出的必然结论。

第一,实现和维护国际公平正义是当今世界形势发展的必然要求。"这是最好的时代,也是最坏的时代",狄更斯《双城记》中的这句名言很传神地诠释了当前世界局势的深刻复杂性和矛盾性,光明和黑暗交织、希望和失落同在、机遇和挑战并存。其一,国与国之间的相互联系、相互影响、相互依存

不断增强。世界逐渐成为你中有我、我中有你的“地球村”,各种全球性的问题和挑战需要世界各国同心协力,任何国家都难以脱离其他国家而单独求得自身发展,任何一个国家也不可能关起门来独善其身,命运与共已是不争的事实。其二,国际力量对比更趋平衡。以中国为代表的新兴市场国家和发展中国家在国际舞台上迅速崛起,新兴力量的发展壮大使得这些国家有能力、有机会更多地参与制定国际规则,推动全球治理体系变革和重构,为推进建立公正合理的国际秩序国际格局提供了客观可能性。其三,世界发展极不平衡。世界各国发展鸿沟日益突出,贫富分化日益严重。以 2013 年为例,发达国家人均国内生产总值达到 40186 美元,相当于发展中国家平均水平的 8.2 倍,世界上有 7 亿多人口生活在极端贫困之中。对于一些国家的人民来说,住房、充足的食物、稳定的工作还是一种奢望,一些国家人民长年饱受战乱之苦。一国要想实现长期的稳定和可持续发展,有赖于其他国家的共稳定、共发展、共进步,国家之间的发展长期差距过大,容易牵连其他国家、整个区域、全世界的发展;一个国家战乱连连,其周边国家甚至整个世界都受其影响,这种“蝴蝶效应”即便是关上国门也无法阻挡,难民问题、恐怖主义在某种程度上说明了这一点。其四,国际形势动荡不安。逆全球化暗流涌动,传统和非传统安全威胁频发。一些国家尤其是在世界上起着重要作用的大国单边主义、极性主义、贸易保护主义、民粹主义盛行,国际合作意愿下降;地缘战略竞争加剧,强权政治不时显现,一些国家以牺牲他国利益保护自己的利益;核安全、恐怖袭击、重大传染性疾病等问题对整个世界、整个人类的和平和发展造成严重的威胁。

在机遇和挑战并存的世界形势下,只有公平正义的理念、公平正义的国际格局才能将不同社会制度、不同宗教信仰、不同发展程度的国家黏合在一起,消除分歧、取得共识,聚集起世界各国人民的力量,共同营造和平的、人人免于匮乏、获得发展、享有尊严的国际环境,推动全人类进步事业的发展。

因此，构建一个公正合理的国际秩序，求得国际公平正义在现实情势下的最大可能性，使每个国家都能跟着时代潮流不断发展和共同享有发展收益是世界形势发展的迫切要求。

第二，实现和维护国际公平正义是中国人民从近代历史的苦难遭遇中得出的必然结论。维护世界和平、恪守公平正义是社会主义中国最鲜明的底色。作为一个拥有五千年文明和辉煌的古老国度，中国曾是万国来朝的泱泱大国，这一荣耀却中断于封建社会向资本主义社会过渡的进程中。当资本主义在欧洲大陆开疆扩土时，中国的封建集权达到了顶峰，并且日益走向了闭关锁国、夜郎自大。然而，资本主义逐利的触角终将伸向东方这个落后但富饶的国度，直到第一次鸦片战争之后，中国的国门被列强打开，才认识到自己闭塞落后的事实。随着这个认识而来的是，中国在资本主义列强的逼迫下签订了一系列不平等条约，主权不完整，领土被随意占领、割让、转移，逐步陷入半殖民地化的艰难局面。山河破碎，民族危亡，人民被随意欺凌、剥削、杀戮，为各列强欺辱的极其不公正状态如在昨天。中华民族是不屈服的民族，勤劳勇敢的中国人民在仁人志士的带领下进行了一轮又一轮的反抗外来侵略、重整河山、振兴中华的斗争，历经磨难，最终在中国共产党的领导下实现国家独立、民族解放、人民自由。近代中国饱受列强欺凌，作为一个国际不公正格局和秩序的受害国，中国有着刻骨铭心的感受。毛泽东指出："国家不应该分大小。我们反对大国有特别的权利，因为这样就把大国和小国放在不平等的地位。大国高一级，小国低一级，这是帝国主义的理论。……既然说平等，大国就不应该损害小国，不应该在经济上剥削小国，在政治上压迫小国，不应该把自己的意志、政策和思想强加在小国身上。"[①]己所不欲，勿施于人，因此中国多次世界表达了"不称霸"的态度，始终

① 《毛泽东文集》(第六卷)，人民出版社 1999 年版，第 378 页。

致力于推动形成公平合理的国际格局和国际秩序。在党的十九大上，习近平再次向全世界掷地有声地宣告："中国不对任何国家构成威胁。中国无论发展到什么程度，永远不称霸，永远不搞扩张。"[①]社会主义建设时期如此，改革开放时期也如此，中国发展了，富强了，仍是如此。

第三，实现和维护国际公平正义是中国共产党光荣的历史使命。中国共产党是一个以马克思主义为指导思想的无产阶级政党。马克思主义认为，无产阶级的解放事业是与其他国家、其他民族人民的解放事业紧密联系在一起的，各国无产阶级只有团结起来，才能取得最终的胜利和解放；无产阶级不仅为争取国内的平等地位、经济待遇而奋斗，而且也关切、帮助其他国家被剥削被压迫的人民争取正当权益的斗争；无产阶级政党不仅为本民族、本国人民的现实利益和未来而奋斗，而且为全人类的解放事业而奋斗。中国共产党作为一个马克思主义政党，从建党之日起，不但将为本民族和本国人民的解放而奋斗终身作为初心和使命，而且将为全人类进步事业而奋斗的历史担当深深地刻在自己的骨髓里。中国共产党在谋求本国独立、发展、富强的过程中，始终把实现维护国际公平正义、为人类做出更大的贡献作为自己的光荣使命，不仅在国际道义上为发展中国家发声呐喊，更予以实际的援助。从 1950 年至 2016 年，中国在自身长期发展水平和人民生活水平不高的情况下，对外提供援款累计 4000 多亿元人民币，实施各类援外项目 5000 多个，举办 11000 多期培训班，为发展中国家在华培训各类人员 26 万多名。[②] 在党的十九大报告中，习近平明确了中国共产党的历史担当："中国共产党是为中国人民谋幸福的政党，也是为人类进步事业而奋斗的政党。

① 习近平：《决胜全面建成小康社会 夺取新时代中国特色社会主义伟大胜利——在中国共产党第十九次全国代表大会上的报告》，《人民日报》2017 年 10 月 28 日。

② 参见《习近平谈治国理政》（第二卷），外文出版社 2017 年版，第 484 页。

中国共产党始终把为人类做出新的更大的贡献作为自己的使命”[①]，充分显示了中国共产党实现、维护国际公平正义的始终如一的坚定信念，彰显了马克思主义政党胸怀天下的大境界。

(2)致力于办好中国自己的事情，以自身实力为底气勇于承担大国责任和义务，恪守和维护公平正义的国际准则

国际公平正义本身就是一个比国内公平正义更为复杂的一个问题，在当前各个国家社会公正问题尚不能令国人满意的前提下，再叠加上国际公平正义问题(这两个问题在当前已紧密地联系在一起)，使得国际公平正义从出发点、立足点到最终要达到期许状态都难有定论，推动解决长期现实存在的复杂问题更是举步维艰。是任不公正的国际格局长期存在下去，逆来顺受，继续在这种格局下艰难地生存下去，还是站稳自己的脚跟，坚定自己的立场，为构建一个新型的、更为公平正义的国际格局国际秩序贡献力所能及的力量？这是中国作为崛起的发展中大国无可回避的问题。党的十八大以来，以习近平同志为核心的党中央面对风云变幻的国际局势，看清、看明、看透世界发展的必然趋势，着眼于办好自己的事情，增强实力和底气，勇于承担国际责任和义务，恪守和维护各项国际准则，为推进构建更公正合理的国际关系、国际秩序，实现和维护公平正义贡献出中国力量、中国方案和中国智慧。

第一，办好中国自身的事情，为争取实现和维护国际公平正义的话语权奠定坚实有效的基础。中国一贯倡导正确的义利观，以道义和公平正义为思考和处理问题的出发点。然而道义需要以实力为底气，落后会挨打，国弱则被欺，中国近代百年血泪史证明，一个国家要想在国际舞台上有话语权，

① 习近平：《决胜全面建成小康社会 夺取新时代中国特色社会主义伟大胜利——在中国共产党第十九次全国代表大会上的报告》，《人民日报》2017年10月28日。

要想参与国际规则的制定，维护国际公平正义，必须以坚强的国家实力为依靠、为后盾，否则就是一句空话。由于自身衰落，近代中国一度失去了捍卫主权和维护自身安全的基本能力，成为被侵犯、被瓜分的对象。新中国的成立结束了这一段衰落的下行轨迹，但在很长的一段时间里，由于国家实力不强，我们在国际舞台上仍处于缺乏话语权的状态。为了能在强国林立、强权政治的世界格局中有一席之地，发出自己的声音，切实参与到国际事务中去，推动建立公正合理的国际秩序，中国不仅要站起来，更要富起来、强起来。改革开放以来，中国共产党的领导全国各族人民始终以经济建设为中心、把发展作为第一要务，集中力量办好自己的事情，逐步提高国家的综合国力和人民的生活水平，增强我们在国际上说话办事的实力，为民族振兴、人类进步事业不懈奋斗。经过改革开放40多年的发展，中国取得全世界瞩目的巨大成就。尤其是党的十八大以来，我国经济实力、科技实力、国防实力、综合国力进入世界前列，我国对世界经济增长的贡献率超过30%，已是世界第二大经济体、第一大货物贸易国，以及世界主要投资大国，成为世界经济增长的动力之源、稳定之锚；科学技术进展突飞猛进，人工智能、量子技术等取得重大突破，电子商务、移动支付的推广领先世界；消灭了绝对贫困，世界上人口最多的中等收入群体已经形成等。综合国力的增强夯实了我国维护国际公平正义的物质基础和社会基础。伴随国家实力的增强，中国的国际影响力、感召力、塑造力不断提高，正以铿锵有力的脚步走近世界舞台中央。

第二，勇于担当，在维护国际公平正义中树立起负责任的大国形象。“计利当计天下利”。世界是一个由各个国家组成的大家庭，要维护这个大家庭的和谐，每个国家都应当承担自己能力范围内的义务，这是国际公平正义的一个基本条件。只享受世界大家庭所能带来的便利和好处，不想担当责任和义务，与公平正义原则相违背，会严重破坏正当的国际秩序。中国是一个崛起中的大国：从人口而言，中国是世界上人口最多的国家；从领土而言，中国排名第三；从经济总量而言，中国已成为世界第二大经济体。习近平总书记强调："大就要有大的样子。"①大国要有大国的心态、大国的责任，这个责任不仅是本区域的，而且是全球范围的。世界和平、世界发展、世界公平正义，这是中国稳定、中国发展、中国富强的必要条件，中国的发展受益于世界，中国的发展也有利于国际大家庭的发展。习近平多次明确向全世界表态，中国作为国际大家庭的一分子，愿意、乐于、勇于承担在国际中的应尽责任和义务。中国共产党作为一个大党，中国作为一个大国，真心实意地将自己的发展与世界的共同发展联系在一起，愿意在力所能及的范围内承担更多国际责任和义务，为人类社会公平正义、和平和谐、共同进步而努力奋斗。这不是一句空话，中国这样说，在实际中也是这样做的。党的十八大以来，中国以自信主动的姿态积极参与到各种国际事务中去，坚定维护联合国权威和地位，在参与战乱维和、承担救灾援助、应对气候变化、反对恐怖主义、防止核武扩散等国际事务中，中国从不缺席，也从不吝惜，在国际社会中树立起一个负责任的、有担当的大国形象。在当前动荡不安、世界经济复苏乏力的艰难国际形势下，中国积极主动地承担责任和义务的态度行为，与当前只考虑自身利益，甚至以牺牲其他国家的利益以保全自身的一些国家构成了鲜明的对比，从而赢得了国际社会普遍的赞誉。巴拿马主义党总书记巴尔德拉马表示：中国很清楚自己作为大国所肩负的职责和使命。中国愿意为世界发展和增强广大人民福祉贡献智慧，这种勇于担当的精神令人敬佩。②

---

① 《习近平在十九届中共中央政治局常委同中外记者见面时强调 新时代要有新气象更要有新作为中国人民生活一定会一年更比一年好》，《人民日报》2017 年 10 月 26 日。

② 参见《携手建设更加美好的世界——中国共产党与世界政党高层对话会系列会议侧记》，《人民日报》2017 年 12 月 3 日。

第三,坚持和平共处五项原则,始终恪守国际公平正义的基本准则。全球化时代,国与国之间的关系千丝万缕,剥离不开。然而,国与国社会制度不同,宗教信仰不同,发展程度不同,利益既存在交汇点又有争斗点,分歧和争端是不可避免的。为了维持国际社会的和平与稳定,寻求各国的共同点,解决国家之间的分歧和争端,建立并维系一个为大家所认同的公平正义基本原则是必要的。中国在 20 世纪 50 年代提出了国与国关系的基本原则——和平共处五项原则,即"互相尊重主权和领土完整,互不侵犯,互不干涉内政,平等互利,和平共处",这一国际关系准则体现了中国共产党人对国际规范公平正义性的最初设想,既适用于处理相同社会制度国家间的关系,也适用于处理不同社会制度国家间关系,因此逐渐为大多数国家所认同,并最终成为调解国际关系的重要准则。

和平是国际公平正义的基石,也是世界人民最迫切、最深厚的愿望和要求。每一个国家都是缔造世界、促进世界发展的最基本成分,在生命尊严面前,任何国家任何民族的成员都是平等的。战争是对人的生命尊严的最严重的侵犯、践踏,是对整个人类的最不公正状态。20 世纪的上半叶,两次世界大战给人类带来了巨大伤害,让人们认识到和平的宝贵,中国更是对战争存在着切肤之痛。以己推人,战乱中每一个人的苦痛中国人都曾遭受过,感同身受。中国珍惜和平安定,中国盼的是天下太平,为自己也为世界上所有的国家和人民,更为那些仍然遭受战乱、流离失所的国家和人民。因此,中国一直是和平的坚定拥趸者、建设者和推动者,始终为了维护世界和平而不遗余力。

主权平等是国际公平正义的第一个基本原则,是数百年来国与国关系的根本准则,也是联合国及国际所有机构、组织共同遵循的首要原则。其基本含义指,国家不分大小、强弱、贫富,主权的独立性不受侵犯,内政不容干涉,任何一个国家都有权自主选择社会制度和发展道路。毛泽东明确指出:

“一国的国内纠纷，由这个国家自己管，别国不得过问，也不得利用这种国内纠纷。一个国家只能承认别国的人民自己选择的政府。”[①]任何打着“人道主义”“打击恐怖主义”等各种旗号的以大欺小、以富压贫、以强凌弱的行为，都是国家间不平等的表现，侵犯别国主权、干涉别国内政是对国际公平正义赤裸裸的践踏。中国曾是一个深受侵略、主权被侵犯的国家，永不会把自身曾经历过的悲惨遭遇强加给其他民族。而且，中国从一个积贫积弱的国家发展成为世界第二大经济体，靠的不是对外军事扩张和殖民掠夺，而是中国人民的勤劳努力和国家稳定。中国从自身发展的经验教训中得出：一个国家的发展道路合不合适，只有这个国家的人民才最有发言权。因此，习近平以维护国际公平正义为基准点，秉持公道，坚决主张“国家不分大小、强弱、贫富，都是国际社会平等成员，都有平等参与国际事务的权利。各国的事务应该由各国人民自己来管”[②]。中国在对外关系、在参与国际事务中，保持自己的独立性，不“输入”外国模式，同时充分尊重其他国家拥有自主选择符合自己国情的社会制度、发展道路、发展模式的基本权利，决不“输出”中国模式。中国不认同“国强必霸”的陈旧逻辑，一贯反对各种形式的霸权主义和强权政治，反对任何干涉别国内政，把自己的意志强加于人的恶劣行动。针对近年来甚嚣尘上的“中国威胁论”和各种恐慌防备心态，习近平多次向世界公开宣示，中国发展不对任何国家构成威胁。中国发展绝不以牺牲别国利益为代价，我们绝不做损人利己、以邻为壑的事情，将坚持不移做和平发展的实践者、共同发展的推动者、多边贸易体制的维护者、全球经济治理的参与者。[③] 中国践行着自己的承诺：坚定不移地参与构建国际核安全体系，同各

---

① 中华人民共和国外交部、中共中央文献研究室编：《毛泽东外交文选》，世界知识出版社、中央文献出版社 1994 年版，第 181 页。

② 《习近平在和平共处五项原则发表 60 周年纪念大会上的讲话》，新华网 2014 年 6 月 28 日。

③ 参见《习近平谈治国理政》（第一卷），外文出版社 2018 年版，第 249 页。

国一道推动建立公平、合作、共赢的国际核安全体系，促进各国和平利用核能事业的成果；坚持用亲、诚、惠、容理念发展同周边国家的睦邻友好关系等。

（3）科学地把握世界发展的大趋势，提出“人类命运共同体”的新思想和“共商共建共享”的全球治理观，推动建设“相互尊重、公平正义、合作共赢”的新型国际关系

中国共产党是一个有着全球视野、国际胸怀的马克思主义政党，是一个将远大理想与近期目标相结合的政党，善于将理论与实际相结合。党的十八大以来，面对复杂多变的国际形势，以习近平同志为核心的党中央高瞻远瞩，以坚定的战略定力，拨开弥漫在世界上空的各种反全球化的阴霾，提出了“构建人类命运共同体”、共商共建共享的全球治理观和以合作共赢为核心的新型国际关系等思想，极大地丰富和发展了马克思国际公平正义思想，是马克思主义公平正义理论、中国传统精神与当前时代特征相结合的最新成果。

第一，拨开反全球化的迷雾，推动、捍卫、引领全球化进程，明确了实现和维护国际公平正义的时代前提。没有一个词能像全球化这样，在当前世界范围内激起冲天的波浪。全球化是一把双刃剑，它的有利的一面在于，经济全球化为世界经济增长提供了强劲动力，促进了商品和资本流动、科技和文明进步、各国人民交往，物质财富不断积累，科技进步日新月异，人类文明发展到了历史最高水平；同时它也带来了一些新的问题，国际金融危机深层次影响继续显现，强权政治、新干涉主义、军备竞赛、恐怖主义、难民问题、网络安全、贫富差距、南北差距等问题相互交织，给一些国家带来困扰、伤害，国和国之间的竞争加剧，矛盾和摩擦不断，甚至出现擦枪走火的情况。有人将经济全球化比喻为打开了“潘多拉的盒子”。发达国家曾是全球化最大的受益者，也是经济全球化进程中最主要的推动者和引领者。面对全球化进

程中带来的问题，一些发达国家将本国的利益置于全球的共同利益之上，在制定对内对外政策中频繁地出现了明显的逆全球化政策取向。

如何在纷繁复杂的世界局势、赞成与质疑的漩涡中客观公正地看待全球化，是实现和维护国际公平正义的前提。中国是全球化的受益者，40 多年前，正是制定了对外开放的政策，打开国门，对外广泛地开展政治经济文化等各方面的交流合作，充分学习、利用其他国家的先进经验、做法和技术，我们才在这么短的时间内取得了巨大的成就。中国发展得益于国际社会，中国也为全球发展做出了巨大贡献。虽然目前全球化出现了一些这样那样的问题，但并不是全球化本身导致的，而是全球化发展不足的产物，其中最重要的表现就是发展成果没有让更多的国家更多的人受益、分享。顺应全球化的发展趋势，共同努力遏制、协调、解决问题，寻求各国共同利益的最大化，而不是逆时代潮流将全球化一棒子打死，以邻为壑、转嫁危机、损人利己，才是面对全球化的正确态度。面对弥漫全球的反全球化迷雾，习近平从全局和全球的宽阔视角、以深邃的战略眼光透过各种表象清醒地看到全球化的本质和发展趋势。他多次在国际场合明确指出，经济全球化是社会生产力发展的客观要求和科技进步的必然结果，不是哪些人、哪些国家人为造出来的。“世界经济的大海，你要还是不要都在那儿，是回避不了的。”①“搞保护主义如同把自己关入黑屋子，看似躲过了风吹雨打，但也隔绝了阳光和空气。”②这些生动的比喻形象地说明了全球化的不可回避性和不可逆转性。对于一些国家采用孤立主义、贸易壁垒等逆全球化的方式来规避矛盾和问题，习近平进一步指出，没有哪个国家能够独自应对人类面临的各种挑战，也没有哪个国家能够退回自我封闭的孤岛。关上国家的大门，“退群”“自

① 《习近平谈治国理政》（第二卷），外文出版社 2017 年版，第 478 页。
② 《习近平谈治国理政》（第二卷），外文出版社 2017 年版，第 479 页。

闭”不符合人类经济社会发展的大方向。对于经济全球化带来的新问题，习近平也提出了自己的看法和解决之道：我们不能就此把经济全球化一棍子打死，而是要适应和引导好经济全球化，消解经济全球化的负面影响，让它更好惠及每个国家、每个民族。习近平代表中国明确表态：中国开放的大门不会关上。①

面对针对各种全球化的质疑、疑惑、徘徊观望态度，习近平在各种场合鲜明地亮出中国主张，拨开了反全球化的迷雾，推动经济全球化向开放、包容、普惠、平衡、共赢方向发展，为处在十字路口的全球化进程指引了方向。由此，西班牙《国家报》有评论赞叹道：“没有人像中国国家主席习近平一样，在当前仍深陷金融危机后遗症及社会动荡不安的国际形势下，还如此捍卫经济全球化。”②

第二，提出了“人类命运共同体”的新思想，为实现国际公平正义奠定了理论基础。当此世界大发展大变革大调整时期，“人类走向何处”这一时代之问囿于一个国家、一个民族、一种文化的视角已难以解答，必须站在历史的高度与时代的前列，本着对人类进步事业、对世界各国负责的态度才能做出正确判断。在全球化条件下，世界各国人民共同生活在同一时空里，在长期的交流交往发展中互通有无、互学互鉴，关联度依存度不断增强。世界和平稳定、繁荣富强依赖于每一个国家的和平和发展，依赖于各个国家之间的相互尊重、相互了解、相互包容、共同发展，这是当前世界不可否认的现实图景。2013 年 3 月，习近平在莫斯科国际关系学院发表演讲，第一次向世界提出“命运共同体”理念，对于人类文明走向给出了中国判断。“这个世界，各国相互联系、相互依存的程度空前加深，人类生活在同一个地球村里，生活

① 参见《习近平谈治国理政》（第二卷），外文出版社 2017 年版，第 478 页。

② 《让思想之光引领世界前行之路——习近平主席二〇一七年达沃斯、日内瓦主旨演讲的世界意义》，《人民日报》2018 年 1 月 25 日。

在历史和现实交汇的同一个时空里，越来越成为你中有我、我中有你的命运共同体。”[①]此后，构建“人类命运共同体”理念逐渐生发生长，不断延伸和完善。2015 年 9 月，习近平在联合国讲坛上进一步提出打造人类命运共同体的总布局和总路径：建立平等相待、互商互谅的伙伴关系；营造公道正义、共建共享的安全格局；谋求开放创新、包容互惠的发展前景；促进和而不同、兼收并蓄的文明交流；构筑尊崇自然、绿色发展的生态体系，进一步延展了“人类命运共同体”理念的内涵。

2017 年 1 月，在联合国日内瓦总部以“共商共筑人类命运共同体”为主题的高级别会议上，习近平以宏大的视野和哲学思维再次深刻、全面、系统地阐述了构建“人类命运共同体”思想：坚持对话协商，建设一个持久和平的世界；坚持共建共享，建设一个普遍安全的世界；坚持合作共赢，建设一个共同繁荣的世界；坚持交流互鉴，建设一个开放包容的世界；坚持绿色低碳，建设一个清洁美丽的世界。至此，“人类命运共同体”思想形成了一个科学完整、意义深远的思想体系，环环相扣、层次分明、内涵丰富，它既指引着人类社会发展的总目标，又蕴含着实现这一目标的总布局和总路径。“人类命运共同体”思想体系是开放的、发展的、兼容并蓄的。它随着全球化的推进、世界形势的发展不断吸收各种养分，日趋丰富完善。党的十九大将“人类命运共同体”理念和思想正式写入了党的报告，并载入了《中国共产党章程》，之后这一理念和思想又被写入《中华人民共和国宪法》。“人类命运共同体”思想体系的诞生和完善，在人类走向问题上实现了历史逻辑、理论逻辑、实践逻辑的高度统一，标志着以习近平同志为核心的党中央对世界历史的把握、对现实世界的认识、对未来发展的探索都达到了一个新高度。

“人类命运共同体”思想是马克思主义与时代特征相结合的产物。马克

① 《十八大以来重要文献选编》（上），中央文献出版社 2014 年版，第 259 页。

思曾在深刻地分析资本主义固有的无法调和的矛盾、资本主义产生发展并最终走向灭亡的客观规律的基础上，明确指出了实现世界公平正义的终极方案，“代替那存在着阶级和阶级对立的资产阶级旧社会的，将是这样一个联合体，在那里，每个人的自由发展是一切人的自由发展的条件”①。国家不复存在，人人自由平等，实现了个人的全面发展和全人类全面发展的有机统一。在当前历史条件下，马克思国际公平正义的最终方案还不具备实现的客观历史条件，然而寄托着人民群众对理想社会的期望和憧憬的“自由人联合体”思想，对于全球化条件下人们深入思索人类共同命运的走向具有重大启迪作用，是“人类命运共同体”思想的直接理论来源。可以说，“人类命运共同体”思想是马克思主义的终极公平正义设想在当前历史条件下的运用，是马克思主义公平正义思想与时代特征和国际形势相结合的最新成果，是中国共产党人对马克思主义基本理论的继承、发展和创新。

“人类命运共同体”思想根源于中国优秀的文化传统。中华民族是一个善于包容、善于借鉴的民族，文化传统中一直奉行“万物并育而不相害，道并行而不相悖”“和而不同”的包容理念，对于不同民族的文化文明始终保持并行不悖、兼容并蓄的尊重和开放态度，“世界大同、天下一家”的崇高理想不仅寄托着历代中国人民对美好生活的向往，“四海之内皆兄弟”更遥寄着他们对即便是未曾谋面的其他民族、其他国家的人民生活的美好祝福。“人类命运共同体”的思想在新的历史条件下将中国人民的命运真切地与其他国家人民的命运紧密结合起来，将攸关中国前途命运的中国梦与攸关世界各国前途命运的世界梦紧密连接在一起，延续了中国传统文化脉络中的包容思想和中国人民对世界的美好愿望，传承了中华民族基因图谱中的崇高精神，谱写了一曲新时代条件下各国各民族共存共建共享共荣的新篇章。

---

① 《马克思恩格斯选集》(第一卷)，人民出版社 2012 年版，第 422 页。

在国际上，“人类命运共同体”思想充分反映了经济全球化背景下国际利益格局从输赢分化到休戚与共的发展变化趋势，超越了不同社会制度、不同宗教信仰、不同发展程度国家关于政治道路、发展模式的分歧和争议，契合世界各国人民对发展、繁荣的共同诉求和共同愿望，为改善全球治理、建设更加公正合理的国际新秩序奠定了基础。因此，这一思想得到了国际上各个国家、组织、机构的广泛认同，从中国理念上升为国际共识，被写入联合国大会、联合国安理会、联合国人权理事会、联合国社会发展委员会决议等，正逐步在世界各地落地生根。

第三，秉持共商共建共享的全球治理观，推动建立合作共赢为核心的公平正义的国际关系。国际公平正义是社会公正在世界范围内的价值要求和价值体现，然而国与国之间社会制度、文化传统、宗教信仰、发展程度不同，导致对公平正义的理解有较大的差异。最重要、关键的一点，就是世界政治格局中缺乏一个凌驾于所有国家之上的世界政府，不可能形成如一个国家内部所具有的强有力的法律和统一规范，也不存在具有强制执行功能的公共权力机器，而只能经由各国家、行为体之间经过谈判、协调、博弈，达成某项约定、协议或条约。而且，这种约定、协议和条约只具有道义上的约束力，不存在强制性，当一个国家认为其享受的权利或承担的义务不合理，就可以不遵守或声明退出该协议。当然，这并不是说，维护世界的公平正义就是一句空话，没有什么可以通达的道路。人类有着共同的目标，各个国家存在着共通的利益，世界各国存在着同舟共济的客观要求，那就是，要和平不要战争，要发展不要贫穷，要合作不要对抗，要共赢而不是单赢。有了价值共识，有了共同利益，就能不断寻求现实情境中所能允许的最大公约数，构建一个能为大家都认可和接受的全球治理理念、规则和格局，国际公平正义就能找到实现的方式和途径。

现有的全球治理体系在很大程度上是第二次世界大战后的产物，强权政治、弱肉强食仍是国际关系和国际秩序的现实表现。发达国家高居世界格局的上端，轻而易举地攫取经济发展和增长这一蛋糕的绝大部分，而且动辄以恐怖袭击、化学武器等各种理由制裁、粗暴干涉别国的内政，甚至不惜赤裸裸地动用武力，挑起地区争端和动乱；处于下端的发展中国家、弱国却沦落为发达国家的加工厂、落后产能的转战地、垃圾场等，经济发展、生态环境、发展前景堪忧；中东、北非等局部区域常年陷于军事冲突和动荡之中，人民颠沛流离，生命安全无法保障，生活陷于困顿；国家之间的矛盾和分歧加深，地缘战略竞争加剧，一些国家质疑全球化和自由贸易原则，单边主义、贸易保护主义、民粹主义抬头，在解决世界性的共同难题难上以达成共识……种种迹象表明，现行全球治理体系不适应时代和人类发展需要的地方越来越多。因此，顺应和平、发展、合作、共赢的时代潮流，变革现有不合理的全球治理体系，重构合理公平的国际关系，实现和维护国际公平正义，这种呼声在国际上越来越高，越来越强烈。

以习近平同志为核心的党中央及领导下的中国政府充分理解、体会到世界各国人民要求持久和平、合作共赢、共同发展、共同繁荣的强烈愿望和时代潮流，强烈反对搞“一国独霸”或“几方共治”，支持和推动世界多极化，进一步推进国际关系的民主化和公平化，倡导“共商共建共享”的全球治理观和建设相互尊重、公平正义、合作共赢的新型国际关系。习近平明确提出：“世界命运应该由各国共同掌握，国际规则应该由各国共同书写，全球事务应该由各国共同治理，发展成果应该由各国共同分享。”①在党的十九大上习近平再次强调：“中国将高举和平、发展、合作、共赢的旗帜，恪守维护世界和平、促进共同发展的外交政策宗旨，坚定不移在和平共处五项原则上发展

---

① 习近平：《共同构建人类命运共同体——在联合国日内瓦总部的演讲》，《人民日报》2017 年 1 月 20 日。

同各国的友好合作，推动建设相互尊重、公平正义、合作共赢的新型国际关系。"①

"共商共建共享"的全球治理观和以合作共赢为核心的新型国际关系，坚持世界的命运必须由各国人民共同掌握，各国共商发展大计、共建发展平台、共享发展成果，超越了近四百年以来以资本主义强权政治为核心内容的旧式国际关系，摒弃了国际社会交往中实际存在的"弱肉强食""你赢我输，赢者通吃"的等明显违背国际公平正义的旧思维旧规则。它是各国人民追求和平与发展的共同愿望和构建"人类命运共同体"理念的有效应用和具体实践，充分体现了以习近平同志为主要代表的中国共产党人和中国政府打破以意识形态阵营对峙和冷战思维等为重要特征的旧式国际关系格局、建立新型公平正义国际关系的期待和努力，为开创世界发展和人类文明进步打开了新的局面。

推动全球治理体系改革和建立新型国际关系，不仅要变革观念层面上的东西，更需要将其贯彻落实到各种具体国际事务中去。以习近平同志为主要代表的中国共产党人不仅贡献了中国智慧和中国方案，而且身体力行，以诸多实践行动践行之。短短的几年间，中国积极搭建和充分运用各种新平台，凝聚世界各国的智慧和力量，吸引了更多新兴市场国家和发展中国家参与到共商共建、共同合作、互利共赢的事业中来，推动改革全球治理体系中不公正不合理的安排，为实现和维护国际公平正义贡献中国力量。我们打造了中国—东盟命运共同体、中老命运共同体、中越命运共同体等周边命运共同体，建立了亚洲基础设施投资银行、设立丝路基金，积极推动"金砖+"合作模式，倡导并实践"一带一路"，召开了中国共产党与世界政党高

① 习近平：《决胜全面建成小康社会 夺取新时代中国特色社会主义伟大胜利——在中国共产党第十九次全国代表大会上的报告》，《人民日报》2017年10月28日。

层对话会,建立了南南人权论坛,积极参与制定海洋、极地、网络、外空、核安全、反腐败、气候变化等新兴领域治理规则,等等。这些切实的行动表明,中国共产党和中国人民真心实意地将本国的发展与宏大的人类命运共同体的构建、世界各国共同发展紧密地联系在一起,充分显示了中国共产党为人民谋幸福,为民族谋复兴,为世界谋大同的坚定信念和不懈的努力。

(四)党的十八大以来中国共产党探索社会公平正义的精神特质

党的十八大以来,以习近平同志为核心的党中央高度重视社会公平正义,将社会公平正义作为党和政府工作的核心议题,贯穿于中国特色社会主义各项事业之中,积极探索实现和维护社会公平正义的理论与实践。这一时期党在理论和实践上对社会公平正义的探索呈现出了鲜明的精神特质,主要体现在三个方面:

1. 坚定的信念

社会公平正义具有制度属性,即不同的制度决定着社会公平正义的根本性质。只有社会主义才能救中国,这是已经被历史证明了的命题;只有社会主义才能发展中国,这是一个曾经被证明和还在证明之中的命题,社会公平正义仍是证明中最主要的支撑力量。党的十八大以来,以习近平同志为主要代表的中国共产党人坚决抵制中国社会主义建设中否定、反对社会主义的各种错误主张,以社会主义的本质属性、人民主体性和党的领导保证三位一体,确保了社会公平正义的社会主义方向,为真正实现和维护社会公平正义构筑起牢固的政治保障。

(1)坚持社会公平正义的社会主义属性

社会主义自带的公正属性使得社会主义建设本身就是社会公平正义实现的过程,两者是高度统一的。从另一角度来说,对于相信社会主义才能真正实现社会公平正义者而言,坚持或抛弃社会主义就成为划分社会公平正义能否实现的分水岭。中国的社会主义没有经过资本主义的充分发展阶段，直接由半殖民地半封建的社会形态经过新民主主义革命胜利、短暂的社会主义改造而建立，缺乏马克思在勾画未来社会时的高度发达的生产力前提，再加上社会主义建设初期过急地想要实现人们群众所期盼的社会公平正义，忽视生产力的基础性作用，使得整个社会陷入普遍贫穷的状态。中国进入社会主义的独特历程及社会主义建设初期的挫折使得“中国该不该回头补上资本主义一课”的争论始终未曾停止，虽然在改革开放之初邓小平以“坚持四个基本原则”给这个问题以明确的定论，但一有风吹草动这种争论就又沉渣泛起，干扰中国特色社会主义道路的方向视听。

改革开放以来，中国特色社会主义在剧烈转型、快速发展的过程中各种历时态的公正问题叠加出现，引发人民群众的强烈反应，再次触发了中国社会发展道路之争。改革开放初期关于“社会主义和资本主义谁更优越”的讨论更多是基于生产力落后的问题产生的，经济上取得了巨大成就，却在公平正义上失守所引发的“中国是不是还要走社会主义道路”的疑虑更具致命性，因为它会否定社会主义公平正义的根本属性，使得社会主义失去它最有效的影响力和号召力。对于这样一个关系社会公平正义未来之路的根本问题，以习近平同志为核心的党中央坚定地举起社会主义的大旗，始终强调“中国特色社会主义是社会主义而不是其他什么主义”①，要求大家在社会主义根本制度这个问题上保持头脑清醒、政治定力和增强自信，并进一步明确指出，社会公平正义是中国特色社会主义的内在要求、是社会主义的核心价值观和生命线，将促进社会公平正义作为出发点和落脚点贯穿于中国特色社会主义的各项具体事业中。在中国道路怎么走的历史关头，中国共产党以社会主义的制度规定明确了社会公平正义的属性，既彰显了中国共产党坚如磐石的共产主义信仰，也说明中国共产党人对公平正义有了更加明确

① 《十八大以来重要文献选编》〈上〉，中央文献出版社2014年版，第109页。

的价值定位,在现实和未来发展方向上为实现和维护社会公平正义提供了最根本最强有力的制度保障。

(2)把人民的主体地位全方位地落到实处

人民的主体地位是社会主义公平正义的根本特征。“过去的一切运动都是少数人的或者为少数人谋利益的运动。无产阶级的运动是绝大多数人的、为绝大多数人谋利益的独立的运动。”①人民的主体地位是实际的、具体的,而不是抽象的、形式上的,这是社会主义公平正义不同于资本主义的本质区别。人民的主体地位不仅要表现为人民是社会发展的出发点和归宿,即民有民享,还要体现在民主、民治等人民的主动性积极性方面。中国传统社会中存在着广泛的民本论思想,如“民惟邦本、本固邦宁”“民为贵、社稷次之,君为轻”等,但传统的民本论并不是现代意义上的民主思想,它最多只是君主专制前提条件下重视人民的一种表现。梁启超曾指出:“中国人很知民众政治之必要,但从没有想出个方法叫民主政治,所谓 by people 的原则,中国不惟事实上没有出现过,简直连学说上也没有发挥过。”②由于封建传统思想的惯性影响,现代中国在一定范围、一定程度上还处在独立的人格意识比较欠缺的阶段,存在强烈的“人身依附”的情结,这种依附并不是专指依附某个人,而是依附某个体制、单位、组织。这种依附的意识使得很多人缺乏自主和主动参与社会公共事务的意识和积极性,大多都抱有“等待”和“搭便车”的心理,决不愿意做那个开山劈路的“出头鸟”。这种思想体现在体制机制中,表现为一些地方的党员干部或政府不是“让民做主”,而是“为民做主”,人民群众只是被动地作为接受者而没有自主选择的权利,从而颠倒了人民与政党、政府的关系。

---

① 《马克思恩格斯选集》(第一卷),人民出版社 1995 年版,第 283 页。

② 梁启超:《先秦政治思想史》,中华书局 1986 年版,第 192 页。

坚持人民主体地位是中国特色社会主义社会公正的根本要求，也是中国共产党实现和维护社会公平正义的基本政治立场和价值取向。党的十八大以来，习近平总书记在各种场合始终强调人民的主体地位，将以人民为中心的导向贯穿到党和国家事业的理想信念、政治立场、基本方略和根本要求之中，克服了过往过多地从整体意义上强调人民主体地位的缺陷，将人民的主体地位真切地体现到社会发展的各个方面。“始终要把人民放在心中最高的位置”，“人民对美好生活的向往，就是我们的奋斗目标”，人民的“所思所盼，就是经济社会发展的‘指南针’”，“人民是最高裁决者和最终评判者”……这一时期党在纲领性文件中提及人民的频次之高、次数之多前所未有；人民不再是个抽象的政治符号，而是各行各业一个个有血有肉、具有烟火气息的个体——快递小哥、困难群众、扶贫干部、社区工作者等，使得组成人民的每一个具象个体都油然而生作为社会主体的自觉；“发展为了人民、发展依靠人民、发展成果由人民共享”，“人人有责、人人尽责、人人享有的社会治理共同体”明确指出中国特色社会主义是人民群众自己的事业而不是什么人的恩赐，从社会发展动力、依靠力量、发展目标的整体性上保证了人民的主体地位；“既要看人民是否在选举时有投票的权利，也要看人民在日常政治生活中是否有持续参与的权利；既要看人民有没有进行民主选举的权利，也要看人民有没有进行民主决策、民主管理、民主监督的权利”，充分体现了全面的、实际的和具体性的民主参与；“使全体人民在学有所教、劳有所得、病有所医、老有所养、住有所居上持续取得新进展”①，“人民是否真正得到了实惠，人民生活是否真正得到改善，人民权益是否真正得到了保障”等可检验的社会意愿和政治期望细化和量化了“实现和维护广大人民群众的利益”的整体性目标……党的这些理念、政策、举措将公平正义与每一个

---

① 《十八大以来重要文献选编》(上)，中央文献出版社2014年版，第553页。

民众的切身利益直接钩连起来，让原本整体化、概念化、抽象化的目标和工作布署更贴近生活、更触及民心，具有可触摸可感知的鲜活实在的意义，使整体利益和个体利益、现实利益与长远利益、抽象的人民意志和具体的民众诉求达成了高度的统一，实现了人民的主体地位愈加显性化、具象化和实体化。

(3)始终坚持中国共产党的领导

实现社会公平正义是中国共产党人的历史使命和政治责任。作为一个无产阶级政党，中国共产党从诞生之日起就肩负着实现和维护广大人民群众的利益、为共产主义而奋斗的历史使命，这种使命并不是外界强加的，而是中国共产党自我设定和主动承担的。实现社会公平正义的使命既赋予中国共产党崇高的道义力量和自我赋权的执政合法性，也将实现和维护社会公平正义这一历史重担加诸中国共产党身上。使命性政党的独特内涵和运作逻辑决定了中国共产党除了具备普通政党的代表与表达这些常规功能，还要如约践履实现和维护社会主义公平正义的历史承诺，否则会丧失长期执政的正当性基础。

没有中国共产党就没有社会主义的中国，它是中国社会主义建设的领导力量，是实现和维护社会公平正义的政治力量保证。中国共产党长期执政、全面领导的性质使得国家、政府、社会的一切有关公共决策的制度、政策、执行是否公平正义，都会被归结到中国共产党的身上，形成对中国共产党是否是社会公平正义的代表者和实施者的判断，最终影响民众对党的认同和支持。中国共产党的政治领导作用，一方面表现在它领导人民制定的根本制度、基本制度和主要制度及政策措施必须是实现和维护人民群众根本利益、促进社会公平正义的；另一方面还表现在共产党员的言行和作风上。每一个共产党人的言行都是一面镜子，是党的路线方针政策的一种外在表现方式，都是群众据以判断党能否成为公平正义领导者和践行者的依据。如果党的自身建设不过硬，腐败泛滥、特权横行，会严重损害中国共产党作为公平正义的代表和化身的形象，从而丧失人民群众的认可和支持。党的十八大以来，以习近平同志为核心的党中央继承和发展马克思主义的政党理论，明确提出了“中国特色社会主义最本质的特征是中国共产党领导，中国特色社会主义制度的最大优势是中国共产党领导”①的新论断，精辟地概括了中国共产党与中国特色社会主义、实现广大人民群众利益之间的内在统一性，明确了党作为领导中国人民追求和实现社会公正的领导力量的政治地位，并以刀刃向内的自我革命精神推进全面从严治党，强化党的初心和使命，消除一切弱化党的先进性的因素，加强和完善党的领导作用。从中央到基层，从作风问题到反腐倡廉，从形式主义官僚主义到不作为不担当专项治理，从解决问题到制度建设，中国共产党一以贯之地荡涤一切与党的人民性、清正廉洁政治本色不相符合的东西，完善和发展党内制度，增强自己的政治领导力、思想引领力、群众组织力和社会号召力，确保自己能始终成为中国特色社会主义公平正义的领导力量。

2. 理性的精神

能否科学的认知和客观理性地把握社会公平正义，是有效维护和促进社会公平正义的必要条件。马克思主义主张以科学的方式合乎目的地改变世界，其公平正义思想是规律性和价值性的统一。这就要求共产党人在探索社会公平正义中既要遵循社会发展规律，又不能僵化地照搬社会发展规律，既要发挥人的主观能动性又不能无限夸大能动性，用科学理性的精神在具体历史情境中寻找科学性和理想性之间的“恰当”。党的十八大以来，中国共产党吸取社会主义发展史和中国社会主义建设史上的经验教训，以马克思主义的社会公平正义思想为基本指南，深刻地把握社会公平正义的内

① 《习近平谈治国理政》（第三卷），外文出版社2020年版，第16页。

涵,秉持尽力而为、量力而行的基本原则,以科学理性的态度推进中国特色社会主义公平正义。

(1)在不断发展的基础上尽量把促进社会公平正义的事情做好

处理好经济发展和社会公平正义之间关系,使之达到一个合理的平衡是马克思主义的基本要求。马克思主义一方面要求实现公平正义必须始终把发展生产力作为前提条件;另一方面要求根据生产力的发展速度适当推进社会公平正义,力戒经济发展与社会公平正义的脱节与失衡。在经济发展和社会公平正义的关系上容易出现两种倾向:①忽视生产力的决定性作用,在缺乏相应物质基础的支撑而强行实行超越阶段的措施,"那就会有贫穷、极端贫困的普遍化"[①],这种情况在各国社会主义建设初期屡见不鲜;②注重经济发展而忽视社会公平正义及时跟进,造成社会公平正义的整体性滞后,体现不出社会主义公平正义的本质属性,这些突出地表现在"等到经济发展起来之后才着手解决社会公平正义""先做大蛋糕再来分蛋糕""社会公正问题是经济发展的代价"等论调上。在这种理念的影响下,以经济建设为中心的基本路线曾被一些地方曲解为唯经济马首是瞻,"效率优先、兼顾公平"在贯彻落实中只剩下效率,没有了公平,一些既得利益者更是将之作为反对继续改革的借口。这类论调和行为将经济发展与社会公平正义完全对立起来,割裂了两者相辅相成的辩证统一关系。经济发展了,社会公平正义却被抛之脑后,一些明显不公正的现象也堂而皇之地泛滥起来。贫穷的社会主义固然不是人民所求,经济发展却使社会严重不公又何尝不是违背人民选择社会主义的初衷?

社会主义的优越性从来不是单一的,而是经济发展和社会公平正义的统一。在促进经济在发展的同时合理地推进社会公平正义是中国特色社会

① 《马克思恩格斯选集》(第一卷),北京人民出版社 1995 年版,第 86 页。

主义的根本要求，做大蛋糕和分好蛋糕不是前后的两个步骤，而是相依相随并行的两个方面。党的十八大以来，以习近平同志为核心的党中央清醒地看到经济发展手段和社会公平正义目的之间的辩证关系，高度重视经济发展对维护和实现社会公平正义的基础性作用，毫不动摇地坚持用发展的办法解决社会公平正义问题。习近平明确指出："实现社会公平正义是由多种因素决定的，最主要的还是经济社会发展水平……我们必须紧紧抓住经济建设这个中心，推动经济持续健康发展，进一步把'蛋糕'做大，为保障社会公平正义奠定更加坚实物质基础"①；同时又吸取了过快和过慢两个方面的经验教训，统筹和协同经济发展和社会公平正义，"改革既要往有利于增添发展新动力方向前进，也要往有利于维护社会公平正义方向前进"②，"在经济社会不断发展的基础上，朝着共同富裕方向稳步前进"③，"'蛋糕'不断做大了，还要把'蛋糕'分好"④，致力于使经济发展和社会公平正义保持合理的张力和微妙的平衡。比如"城乡居民收入增速超过经济增速""劳动生产率提高的同时实现劳动报酬同步提高"的要求，保证了人民的生活水平随着经济发展而提高，防止出现国富民穷。

（2）秉持尽力而为、量力而行的原则

如何确立符合当前社会发展实际情况的社会公平正义，是摆在中国共产党人面前的一个难题。社会公正具有历史性，即一个社会所能实现的社会公正受到其时的经济社会发展水平的制约，公平正义的实现程度必须以现有经济基础为基本依据。然而，公平正义作为人民渴求已久的价值理想，其本身所具有的空想性和群众要求的迫切性容易促成急于求成心态的产

---

① 《十八大以来重要文献选编》（上），中央文献出版社2014年版，第553页。

② 习近平：《在中央全面深化改革领导小组第二十三次会议上的讲话》，《人民日报》2016年4月19日。

③ 《十八大以来重要文献选编》（上），中央文献出版社2014年版，第236页。

④ 《习近平谈治国理政》，外文出版社2014年版，第97页。

生，一旦有了实践的土壤，就不免无视社会发展水平的限制而迫切地想将之付诸现实。这样的事例在中外历史上比比皆是。缺乏实现价值理想的经济社会条件，也必然缺乏与时代条件相适应的先进理论的指导，社会公正理想在很长一段时间内只能是各种形式的空想，被压迫阶级的斗争只能沦落为改朝换代的历史工具，却始终无法到达理想的彼岸。历史经验教训表明，光凭群众的热情是难以实现人们的社会公正理想的，社会公平正义必须与现实的经济社会条件相匹配。

中国特色社会主义正处在一个极敏感且尴尬的阶段。说它敏感，是因为它处在一个社会主义制度与资本主义并存的开放时代，任何的作为都可能拿来作为两者谁更优越的比较；说它尴尬，因为它是一个“不合格”的社会主义。既冠以社会主义之名，就必须具备社会主义的基本要求；又因为有“不合格”的前缀，不免受制于现实的条件而达不到理论社会主义的要求。名与实不相符的前提更需要我们秉持客观冷静的态度来认知和把握中国特色社会主义的公平正义，需着眼于仍然处在社会主义初级阶段这一具体的现实，合理地规划公正蓝图、确立公正目标，并践行；绝不能因为面临国内外巨大的压力就开空头支票，盲目吊高人民群众的胃口，还要防止以条件不足、环境不允许等诸多借口来推脱、拖延解决那些当前历史条件所能允许的公正问题，降低公平正义应该达到的程度。党的十八大以来，中国共产党秉持尽力而为、量力而行的基本原则，明确要求“我们要立足国情、立足经济社会发展水平来思考设计政策，既不裹足不前、铢施两较、该花的钱也不花，也不好高骛远、寅吃卯粮、口惠而实不至”①，“既要在经济发展的基础上不断加大保障民生力度，也不要脱离财力作难以实现的承诺”②，综合考量我国经济

---

① 《习近平关于“不忘初心、牢记使命”重要论述选编》，中央文献出版社2019年版，第221页。

② 《习近平总书记重要讲话文章选编》，中央文献出版社2016年版，第274页。

社会发展的实际水平、社会公正本身的规律性、人民群众的诉求呼声等因素，合理地规划公正蓝图、时间表、路线图，科学地做出符合世情、国情、民情的制度安排和政策施行，一步一个脚印地推进社会公正各个阶段性目标的实现。新时代兼具登高望远和脚踏实地的战略和实践显示出政策和目标的稳定性和可预期性，既减少了人民群众的猜疑，也提升了人民群众实现社会主义公平正义最终目标的信心。如，2020 年消除绝对贫困的目标既是全面建成小康社会近期目标的必然要求，又规定着向共同富裕远景目标进发的线路方向，这个目标按照中国的经济发展速度来推算是有条件、有把握可以达到的，但又不是轻轻松松就能达到的，需要全党全国人民的艰苦奋斗，是贯彻尽力而为、量力而行原则的突出表现。

(3)不断增强人民群众的获得感、幸福感和安全感

在实现社会公平正义的实践中，始终存在着一个难以回避的问题，即国家、政党所认为和实施的社会公正与普通民众所谈论、感受和体验到的社会公正是否是一回事？即官方的公正政策向度与民众的真实意愿是否相吻合？要衡量和判断这一点，我们必须回到社会公平正义本身，基于公平正义的比较属性来确立。作为一种价值评判，公平正义是价值主体将事实与标准或目标相比较作出评判的心理活动过程，由此而带来的主体感受是社会公正与否的最直观的表现。在这个评判过程中，主体的不同、比较对象的不同都会导致评判结果的不同。就比较对象而言，存在官方的政策目标与个体的实际对待或获得之间的比较、共同体内成员之间政策受益相互间的比较、现在所得与过去所得之间的比较。从主体角度而言，出生年代、受教育年限、户籍类型和职业地位不同的主体想拿来和可拿来比较的对象差别较大。以老年人和年轻人为例，既有旧中国的生存经历，又充分地体会新社会变化的老年群体对今非昔比感触最深，对新中国的认同度较高。生于改革开放之后的青年群体没有对旧中国的感受，也没有新中国成立后改革开放

前的生活经历。虽然史料有记载,舆论有宣传,但公正是一个感同身受的现实问题,任何载体所体现的旧社会的不公正对这部分受众的来说都是隔靴搔痒,难以成为影响其公正判断的主要因素。因此,他们较少纵向比较,更多选择横向比较,比较对象会延伸至世界其他国家。社会公平正义的比较性质决定了,要想准确地把握社会公平正义,必须将社会公正感作为衡量和检验的重要尺度。

“不断提高人民的获得感、幸福感和安全感”,将社会发展的客观效用和人民对社会发展的主观体验共同作为评价党和政府工作的标准和尺度,这是十八大以来党推进中国特色社会主义公平正义事业的一个鲜明特征,既体现了中国共产党对社会公平正义内涵更科学更深刻的认知,也进一步彰显出以人民为中心的基本理念。中国特色社会主义进入新时代,社会主要矛盾已经转化为人民日益增长的美好生活需要和不平衡不充分的发展之间的矛盾,社会公平正义的诉求也从经济领域扩展到经济、政治、文化、社会、生态等诸多领域,成为一个多层级、多维度、多领域的复杂政治构成,单一的数据指标已无法及时准确地反映人民群众社会公平正义的评判。以前我们要解决“有没有”的问题,现在要解决“好不好”的问题,“有没有”很容易用数量和指标来衡量,而“好不好”更大程度上依赖于主体的感受。“不断提高人民的获得感、幸福感和安全感”的要求从人民群众的主体地位出发,囊括经济、政治、文化、社会、生态等各个领域,覆盖不同的受众群体,能更全面、更直观、更快捷地反映社会的公正状况,还进一步映射出人民的情绪和价值指向,成为新时代衡量制度政策措施和海量诉求是否匹配的重要指针。将人民的感受纳入社会公平正义的标准体系中来,有利于党迅速调整和跟进政策措施,精准对接群众的实际要求,实现社会主义的客观价值与人民的主观期望的有机融合。

3. 务实的作风

社会主义公平正义不能只停留在理论上和将希望寄托于未来，必须实实在在地表现在人民的现实生活中，否则势必引发人们对社会主义制度的怀疑，这种怀疑既可能是针对社会主义制度的公正性，又可能是针对我们是否正在通往这种美好制度的路上。对于亿万人民群众而言，公正的理论建构、宏观制度与之睽隔太远，未必引起关注，但与日常生活息息相关的公正问题一定是其关注的焦点。它构成了人民群众进行社会公平正义评判的感性来源。因此，对于执政的共产党来说，当前最紧迫的并不在于过多地论证社会主义应该或未来是公正的，而在于响应人民群众对社会公平的强烈呼声和具体要求，解决那些明显与任何基本公正原则相背离的焦点问题，让人民群众实实在在地感受到党和政府是能实现和维护社会公平正义的，这是重塑党和政府的公信力及权威、赢得百姓认可支持的关键所在。

（1）集中力量做好基础性、兜底性的民生建设

保存生命是社会公平正义最基本、最优先的原则。基础民生解决的是人的基本生存需求问题，它对一个社会具有“兜底”的意义，是衡量一个社会是否公正的底线。著名社会学家费孝通先生指出，财富的分配固然患在不均，可是还得看不均到什么程度，假若最低的收入也能丰衣足食，即使在上的享受过于王侯，社会上所起的不平之感，也不致太严重。若连最低的生活程度都不能保障，即使没有什么富人，大贫和小贫之间还是会发生冲突的。[①] 基本民生建设是一种普惠性的公正，它的责任主体是国家（社会），其目的是保证每个社会成员的基本生活底线和尊严，使每个社会成员都能够持续获得由社会发展所带来的益处，其主要方式是以税收、社会保障、转移支付等为主要手段的再分配调节机制，主要内容是为每个社会成员提供与该社会

① 参见费孝通：《美国人的性格》，文化发展出版社 2018 年版，第 107 页。

经济水准和财政实力相适应的必要的基本生活生产保障。[①]

教育、就业、社会保障、医疗卫生、住房等事项同老百姓生活密切相关，是人民群众最直接、最现实、最关心的利益问题，也是人民群众诉求最多的领域。这些领域一旦成为老百姓的难事、烦事、揪心事，最容易引发人民群众的不满和冲突。调查表明："中国现阶段社会矛盾的形成多集中在与基础民生或民众切身物质利益直接相关的部位，更多的是一种'民生'方面的利益诉求，而不是'民主化'方面的诉求。"[②]党的十八大以来，中国共产党从人民群众最需最急最盼最愁的问题入手，将大力推进民生领域的保障放在社会建设的优先位置，明确指出，"增进民生福祉是发展的根本目的。必须多谋民生之利、多解民生之忧，在发展中补齐民生短板、促进社会公平正义，在幼有所育、学有所教、劳有所得、病有所医、老有所养、住有所居、弱有所扶上不断取得新进展"[③]，并基于民众的普遍要求和国家公共财力的实际水准，以基本公共服务均等化为基本导向，提出和实施一系列的以保障和改善民生为重点的工作要求和战略部署：优先保障困难群众的权益，大力促进教育公平，建立更加公平可持续的社会保障制度、深化医疗卫生体制改革、强调房子是用来住的，不是用来炒的……确保我国基本公共服务覆盖全民、兜住底线、均等享有。以社会保障为例，党的十八大以来我国社会保障事业发展迅速，已成为当今世界社会保障覆盖人口规模最大、保障水平持续提升幅度最大的国家，为确保人民群众基本生产生活的需要提供重要的制度保障。脱贫攻坚重大战略的实施和完全消除了绝对贫困和区域性整体贫困，使得近1亿贫困人口实现脱贫，从整体上根本性地解决了人民群众的生存问题。

---

① 参见吴忠民：《普惠性公正与差异性公正》，《中国社会科学》2017年第9期。

② 吴忠民：《中国现阶段社会矛盾特征分析》，《教学与研究》2010年第3期。

③ 《习近平谈治国理政》(第三卷)，外文出版社2020年版，第18页。

(2)坦然承认社会上还存在有违公平正义的现象

对客观存在的公正问题采取什么样的态度直接关系社会公平正义的推进。当社会公正成为人们所强烈关注的问题时,社会不公正的现象已然在一定范围内存在。中国跨越式发展的独特性必然带来历时性矛盾共时呈现的特殊性,从低水平的基础上起步,探索社会主义社会公正没有前例可循,只能摸着石头过河,必然会出现各种各样的前所未料的问题,这些社会公正问题有些是社会发展过程中不可避免的,有些是由不合理的体制、政策性因素造成的,还有些显而易见的不公正问题与其说是天灾不如说是人祸。众多不公问题累加在一起得不到解决,会严重损害人民群众的利益,消解改革开放以来的成果,啃噬人民群众对中国共产党的信任。

认为社会主义是一个比资本主义公正的社会制度,这是中国选择社会主义最直接的精神动因。在这种前提认知的影响下,如果中国出现了与资本主义相似的社会不公问题,甚至出现了连资本主义国家都努力解决了的不公正问题,势必会影响人们对社会主义的认知和判断。因此,在一些领导干部中存在对社会不公问题遮遮掩掩、讳莫如深的现象,似乎是承认了社会不公问题的存在就会影响甚至否认了我国社会主义的成色;还有些领导干部将现实存在的社会不公的问题全部推到社会主义初级阶段的国情和改革开放的基本国策上,认为不公问题的出现是经济发展的必然代价。这两者都不是马克思主义政党的态度。敢于承认问题,勇于修正错误,是中国共产党的显著特点和优势。只有承认问题的存在才能及时纠正思想认识上的偏差、工作中的缺陷、决策中的失误。党的十八大以来,党坚持敢于直面问题的优良传统,对于社会上存在的种种不公现象没有回避和逃避,而是采取客观的态度坦然承认,“在我国现有发展水平上,社会上还存在大量有违公平正义的现象”[①],“如果升学、考公务员、办企业、上项目、晋级、买房子、找工作、演出、出国等各种机会都要靠关系、搞门道,有背景的就能得到更多照顾,没有背景的再有本事也没有机会,就会严重影响社会公平正义”[②]。以习近平同志为核心的党中央对现实的公正问题采取不躲藏、不遮掩的态度,体现了党闻过则喜的豁达胸怀和有过改之的行动自觉,在全党范围内树立了求真务实的正确导向,扭转了长期存在的面对不公问题扭扭捏捏、推诿否认的不良倾向,打消了敢于担当勇于作为的党员干部们的顾虑,为我们党分步分批地解决社会公正问题扫清了思想障碍。

(3)解决好人民群众普遍关心的社会公正问题

没有什么比不公正更容易让人痛苦的,也没有什么能比明显可以纠正的不公正得不到纠正更容易引起人民群众的愤恨。社会公正与其说是通过肯定什么是绝对公正而实现的,勿如说是通过对不公正的否定来实现的。迄今为止对于什么是公正难有定论,但对于现实中什么是不公正却很容易达成共识。阿玛蒂亚·森明确指出,让人们难以接受的是,并不是意识到这世上缺乏“绝对的公正”——几乎没有人会这样指望,而是意识到我们周围存在一些明显可以纠正的不公正。因此,当前最紧迫最务实的并非是寻找绝对的正义,而是致力于减少明显的非正义。[③] 公正本身的批判价值决定了对显而易见的不公正的否定和纠正更符合群众的期待,更容易得到民众的认同。

在当下中国,什么才是适合现阶段的社会公正还在探索之中,但矫正老百姓强烈反对的不公正却是当务之急,“这个问题不抓紧解决,不仅会影响

---

① 习近平:《切实把思想统一到党的十八届三中全会精神上来》,《求是》2014 年第 1 期。

② 《十八大以来重要文献选编》(上),中央文献出版社 2014 年版,第 137 ~ 138 页。

③ 参见[印]阿玛蒂亚·森:《正义的理念》,王磊等译,中国人民大学出版社 2012 年版,序第 1 页。

人民群众对改革开放的信心，而且会影响社会和谐稳定”①。党的十八大以来，中国共产党以问题为导向，针对人民群众反应激烈的公正问题进行靶向治疗，重拳出击，反腐败、精准扶贫、公正司法、规范政府行为……以实实在在的成果赢得到了人民群众的认可。其中反腐败是最大的亮点。公权力的滥用或者说特权的存在是最大的不公，法国革命家西耶斯指出：“按照事物的性质来说，所有特权都是不公平的，令人憎恶的”②。公权力以国家机器为后盾，具有权威性和难以抗衡性。更进一步说，腐败与社会主义制度和中国共产党的性质是根本不相容的，腐败泛滥很容易授人以口实，对我国的政治制度和执政党说三道四。党的十八大以来，中国共产党响应人民的呼声，将反腐败作为解决公正问题的强力推进之作，以雷霆之势推进反腐，打虎拍蝇猎狐，健全权力运行和监督机制，把权力关进制度的笼子里，构建起不想腐不敢腐不能腐的反腐格局，从根子上解决权力滥用的问题，有效地整肃了党风、政风、社会风气，赢得了国内外的称赞。国家统计局问卷调查结果显示，人民群众对反腐败工作成效表示很满意或比较满意的比例由 2012 年的 75% 增长至 2016 年的 92.9%。③ 中国反腐败所取得的成就即使是资本主义国家的调查机构也不得不承认。据 2020 年 7 月哈佛大学肯尼迪政府学院阿什民主治理与创新中心（Ash Center for Democratic Governance and Innovation）发布的调查报告显示：2016 年，大多数受访者认为政府打击腐败的措施正在取得成效，事情正朝着积极的方向发展，当年共计 71.5% 的受访者认可政府打击腐败的努力。④

① 习近平：《切实把思想统一到党的十八届三中全会精神上来》，《求是》2014 年第 1 期。

② ［法］西耶斯：《论特权第三等级是什么》，冯棠译，商务印书馆 1990 年版，第 3 页。

③ 参见《民意调查显示逾九成群众对反腐败工作成效满意》，《光明日报》2017 年 1 月 8 日。

④ See http://news.youth.cn/gj/202104/t20210425_12889494.htm.

结束语

当今世界是社会主义与资本主义并立的世界，两种社会制度共存，比较、竞争甚至激烈斗争都是必然之事，这种样态会持续很长的时间。中国作为目前最大的社会主义国家，在40多年的改革开放中取得了斐然的成就，正日益趋近世界舞台中央。这样蓬勃发展的态势必将导致社会主义中国与资本主义国家的竞争冲突加剧，理性而审慎地看待跟资本主义的关系是一个不能逃避也不容逃避的问题。在这个问题上，习近平总书记明确指出："我们要深刻认识资本主义社会的自我调节能力，充分估计到西方发达国家在经济科技军事方面长期占据优势的客观现实，认真做好两种社会制度长期合作和斗争的各方面准备。在相当长时期内，初级阶段的社会主义还必须同生产力更发达的资本主义长期合作和斗争，还必须认真学习和借鉴资本主义创造的有益文明成果，甚至必须面对被人们用西方发达国家的长处来比较我国社会主义发展中的不足并加以指责的现实。"①这一论断为我们正确看待和认识两种社会制度的关系提供了根本指南。

---

① 习近平：《关于坚持和发展中国特色社会主义的几个问题》，《求是》2019年第7期。

一、客观地看待社会主义与资本主义长期处于比较竞争的必然性

在人类社会发展中，新旧制度的较量是必然，也是常态，这样的比较斗争在近代之前常常存在一个政治共同体或国家内部。人类社会发展到世界历史阶段，国家之间的地理阻隔被打通了，新旧制度的斗争不仅存在于一个国家内部，还广泛地存在于世界各地甚至是暌隔得极其遥远的不同地域；新旧社会制度的比较也不再局限于此起彼消、紧密相联的两个阶段，还体现在跨度极大的社会形态之间。如，在资本主义向世界扩张的初期，西欧资本主义国家进入资本主义社会阶段，美洲大陆、非洲普遍处于原始社会阶段，中国处于封建社会阶段。从此，国与国之间的比较和相互学习借鉴成为必然和常态。伴随科学技术的全面发展和全球化浪潮，世界日益成为一个快速互通互联的共同体，尤其是互联网的技术发展到几乎人人都是网络中的一个节点的阶段，每个国家的人民都很容易与本国之外的人民作比较，进而做出满意与不满意的判断，这种比较直接影响着民众对本国政府、执政党的支持与否。

社会主义制度的国家与资本主义制度的国家之间的较量是当前的最突出者。事实上，自从社会主义的诞生打破了资本主义一统天下的世界格局，两者之间的竞争和较量就始终存在。这种比较是相互的，双方都通过各种方式相互影响，既在本国又在对方内部寻找认同。资本主义国家希望通过较量扼杀社会主义这个威胁性极大的对手，社会主义国家想通过比较来论证社会主义的先进性和合理性。这样的竞争状态达不到一方最终战胜另一方就不会停止。两相比较，社会主义中国处于不利的地位。就社会主义阵营而言，自20世纪80年代末苏联解体、东欧剧变之后，社会主义仅余五个国家，而且除中国之外，其他社会主义国家都难以跟资本主义诸国在同一层面

相提并论。这就造成一种局面，与中国相比较是诸多资本主义国家的优点合集，即集各资本主义国家优点与社会主义中国一家相比，用发达资本主义国家的长处来比较社会主义中国的不足之处。尤其是在社会公正问题上，对比者更容易选择对方的优点与己方的缺点相比较，即更愿意跟更高、更富的人比较，而较少与低于、穷于自己的人比较，从而得出不如人的判断。如，在自由度上，很多人更倾向于选择以美国作为参照物；而在社会福利上，比较者很容易地放弃美国，而选择福利保障制度更健全的北欧国家。

自社会主义中国建立以来，资本主义国家对中国的敌视、遏制的态度在根本上从未发生过改变，即使改革开放后双方有了更多的合作，但在一些关键性的问题上，如在前沿技术方面始终防范中国。邓小平曾多次指出，美国从来就不提供技术给中国。随着中国经济实力、科技实力、综合国力不断提升，社会主义中国与世界资本主义的关系出现了改革开放初期的不同特点，竞争加剧了，合作被限制了。过去中国的发展水平低，同发达资本主义国家没有可比性，在经济发展层次跟发达资本主义国家的互补性就多一些；现在中国发展水平提高了，在世界范围内各个层次各个方面同资本主义国家的竞争多起来了。因此，社会主义中国与各发达资本主义国家的竞争和斗争在一段时间内会出现激烈甚至激化的现象，这是两种制度并存、相互竞争的正常状态，需要我们有理有利有节地处理好两者的关系，为发展中国特色社会主义争取时机和有利条件。

二、坦率承认社会主义中国与发达资本主义国家的差距

知人者智，自知者明。在社会主义与资本主义共存竞争的时代里，要么是东风压倒西风，要么是西风压倒东风，这是自社会主义国家建立以来在两者之间形成的斗争态势。资本主义不承认自己的日趋没落的趋势，抛出“历

史终结论”“马克思主义过时论”；社会主义不承认自己的不成熟，想要在短期内证明自己的优越性。社会主义与资本主义两方面都出现过不理性不客观的态度。

社会主义国家由于普遍建立在落后国家的基础上，在经济科技文化等整体上不如资本主义国家发达是客观事实，否认这种事实无异于掩耳盗铃。改革开放前，中国处于自我闭关的状态，人民群众无法看到发达资本主义国家的现实状态，对资本主义国家的认识仍然停留在马克思恩格斯所论述的资本主义早期的情形。对外开放使得国人的目光和脚步扩展到了世界范围，不仅能从各种媒体上，而且能亲眼看到发达资本主义已经达到发达状态。因此，才有了1978年党的高级干部走出国门发出的感慨：“我看英国搞得不错，物质极大丰富，三大差距基本消灭，社会公正、社会福利也受重视，如果加上共产党执政，英国就是我们理想中的共产主义社会。”[①]随着全方位开放和国内外交流合作的日益密切，更多的人能有更多的机会来进行国内外的对比，看到中国与发达资本主义国家之间存在的差距。历史原因和客观实际决定了，社会主义中国与发达的资本主义国家之间的这种差距短时期内难以消除，在相当长的一段时间内还存在着，社会主义暂时还没有足够的资本来证明社会主义全面优越于资本主义。在这一点上我们要清醒，不能再犯急性病。

早在社会主义建设之初，毛泽东就指出，社会主义还需要至少一百年才能赶上发达资本主义国家；改革开放后邓小平也多次指出，中国还是不合格的社会主义，因为是不合格的社会主义，所以还不具备证明社会主义优越性

① 转引自曹普：《当代中国改革开放史》（上卷），人民出版社2016年版，第98页。

的充要条件,“现在还吹不起这个牛”①,“现在我们还没有资格讲这个话”②。社会主义初级阶段理论以实事求是的态度坦然承认现阶段的“不合格”社会主义与“发达”资本主义必然存在的客观差距,使中国社会主义的发展认识摆脱过去和国际社会主义运动中普遍存在的不切实际的空想论,避免重蹈以为不经过生产力的巨大发展就可以建成社会主义和共产主义的“左”倾错误路线,将中国特色社会主义的发展建立在量力而行的基础上。改革开放以来中国发展取得了巨大的成就,经济平均增长率远高于各发达资本主义国家,人民生活水平也有了很大的提高,中产阶段的人数已达到四亿之多,整体的综合国力大幅度增强了,在国际上说话的底气也比以前更强了。但也要看到,中国现在只是处于一个全面小康的状态,实现的是“中国的现代化”,而不是世界水平的现代化。因此,现在我们能在一些方面一定范围内体现社会主义的优越性,如消灭了绝对贫困,取得新冠抗疫的成功等,但还没到完全能说服人家相信社会主义的状态,还不能“放胆说社会主义优越于资本主义”③。“只有到了下世纪中时,达到了中等发达国家的水平,才能说真正搞了社会主义,才能理直气壮地说社会主义优于资本主义。”④

只有承认差距,才能面对差距、努力去消弭差距。存在差距是客观事实,但绝不是妄自菲薄、退缩不前的理由,更不能就此媚洋崇外、自我否定。承认现实落后一方面让共产党人和人民群众认识到社会主义要想战胜资本主义必须经历过一个比较长的阶段,不要再犯急躁冒进的错误;另一方面激

---

① 中共中央文献研究室编:《邓小平年谱(1975—1997)》(下),中央文献出版社 2004 年版,第 1183 页。

② 中共中央文献研究室编:《邓小平年谱(1975—1997)》(下),中央文献出版社 2004 年版,第 1158 页。

③ 中共中央文献研究室编:《邓小平年谱(1975—1997)》(下),中央文献出版社 2004 年版,第 1216 页。

④ 中共中央文献研究室编:《邓小平年谱(1975—1997)》(下),中央文献出版社 2004 年版,第 1183 页。

励全党和全体人民共同努力，为缩小差距，建立一个有充分说服力的现代化的社会主义不懈奋斗。

三、坚定社会主义最终会战胜资本主义的必胜信念

当前的资本主义不同于200年前的资本主义。从发达资本主义国家来看，资本主义仍然存在一定的活力。经过300多年的快速发展和近百年来不断的自我调整，在马克思、恩格斯著作中所描述的资本主义社会早期对工人阶级赤裸裸的野蛮剥削，如延长工作时长、雇用童工等方式在发达资本主义国家基本不存在了，工人的政治权利、工资水平、生活待遇、社会保障等都有了很大的提高和改善。许多欧洲国家的共产党放弃了暴力革命，采用议会的方式进行争夺政权的斗争，社会主义运动弱化为民主社会主义的改良。相比于早期的资本家，现代发达资本主义国家的资本家似乎显得更有人性、更有道德，更能为工人阶级考虑，这使得人们产生了一种资本主义是人类社会发展的最好形态和最终形态的虚假感受。然而揭开种种文明表象的盖子从根子上细究，资本主义的本质并没有发生改变。现代的资本主义社会从形式上看每个人都有机会成功上位为资本家，然而资本对无资本者的剥削的这一点却改变不了，只是以前是固定受某些资本家剥削，现在是受不固定的资本家的剥削；而且现在的剥削方式更文明更隐蔽了。当前发达资本主义国家工人阶级生产生活条件得到改善，是因为“资本主义生产发展本身已经足以消除早年使工人命运恶化的那些小的困苦”①，而“所有这些对正义和仁爱的让步，事实上只是一种手段”。发达资本主义国家采取这些所谓文明的改革措施一方面是多年来工人持续斗争积累的成果，另一方面不过是资

---

① 《马克思恩格斯选集》（第四卷），人民出版社1995年版，第421页。

本主义为了避免被自己所创造出来的生产方式被对立阶级消灭而不得不采取的措施，是资本主义自我否定、自我扬弃的一种表现。近些年来资本主义金融危机的频繁爆发、贫富分化加大、社会严重撕裂、社会冲突频发加剧、种族主义民粹主义抬头、霸权主义盛行等事实表明，资本主义没有改变剥削的本质，无财产的底层民众也仍然摆脱不了被剥削的命运。

当前的社会主义也与马克思恩格斯所预测的社会主义不同。由于是一个新生的制度，没有先路可寻，各个社会主义在探索中都曾遭遇到严重的挫折。尤其20世纪80年代末90代初的苏联解体和东欧剧变，超过一半以上的社会主义国家改旗易帜，国际共产主义运动遭到了巨大的打击。一时间，“资本主义胜利论”“历史终结论”等等风头无量，均想将社会主义这个眼中钉从世界的版图中抹掉，使整个世界回归资本主义一统天下的局面。面对国内外巨大的压力，中国作为仅存的社会主义国家中的最大者，没有被资本主义阵营的制裁、国内外的不利舆论吓怕和压倒，反而更坚定地举起了中国特色社会主义的大旗。邓小平明确指出：“一些国家出现严重曲折，社会主义好像被削弱了，但人民经受锻炼，从中吸取教训，将促使社会主义向着更加健康的方向发展。因此，不要惊慌失措，不要认为马克思主义就消失了，没用了，失败了，哪有这回事！”邓小平进一步指出，“世界上赞成马克思主义的人会多起来的，因为马克思主义是科学”①。

一时一地的失败并不等于社会主义的失败，现实的社会主义从整体上来说与发达的资本主义相比处于劣势，但这并不能证明社会主义不如资本主义。因为迄今为止社会主义还没有一个成熟稳定的社会形态，中国的社会主义是个不合格的社会主义，资本主义却经过几百年的发展和自我调节日益成熟。因此，现实的社会主义与资本主义的较量并不是一个对等的较

---

① 《邓小平文选》(第三卷)，人民出版社1993年版，第382页。

量，这是一个不合格的社会主义同自我完善后的资本主义之间的较量。一时的落后并不等同于永远的落后，不合格的社会主义不如发达的资本主义，但合格的社会主义、发达的社会主义必然比资本主义更加符合人民心目中的美好社会形象，这个问题已经由马克思主义从理论上、逻辑上得到解决，但要在实际上真正得到解决，非经过相当长时期的奋斗不可。要证明这一点，社会主义中国还需要长期艰苦的努力。“我们中国要用本世界末期的二十年，再加上下个世纪的五十年，共七十年的时间，努力向世界证明社会主义优于资本主义。我们要用发展生产力和科学技术的实践，用精神文明、物质文明建设的实践，证明社会主义制度优于资本主义制度，让发达的资本主义国家的人民认识到，社会主义确实比资本主义好。”①中国共产党人要始终坚定这个信念，通过发展不断壮大综合国力，不断改善人民的生活，不断为赢得主动、赢得优势、赢得未来打下更加坚实的基础，最终建设出对资本主义具有优越性的社会主义社会，从理论和实践全方位来证明社会主义的先进性。

① 中共中央文献研究室编:《邓小平年谱(1975—1997)》(下),中央文献出版社2004年版,第1255页。

参考文献

1. 中文著作

[1]《马克思恩格斯选集》(第一~四卷),人民出版社1995年版。

[2]《马克思恩格斯文集》(第一~二卷),人民出版社2009年版。

[3]《马克思恩格斯全集》(第1卷),人民出版社2012年版。

[4]《马克思恩格斯全集》(第2卷),人民出版社1957年版。

[5]《马克思恩格斯全集》(第3卷),人民出版社1960年版。

[6]《马克思恩格斯全集》(第7卷),人民出版社1959年版。

[7]《马克思恩格斯全集》(第21卷),人民出版社1973年版。

[8]《马克思恩格斯全集》(第21卷),人民出版社2003年版。

[9]《马克思恩格斯全集》(第23卷),人民出版社1972年版。

[10]《马克思恩格斯全集》(第25卷),人民出版社2001年版。

[11]《马克思恩格斯全集》(第30卷),人民出版社1995年版。

[12]《马克思恩格斯全集》(第46卷·上册),人民出版社1979年版。

[13]《马克思恩格斯与俄国政治家通信集》,人民出版社1987年版。

[14]《资本论》(第一卷),人民出版社1958年版。

[15]《列宁选集》(第一卷),人民出版社2012年版。

[16]《列宁选集》(第二卷),人民出版社2013年版。

[17]《列宁选集》(第三卷),人民出版社1972年版。

[18]《列宁选集》(第四卷),人民出版社1995年版。

[19]《列宁全集》(第 2 卷),人民出版社 1984 年版。

[20]《列宁全集》(第 26 卷),人民出版社 1957 年版。

[21]《列宁全集》(第 29 卷),人民出版社 1984 年版。

[22]《列宁全集》(第 32 卷),人民出版社 1958 年版。

[23]《列宁专题文集(论社会主义)》,人民出版社 2009 年版。

[24]《毛泽东选集》(第一~四卷),人民出版社 1991 年版。

[25]《毛泽东文集》(第二~八卷),人民出版社 1999 年版。

[26]《建国以来毛泽东文稿》(第 12 册),中央文献出版社,1996 年版。

[27]《毛泽东早期文稿》,湖南人民出版社 2008 年版。

[28]《毛泽东著作选读》(下册),人民出版社 1986 年版。

[29]《毛泽东外交文选》,中央文献出版社 1994 年版。

[30]《邓小平文选》(第一卷),人民出版社 1994 年版。

[31]《邓小平文选》(第三卷),人民出版社 1993 年版。

[32]《邓小平年谱(1975—1997)》(上、下),中央文献出版社 2004 年版。

[33]《习近平扶贫论述摘编》,中央文献出版社 2018 年版。

[34]《习近平关于"不忘初心、牢记使命"重要论述选编》,中央文献出版社 2019 年版。

[35]《习近平谈治国理政》,外文出版社 2014 年版。

[36]《习近平谈治国理政》(第一卷),外文出版社 2018 年版。

[37]《习近平谈治国理政》(第二卷),外文出版社 2017 年版。

[38]《习近平谈治国理政》(第三卷),外文出版社 2020 年版。

[39]《习近平总书记重要讲话文章选编》,中央文献出版社 2016 年版。

[40][印]阿马蒂亚・森:《论经济不平等/不平等之再考察》,王利文、干占杰译,社会科学文献出版社 2006 年版。

[41][印]阿马蒂亚·森:《贫困与饥荒》,王宇、王文玉译,商务印书馆2001年版。

[42][印]阿马蒂亚·森:《以自由看待发展》,任赜、于真译,中国人民大学出版社2002年版。

[43][印]阿玛蒂亚·森:《正义的理念》,王磊等译,中国人民大学出版社2012年版。

[44][美]阿瑟·奥肯:《平等与效率》,王奔洲译,华夏出版社1887年版。

[45][英]艾德勒:《六大观念》,郗庆华译,生活·读书·新知三联书店1998年版。

[46][美]白修德、贾安娜:《中国的惊雷》,端纳译,新华出版社1988年版。

[47][古希腊]柏拉图:《柏拉图全集》(第1卷),王晓朝译,人民出版社2002年版。

[48][古希腊]柏拉图:《理想国》,郭斌和、张竹明译,商务印书馆1986年版。

[49][英]鲍桑葵:《关于国家的政治哲学理论》,汪淑钧译,商务印书馆1996年版。

[50][英]贝尔纳:《历史上的科学》,伍况甫等译,科学出版社1981年版。

[51][美]彼得·巴恩斯:《资本主义3.0——讨回公共权益的指南》,吴士宏译,南海出版社2008年版。

[52]曹普:《当代中国改革开放史》(上下卷),人民出版社2016年版。

[53]《陈独秀文章选编》(中册),生活·读书·新知三联书店1984年版。

[54]《陈独秀著作选》(第2卷),上海人民出版社1993年版。

[55]陈旭麓:《近代中国社会的新陈代谢》,生活·读书·新知三联书店2017年版。

[56]《陈云文选》(第三卷),人民出版社1995年版。

[57]《程子华回忆录》,解放军出版社1987年版。

[58][英]戴维·麦克莱伦:《卡尔·马克思传》,王珍译,中国人民大学出版社2005年版。

[59][英]戴维·米勒:《社会公正原则》,应奇译,江苏人民出版社2001年版。

[60][英]丹尼尔·汉南:《自由的基因》,徐爽译,广西师范大学出版社2015年版。

[61]当代中国研究所:《中华人民共和国史稿》(第一、二卷),人民出版社2012年版。

[62]《第一次国内革命战争时期的农民运动资料》,人民出版社1983年版。

[63][美]E.博登海默:《法理学:法律哲学与法律方法》,邓正来译,中国政法大学出版社2004年版。

[64]方豪:《中西交通史》,中国文化大学出版部1983年版。

[65]方志敏:《可爱的中国》,江苏凤凰文艺出版社2017年版。

[66]《方志敏文集》,人民出版社1985年版。

[67]费维恺:《中国早期工业化——盛宣怀〔1844—1916〕和官督商办企业》,中国社会科学出版社1990年版。

[68]费孝通:《美国人的性格》,文化发展出版社2018年版。

[69][英]弗里德里希·冯·哈耶克:《法律、立法与自由》(第二、三卷),邓正来等译,中国大百科全书出版社2000年版。

[70][英]弗里德里希・冯・哈耶克:《自由秩序原理》(上),邓正来译,生活・读书・新知三联书店1997年版。

[71]高志中编:《向党旗宣誓——老一辈革命家入党的经历》,人民出版社2019年版。

[72][奥地利]汉斯・凯尔森:《法与国家的一般理论》,沈宗灵译,中国大百科全书出版社1996年版。

[73]《胡绳全书》(第三卷)(上),人民出版社1998年版。

[74]《建党以来重要文献选编(1921—1949)》(第1、2册),中央文献出版社2011年版。

[75]《建国以来刘少奇文稿》(第1册),中央文献出版社1998年版。

[76]江西省档案馆、中共江西省委党校党史教研室编著:《中央革命根据地史料选编》(下册),江西人民出版社1982年版。

[77]李泽厚:《中国近代思想史论》,人民出版社1986年版。

[78]《李大钊全集》(第3卷),人民出版社2006年版。

[79]梁启超:《先秦政治思想史》,中华书局1986年版。

[80]《梁启超选集》,上海人民出版社1984年版。

[81]林进平:《马克思的"正义解读"》,社会科学文献出版社2009年版。

[82][法]卢梭:《论人类不平等的起源和基础》,李常山译,译林出版社2013年版。

[83][法]卢梭:《社会契约论》,何兆武译,商务印书馆2006年版。

[84][美]罗杰・希尔斯曼:《美国是如何治理的》,曹大鹏译,商务印书馆1986年版。

[85][英]罗素:《西方哲学史》(上卷),何兆武译,人民出版社1963年版。

[86][德]列奥・施特劳斯、[美]约瑟夫・克罗波西主编:《政治哲学

史》,李天然等译,河北人民出版社1998年版。

[87]马国川、吴敬琏:《重启改革进程》,生活·读书·新知三联书店2013年版。

[88][美]迈克尔·J.桑德尔:《自由主义与正义的局限》,万俊人等译,译林出版社2001年版。

[89][美]迈克尔·桑德尔:《公正——该如何做是好?》,朱慧玲译,中信出版社2011年版。

[90][美]麦金太尔:《谁之正义?何种合理性?》,万俊人等译,当代中国出版社1996年版。

[91][英]尼尔·麦考密克、奥塔·魏因贝格尔:《制度法论》,周叶谦译,中国政法大学出版社2004年版。

[92]彭泽益:《中国近代手工业史资料》(第二卷),生活·读书·新知三联书店1957年版。

[93][美]乔·萨托利:《民主新论》,冯克利等译,东方出版社1998年版。

[94]任映红、戴海东:《中国共产党的社会公正观研究》人民出版社2009年版。

[95]《三中全会以来重要文献选编》(上),人民出版社1982年版。

[96]《十八大以来重要文献选编》(上),中央文献出版社2014年版。

[97]《十六大以来重要文献选编》(上册),中央文献出版社2005年版。

[98]《十六大以来重要文献选编》(中册),中央文献出版社2006年版。

[99]《十七大以来重要文献选编》(上册),中央文献出版社2009年版。

[100]《十三大以来重要文献选编》(上册),中央文献出版社1991年版。

[101]《十四大以来重要文献选编》(上册),中央文献出版社1996年版。

[102]史扶邻:《孙中山与中国革命的起源》,中国社会科学出版社1981

年版。

[103]宋任穷:《赣南人民革命史》,中共党史出版社 1998 年版。

[104]宋晓明、刘蔚主编:《追求 1978——中国改革开放纪元访谈录》,福建教育出版社 1998 年版。

[105]《孙中山全集》(第 2 册),人民出版社 2015 年版。

[106]《孙中山全集》(第 1 ~2 卷),中华书局 1981 年版。

[107]《孙中山选集》(上卷),人民出版社 1966 年版。

[108][美]泰格・利维:《法律与资本主义的兴起》,纪琨译,学林出版社 1996 年版。

[109][英]特里・伊格尔顿:《马克思为什么是对的》,李杨等译,新星出版社 2011 年版。

[110]万俊人:《正义为何如此脆弱》,经济科学出版社 2012 年版。

[111]王绳祖主编:《国际关系史》(第四卷),世界知识出版社 1996 年版。

[112]王铁崖:《中外旧约章汇编》(一),生活・读书・新知三联书店 1957 年版。

[113]吴承明:《中国资本主义与国内市场》,中国社会科学出版社 1985 年版。

[114]吴玉章:《回忆五四前后我的思想转变》,载《五四运动回忆录》(上),中国社会科学出版社 1979 年版。

[115]吴忠民:《社会公正论》,山东人民出版社 2012 年版。

[116]熊逸:《正义从哪里来》,民主与建设出版社 2019 年版。

[117][古希腊]《亚里士多德全集》(第 8 卷),苗力田译,中国人民大学出版社 1994 年版。

[118][古希腊]亚里士多德:《政治学》,吴寿彭译,商务印书馆 1983

年版。

[119]姚大志:《何谓正义:当代西方政治哲学研究》,人民出版社2007年版。

[120]《“一大“前后》(一),人民出版社1980年版。

[121]余成映:《转型期中国社会公正问题研究》,复旦大学出版社2013年版。

[122][美]约翰·罗尔斯:《正义论》,何怀宏等译,中国社会科学出版社1988年版。

[123][美]约翰·罗默:《社会主义的未来》,余文烈等译,重庆出版社1997年版。

[124]《恽代英文集》(上卷),人民出版社1984年版。

[125]张玉法:《民国初年的政党》,岳麓书社2004年版。

[126]《张之洞全集》(第11册),河北人民出版社1998年版。

[127]中共中央党史研究室:《中国共产党历史》[第二卷(1949—1978)],中共党史出版社2011年版。

[128]中国第一历史档案馆等编:《辛亥革命前十年民变档案史料》(上),中华书局1985年版。

[129]《中国共产党第十四次全国代表大会文件汇编》,人民出版社1992年版。

[130]中国史学会济南分会编:《山东近代史资料选集》,山东人民出版社1959年版。

[131]《中华苏维埃共和国法律文化选编》,江西人民出版社1984年版。

[132]《周恩来选集》(上卷),人民出版社1980年版。

2. 中文论文

[1]《民意调查显示逾九成群众对反腐败工作成效满意》,《光明日报》2017 年 1 月 8 日。

[2]陈延斌:《公正观:社会主义核心价值观体系建设的着力点》,《马克思主义与现实》2013 年第 3 期。

[3]何怀宏:《正义在中国:历史的与现实的——一个初步的思路》,《公共行政评论》2011 年第 1 期。

[4]黄承伟:《中国扶贫理论研究论纲》,《华中农业大学学报》(社会科学版)2020 年第 2 期。

[5]黄勇、巫广永:《西方正义伦理发展的重心偏移和对象变化》,《理论界》2012 年第 3 期。

[6]黄玉顺:《中国正义论纲要》,《四川大学学报》(哲学社会科学版)2009 年第 5 期。

[7]蒋志红、张廷国:《论马克思正义观的基本主张》,《哲学动态》2011 年第 8 期。

[8]李景鹏:《政党政治与政治学的研究》,《社会科学家》1990 年第 2 期。

[9]刘宝才、马菊霞:《中国传统正义观的内涵及特点》,《西北大学学报》(哲学社会科学版)2007 年第 6 期。

[10]刘惠:《社会公正:当代中国社会整合的基本准则》,《齐鲁学刊》2011 年第 1 期。

[11]吕锡琛:《论道家对社会正义的诉求》,《湖北大学学报》2005 年第6 期。

[12]马秀贞:《社会分配:效率与公平关系及其有效处理》,《国家行政学院学报》2008 年第 4 期。

[13]梅志罡:《构建和谐社会要有好的利益表达机制》,《中国改革报》2007 年 4 月 27 日。[14]倪勇:《马克思主义正义观及其当代走向》,《武汉大学学报》(人文科学版)2007 年第 7 期。

[15]尚建飞:《先秦儒家公正理论的基本维度》,《人文杂志》2011 年第2 期。

[16]沈晓阳:《马克思主义正义观探要》,《马克思主义研究》2006 年第6 期。

[17]宋君卿、栾福茂:《西方正义理论的历史演进及我国政府规制的改革》,《沈阳师范大学学报》(社会科学版)2008 年第 3 期。

[18]孙友祥、戴茂堂:《论西方正义思想的内在张力》,《伦理学研究》2009 年第 4 期。

[19]田纪云:《万里:改革开放的大功臣》,《炎黄春秋》2006 年第 5 期。

[20]汪盛玉:《马克思的社会公正观在当代中国的实践价值》,《当代世界与社会主义》2010 年第 1 期。

[21]汪行福:《超越正义的正义论:反思“马克思与正义”关系之争》,《江海学刊》2011 年第 3 期。

[22]王东海:《西方正义概念的多维透视》,《学术论坛》2008 年第 8 期。

[23]王晓升:《共同体中的个人自由和自我实现——马克思正义理论的新理解》,《道德与文明》2014 年第 3 期。

[24]王新生:《马克思正义理论的四重辩护》,《中国社会科学》2014 年第 4 期。

[25]吴建华、许祥云:《从思辨正义到实践正义:马克思主义正义观的飞跃》,《江海学刊》2010 年第 1 期。

[26]吴忠民:《普惠性公正与差异性公正》,《中国社会科学》2017 年第9 期。

[27]吴忠民:《中国现阶段社会矛盾特征分析》,《教学与研究》2010 年第 3 期。

[28]习近平:《切实把思想统一到党的十八届三中全会精神上来》,《求是》2014 年第 1 期。

[29]臧峰宇:《马克思政治哲学的正义视界》,《马克思主义与现实》2008 年第 5 期。

[30]詹世友、施文辉:《马克思主义正义观的辩证结构》,《华中科技大学学报》(社会科学版)2014 年第 1 期。

[31]张二芳:《社会主义公正原则探析》,《马克思主义研究》2010 年第2 期。

[32]张伟、牟世晶:《马克思正义理论的立论基础:立足于“平等”的自由》,《社会主义研究》2012 年第 1 期。

[33]张燕、王孔睿:《当代中国青年公正意识的内涵、文化特征及形塑路径——基于近 5 年热点公共事件公正讨论的内容分析》,《中国青年研究》2013 年。

[34]赵海洋:《马克思正义思想的逻辑结构》,《毛泽东邓小平理论研究》2015 年第 10 期。

[35]赵甲明、王代月:《马克思正义理论的两个维度及其政治哲学特征》,《马克思主义与现实》2008 年第 5 期。

[36]赵云伟:《劳动视域下马克思正义思想解析》,《山西师大学报》(社会科学版)2014 年第 7 期。

[37]赵振华:《关于提高初次分配中劳动报酬比例的思考》,《中共中央党校学报》2007 年第 6 期。